PORTRAITS

ET

SOUVENIRS

1886-1891

G. CHARPENTIER & E. FASQUELLE, Éditeurs

11, Rue de Grenelle, Paris

OUVRAGES DU MÊME AUTEUR

DANS LA BIBLIOTHÈQUE-CHARPENTIER

A **3 fr. 50** le volume

PREMIÈRES POÉSIES (Les Amours. — La Vie. — L'Amour), avec une préface de George Sand....... 1 vol.
LA CHANSON DES HEURES. Poésies. Nouvelle édition considérablement augmentée............... 1 vol.
LES AILES D'OR. Poésies........................ 1 vol.
LE PAYS DES ROSES. Poésies................... 1 vol.
LE CHEMIN DES ÉTOILES. Poésies.............. 1 vol.
ROSES D'OCTOBRE. Poésies..................... 1 vol.
UN PREMIER AMANT (8ᵉ mille)................. 1 vol.

ARMAND SILVESTRE

PORTRAITS
ET
SOUVENIRS
1886-1891

PARIS
BIBLIOTHÈQUE-CHARPENTIER
11, RUE DE GRENELLE, 11

1891
Tous droits réservés.

AU MAITRE SCULPTEUR

JEAN BAFFIER

A. S.

LES VIVANTS

I

PUVIS DE CHAVANNES.

L'œuvre et l'Artiste.

A cette époque troublée, où l'Art lui-même est empreint d'une pensée toujours inquiète, où *l'Auri sacra fames* règne despotiquement sur toutes choses, où les aspirations se sont tues pour laisser la parole aux appétits; à cette époque sans grandeur et sans idéal, où le vent de la politique sévit, secouant aux arbres les fruits encore verts, couchant les moissons devant qu'elles soient mûres, temps maudit vraiment pour ceux qui aiment rêver et se recueillir, c'est une figure consolante, d'une grandeur presque antique, d'une majesté souveraine que celle du peintre dont je veux parler et qui domine, de la hauteur tranquille de son génie, tout ce vacarme inutile et toute cette rumeur qui passe pour s'en aller au néant.

On dirait un exilé de la Grèce ancienne ou un Italien des grands âges de proscription et de gloire. On le dirait debout sur un roc, tandis que la mer mugit à ses pieds, impassible dans son songe immortel, les yeux tournés vers le ciel d'une invisible Patrie, celle où la pensée fleurit comme un lys grand ouvert aux caresses rafraîchissantes de l'azur.

Mon admiration pour Puvis de Chavannes est aussi ancienne que son œuvre. Mon éducation toute latine me faisait goûter ses moindres tableaux. Mon culte s'est affirmé à mesure que sa manière a grandi et son œuvre me paraît aujourd'hui le plus considérable du siècle. Il m'est donc doux d'en parler, avec la ferveur d'un croyant de la première heure, maintenant que la consécration est venue à cette lente et solide renommée conquise avec tant d'efforts et à coups de chefs-d'œuvre, pour ainsi parler.

Car, — et c'est une remarque qui n'a pas pour objet d'excuser la sottise d'un public longtemps rebelle, — il faut bien s'imaginer tout d'abord que la peinture de Puvis de Chavannes nous est présentée, aux Salons annuels, dans d'intolérables conditions, n'étant nullement faite pour lutter d'intensité matérielle avec les débauches de couleur qui l'entourent et lui font le plus mauvais encadrement qu'on puisse imaginer. Son idéal pratique et réalisé est presque toujours la fresque. Il suffit d'aller à Sainte-Geneviève pour s'assurer qu'il est demeuré dans les traditions des maîtres et du bon sens en la concevant dans une tonalité particulièrement discrète et volontairement pâle.

Ou la peinture murale est une ineptie, ou elle doit figurer pour nous des portiques ou des fenêtres ouverts sur le paysage. C'est une éclaircie dans l'ombre, un regard jeté sur la nature, une porte ouverte sur l'azur et sur le soleil. Allez au Panthéon, vous dis-je, vous verrez que la peinture de Puvis de Chavannes réalise absolument cet effet, tandis que les décorations qui avoisinent son œuvre, et sont signées cependant de noms fameux au moins pour la foule, sont de simples tableaux accrochés là par un caprice et qui ne font nullement un tout avec l'architecture. Ce n'est donc ni une bordure d'or, si large qu'elle soit, encore moins l'accumulation de toiles bruyantes et violemment bariolées qu'il faut à ces compositions d'un caractère épique, mais où le paysage joue un rôle considérable, pour les faire valoir ; c'est l'encadrement sévère et harmonieux à la fois de la pierre solide et dont le temps a amorti les tons et affiné les gris.

L'exposition du Champ de Mars elle-même n'a pu réaliser qu'en partie cette illusion ; et encore une fois, c'est sur place, à Marseille, à Poitiers, à Amiens, au Panthéon, qu'il faut aller juger ces grands morceaux. Mais, tout au moins, les toiles et les cartons y sont-ils espacés sur un fond sombre et nous apparaissent-ils comme les déchirures magnifiques d'une draperie tendue sur la Nature vivante et frissonnante derrière ses plis.

J'ai entendu tout contester dans la manière de Puvis de Chavannes. Beaucoup lui reprochent de n'être pas un peintre parce qu'il conçoit la couleur dans une donnée personnelle. Eh bien, allez voir quelques-uns des pastels plusieurs fois exposés rue Le Peletier, une figure de femme nue en particulier et si celui qui a fait cela n'est pas un coloriste de premier ordre, je veux bien ne plus savoir ce que le mot signifie. D'autres s'en sont pris à son dessin, et Paul Mantz a même écrit à ce sujet ces lignes, fort jolies d'ailleurs : « Le silence des contours permet de percevoir plus aisément, chez lui, le murmure de la pensée. » C'est exquis. Mais il convient d'établir que ce silence est volontaire. Je ne connais pas au Louvre, de dessins de maîtres plus beaux, plus cherchés, de forme mieux anatomiquement fouillés que quelques-unes des sanguines au Maitre. Certes, Puvis de Chavannes n'a pas, de la ligne, le même idéal qu'Ingres et ne la conçoit pas, le pinceau à la main, sous l'aspect presque géométrique du trait. Il prouve même à quel point il est coloriste en la comprenant à la façon de tous les coloristes, comme résultante du voisinage de deux tons entre lesquels elle ne trace aucune délimitation brutale. Et la vérité dans la Nature est là. Quand le ciel et la mer se rejoignent à l'horizon, je vous défie bien de me montrer la ligne qui les sépare. Vous sentez bien cependant où celle-ci finit, où celle-là commence. Vous le sentez par une perception sensuelle plus délicate que la simple vision. Et la science est aussi d'accord avec la Nature. La ligne n'existe pas, en géométrie. Le trait n'en est qu'une tradition grossière. C'est une entité purement psychologique et je n'en veux qu'une preuve, la notion des asymptotes, ces lignes qui se rapprochent indéfiniment sans se rejoindre jamais et qu'aucun crayon, si fin qu'il fût, ne pourrait représenter.

Un dessinateur merveilleux et un coloriste de premier ordre, voilà ce qu'est au fond, et son talent analysé, le merveilleux artiste à qui quelques-uns refusent encore le nom de peintre. Celui de poète ne lui est, je l'espère, contesté par personne. Il est poète, dans le plus noble sens du mot, poète comme Homère qui se plaisait au commerce des dieux et des héros, comme Virgile qu'inspirait la vie calme des bergers, comme Hésiode qui chantait les métamorphoses immortelles de tout ce qui semble mourir. Comment la pensée d'un homme de ce temps s'est-elle constamment maintenue dans les régions sereines du rêve, dans les splendeurs de la légende, dans ce noble culte du Beau et des dieux abolis ? Mais précisément par cette puissance d'isolement qui fait, du poète, un exilé portant en soi la mémoire d'une patrie que tous les autres ont oubliée. C'est aussi un poète comme Victor Hugo que Puvis de Chavannes, et son œuvre est pour rappeler, par parties, la *Légende des siècles*. C'est le même retour à la grandeur biblique, le même mépris des traditions où les souvenirs antiques s'étaient abîmés. C'est le même réveil d'une émotion nouvelle et profonde devant le spectacle rajeuni des choses éternelles. C'est un vol de cygnes, à travers l'azur, que celui de ces impressions hautes et qui planent, les ailes grandes ouvertes, au-dessus des abîmes.

Je ne crains pas d'être trop lyrique en défendant, sur ce ton, un artiste aussi longtemps et aussi injustement méconnu. Et le public n'était pas seul à se montrer inique avec Puvis de Chavannes. Il avait déjà semé des chefs-d'œuvre par toute la France, quand une toile lui fut refusée au Salon, au premier Salon qui suivit la guerre. Je l'ai vainement cherchée dans ses expositions successives. C'était une merveille de mélancolie : le Temps, sous les traits d'un faucheur promenant son fer parmi les herbes hautes où d'imprudents étaient endormis. Le mouvement était superbe et la conception d'une grandeur infinie. L'*Espérance* fut plus heureuse devant le même jury, mais la critique ne lui fut point aimable. J'en connais deux interprétations dans galeries de la rue Le Peletier. Qui dira le charme exquis de cette figure de jeune fille assise, une fleur à la main, sur une tertre désolé, dans un paysage dépouillé où les croix d'un cimetière s'élèvent, seules, d'un sol pierreux ? C'était au lendemain de nos désastres, quand nous portions encore au cœur la déchirure qu'y avait mise le pied de l'étranger, quand la France était pareille à cette enfant sans défense, assise sur les tombeaux de tous ceux qui étaient morts pour elle. On a parlé souvent, à propos du dessin de Puvis de Chavannes, de celui du Giotto. Je ne crois pas que le maître italien lui-même ait poussé aussi loin le charme mystique que dans cette figure d'une ineffable poésie.

Un morceau de beaucoup plus grande importance, par les dimensions au moins, est le *Sommeil*, une composition considérable et que l'artiste a gardée chez lui depuis 1867. Ceux qui l'avaient admirée alors, retrouveront, devant elle, leur émotion première. On dirait une page du *Booz* de Victor Hugo. Le soir est descendu sur la plaine, avec ses alanguissements délicieux, détendant les muscles des travailleurs, rafraîchissant les verdures brûlées, un soir calme qu'illumine un disque de lune qui se double en se brisant, dans la mer. Les moissonneurs se sont endormis au pied des meules inachevées, enlacés les uns dans les autres, hommes et femmes, un peu pêle-mêle, et je ne sais rien de plus chaste que cet ensemble, que ce groupe formé par la fatigue commune, par le même besoin de repos sur une couche moins dure que la terre. Pour ceux-là, la nuit n'est le pays ni des voluptés ni des rêves. Elle est le rajeunissement du sang comme celui des fleurs sous la rosée ; elle est le salaire du labeur vaillamment porté, elle est la récompense, elle est le bien suprême : l'oubli. Je ne crois pas que l'artiste ait mis, dans aucune autre de ses toiles, une plus grande intensité de sentiment, une impression panthéiste et païenne où la Nature soit mieux mêlée à l'homme, où l'*Alma Mater* soit mieux glorifiée.

C'est, du reste, une pensée, à laquelle l'artiste revient souvent, que celle-là. Elle a inspiré cette œuvre magnifique, qui décore Amiens aujourd'hui et dans laquelle tout redit la gloire de la Terre, immortelle nourrice, mère des races, mère aux flancs toujours saignants et toujours inépuisés. Voilà ce qui est grand vraiment et m'émeut à un point que je ne saurais dire. Ces paysans-là, sont plus proches parents que vous ne le croyez des paysans de Millet, et je ne les trouve ni moins vrais ni moins touchants. On a dit très justement que « l'Art n'est que la Nature vue à travers un cerveau humain. » Voilà qui suffit à expliquer en quoi ils se rapprochent et en quoi ils diffèrent.

Rien ne me paraît plus vrai, non plus, — vrai de la grande vérité, — que les paysages de Puvis de Chavannes. Les grands peintres de figures sont aussi, le plus souvent, les premiers des paysagistes. Je n'en veux pour preuve que la coupole de la Bibliothèque du Luxembourg par Delacroix, un chef-d'œuvre que bien peu connaissent, et où les figures ont pour décor un des plus magnifiques morceaux de nature que le pinceau ait réalisés, un fond de bois d'une réalité et d'une beauté d'exécution sans pareilles. Arrêtez-vous un instant devant cette merveille du Puvis de Chavannes décriée aussi quand elle apparut, qui s'appelle : le *Pauvre pêcheur* et que les admirateurs du maître retrouvent avec une vraie joie. Vous vous rappelez, n'est-ce pas ? Une barque sur la mer tranquille que découpe un promontoire et qui, le soir tombant, enveloppe de sa mélancolie, un homme debout, les mains jointes, la chevelure emmêlée, priant le Dieu des pêches miraculeuses, après une journée de labeur inutile et de fatigues sans récompenses. Sur la terre voisine, la femme du misérable cherche des racines nourrissantes parmi les fleurs dérisoires, et son enfant repose sur l'herbe, apprenant déjà que : *qui dort dîne*, suivant un proverbe cruel inventé par les gens repus. Voilà, n'est-ce pas, un sujet d'une simplicité bien grande. Pas de motif plus élémentaire que celui-là : une nappe d'eau uniforme et rousse sous un pan de ciel sans nuages, un homme qui invoque un secours inconnu, la peine banale dont meurent les pauvres gens depuis l'origine du monde, ceux pour qui le commentateur d'Holbein a écrit :

A la sueur de ton visage...

Et, cependant, je défie tout homme de bonne foi de demeurer, devant cette scène naïve, sans en être puissamment attendri et remué jusqu'aux moelles. C'est qu'une immense pensée se dégage de ce mince spectacle et que l'âme d'un poète y a laissé ce je ne sais quoi qu'on ne saurait comparer qu'au parfum que la fleur laisse après elle. C'est peu de chose, mais c'est absolument beau. C'est un rien, mais ce rien est sublime. Après cela, allez donc nier ce que peut la pensée dans les choses de l'art. Mais ce n'est pas seulement ce que je veux constater à propos de ce tableau ; c'est aussi qu'il n'est pas de paysage de ce temps, — où l'on a fait cependant de beaux paysages, — qui vaille plus par l'harmonie et la justesse que celui-là ; où les relations de tons soient plus heureuses et plus rigoureusement vraies, en même temps, que, dans cette triple note : l'accord merveilleux des couleurs de cette eau que le soir rend opaque, de ce ciel où courent les premières ombres, de ce sol aux blancheurs perfides et trahissant son aridité à peine fleurie.

Je ne sais pourquoi je vais d'instinct vers les tableaux du maître qui ont été autrefois les plus contestés, et comme par un besoin de réparation et de justice. Il faut citer parmi ceux-là, la *Décollation de saint Jean-Baptiste*, qui lui valut, en 1870, cette phrase étonnante d'un critique dont je tairai le nom, par bonne confraternité : « Le talent de M. Puvis de Chavannes, plein de promesses à son début, ne représente plus, depuis quelques années, que la négation systématique de toute idée d'art. » Eh ! Eh ! Deux négations comme celles-là, — et l'artiste avait au Salon, la même année, un second tableau, la *Madeleine à la Sainte-Baume*, — valent bien une affirmation. Pas d'art vraiment dans ce saint Jean-Baptiste agenouillé de face et les mains en avant, attendant la fraîcheur mortelle de l'acier qu'un bourreau fait voler au-dessus de sa tête, et qui l'abattra certainement d'un seul coup ! Pas d'art dans le geste étonnamment trouvé de l'homme au sabre, qui semble comme emporté dans l'envolée de son arme dont le vent vous siffle aux oreilles ! Vous m'accorderez bien, au moins, qu'il y en a un peu dans cette figure de femme, impassible spectatrice du drame, drapée dans une robe orientale à fleurs, et qui est bien une des plus terribles apparitions que je sache.

Puvis de Chavannes a une conception de la femme, ou, si vous aimez mieux, un idéal qui me paraît être absolument celui de l'art antique, au temps où la femme était, pour l'homme, une mystérieuse compagne, un être n'ayant rien de fraternel, un Dieu terrible et doux, l'image d'une fatalité que nul n'ose maudire et qui demeure à travers le bouleversement des idées, le fonds même de l'amour. Celles qu'il met au bord de la mer, tordant, devant les flots, leurs longues chevelures, ou nonchalamment étendues sur la grève, les mains ramenées sur les coudes plantés dans le sable me font toujours penser à la Galatée de Théocrite, et il me semble entendre au loin, derrière les rochers, la voix du cyclope Polyphème se lamentant de l'abandon et pleurant l'infidèle qui ne reviendra plus. Les beaux vers de cet admirable poème d'amour, et dont Virgile a traduit quelques-uns avec un bonheur rare dans son Alexis, chantent alors dans ma mémoire et je sens passer dans mes os le frisson des tortures du misérable, devant ces belles créatures impassibles et sereines, toutes au recueillement de leur beauté et pareilles à celui que Musset a nommé

..... Cet être immobile
Qui regarde mourir.

Avec leur sérénité douce, l'implacable caresse de leurs yeux, leur tranquille et mystérieux sourire, les femmes de Puvis de Chavannes m'épouvantent, et je me sens, devant elles, comme devant la Joconde, ce sphynx qui vous trouble et vous retient. Cette petite Hérodiade de la *Décollation de saint Jean-Baptiste*, avec sa robe d'hyacinthe, est pour moi une apparition terrible et comme faite du souvenir des supplices d'autrefois. Et ne croyez pas que la *Madeleine* me rassure. Celle-ci ne rêve pas, voluptueuse encore dans quelque retrait plein d'une mélancolie douce, comme celle d'Henner ; elle est vraiment ascétique, inquiétante et douloureuse. Comme le fossoyeur d'Hamlet, la courtisane flétrie peut jouer avec des têtes de mort. Sait-elle seulement le nombre des crânes qui se sont vidés pour elle, et celui des cœurs dont elle a tari le sang ?

Évoquons de plus douces images devant cette magnifique réduction du *Ludus pro patria*, où je pourrais relever plusieurs variantes importantes. Qu'étaient les plus beaux jeux antiques auprès de ce spectacle d'un héroïsme tout moderne, inspiré par la pensée dont nous vivons tous encore aujourd'hui? C'est dans ces figures si variées que les beautés de dessin abondent.

Est-ce amour-propre d'amateur ou parce que j'en possède un superbe crayon, mais, de toutes ces figures, celle que je préfère est cette figure de femme qui, pour ainsi parler, relie à l'ensemble de la composition le groupe de droite, se présentant de dos et soutenant dans ses bras un enfant qu'elle tend aux caresses paternelles. Dans Michel-Ange, lui-même, on n'en trouverait pas d'une impression plus puissante, d'un sentiment plus élevé et plus robuste à la fois. Celle-là fut la mère et est encore l'amante. Elle est conçue dans les mêmes données que cette Vénus de Vienne que bien peu de Parisiens connaissent, bien qu'elle occupe déjà, depuis six ans, une place d'honneur dans notre musée du Louvre et qu'elle soit certainement le chef-d'œuvre de la statuaire antique.

Réduction bien intéressante aussi que celle des peintures murales du Panthéon. Belle occasion, d'ailleurs, pour aller les revoir sur place. L'admirable légende de sainte Geneviève y semble mise tout exprès pour faire ressortir le néant décoratif des essais qui l'entourent. Découpée comme dans les feuillets d'un missel, la vie de la patronne de Paris se développe à travers les calmes épisodes de sa jeunesse et jusqu'au glorieux chapitre de son patriotisme triomphant. Les scènes se détachent bien les unes des autres, mais un paysage merveilleux les relie dans son unité ; le même ciel les éclaire et le même ruisseau, coulant au premier plan, est comme la musique constante mise par la nature dans ce poème naïf et grandiose à la fois. Vous croiriez qu'il murmure, en frôlant les sables d'or et la surface nacrée des cailloux.

Reculez autant qu'il vous sera possible, vous deviendrez alors les jouets d'un mirage et d'une illusion pleins de poésie. Entre les pilastres qui encadrent ces différents éléments d'un tout qui s'impose, les pierres amoncelées qui forment l'édifice se sont écroulées ; de larges portiques se sont ouverts sur la campagne, découvrant des coins de ciel, des bouquets d'arbres, des eaux rampantes et mirant l'azur, des collines moutonnantes à l'horizon comme un troupeau qui dort. Tout ce qu'a décrit le pinceau de l'artiste est devenu réalité. Nous ne sommes plus entre les lourdes murailles d'un monument massif, mais dans quelqu'un de ces beaux temples grecs qui s'ouvraient de toute part et qui laissaient entrevoir tout le décor extérieur entre leurs majestueuses colonnades.

Et cet effet merveilleux, son secret est tout entier dans la tonalité effacée d'une peinture qui se détache vraiment en lumière sur l'architecture de l'édifice, au lieu d'y mettre de nouveaux noirs, parmi les ombres, comme font les autres tableaux qui surchargent les parois. C'est avec les clartés harmonieusement savantes de sa palette que Puvis de Chavannes nous a rendu, à l'art français, le véritable métier de la fresque, comme l'ont comprise les maîtres de tous les temps, à commencer par le merveilleux Tiepolo, dont les plafonds sont comme des trous lumineux s'ouvrant sur le firmament que traversent le vol des nuages et celui des oiseaux.

Voilà qui n'est plus douteux. La fresque doit se détacher en lumière, rompre la monotonie des pénombres, éventrer les masses et trahir le paysage. Delacroix, qui s'y est quelquefois trompé, en a donné néanmoins un magnifique exemple, avec son plafond d'Apollon, dont le ciel, dans une gamme pleine de clarté, donne bien l'idée d'un firmament ouvert dans les reliefs sombres.

L'impression de grandeur qui se dégage des peintures décoratives de Puvis de Chavannes est absolument indépendante des dimensions considérables sous lesquelles elles sont présentées au public. On peut dire que celles-ci et ce grand développement matériel ont été plutôt nuisibles à leur effet aux expositions annuelles, dans des salles où l'espace manque pour en bien trouver le point de vue favorable. Pour se convaincre de ce que j'avance, il suffit de contempler, dans l'atelier même du peintre, les quatre réductions superbes des compositions célèbres qui sont aujourd'hui l'honneur du musée d'Amiens et qui commencèrent la renommée de l'artiste. Cette double idylle, la *Paix* et le *Repos*, ce double poème épique, le *Travail* et la *Guerre;* ici toutes les langueurs permises que donnent le sentiment de la force et le sentiment du devoir accompli; là, l'activité humaine aux prises avec la matière avare ou avec l'ardeur belliqueuse des conquérants. D'un côté, le calme sous les grands arbres amis, au bord des ruisseaux dont l'eau chante, devant un ciel où passe le souffle embaumé des caresses; de l'autre, le fer s'éparpillant en étincelles d'or sous l'enclume, la sueur baignant les visages, le sang perlant dans la moisson humaine comme les fleurs rouges des pavots et les grandes trompettes sonnant à l'horizon la mort des braves. Toutes les quiétudes et toutes les fureurs, tout ce qui apaise ou transporte l'âme humaine. Comme il y a loin de ces descriptions simples, saisissantes et presque naïves, aux recherches allégoriques, qui furent si fort en honneur chez nos peintres jusqu'à la première moitié de ce siècle! Beaucoup de plafonds assurément représentent, dans nos monuments publics, ces deux images: la Guerre et la Paix. Mais qu'il y a loin de leur symbolisme ingénieux, des casques de leurs Bellones et de leurs rameaux d'olivier, aux deux spectacles vivants et didactiques, dans le beau sens du mot, que Puvis de Chavannes nous présente ! C'est dans ce sentiment rénovateur, dans ce retour à la simplicité majestueuse des impressions qu'est la vraie modernité de son œuvre. Car il est une modernité constante et, pour ainsi parler, éternelle, celle qui procède des notions impérissables du goût et sans lesquelles l'art serait bientôt une chose morte. Je ne veux citer personne des représentants de ce qu'on est convenu d'appeler : le grand Art (comme s'il y en avait un autre !) mais j'estime que Puvis de Chavannes, contemporain et instigateur, dans une certaine mesure de la jeune école impressionniste, est autrement moderne qu'eux.

Car il ne faut pas s'y méprendre. Le grand artiste fait école aujourd'hui. Il est aisé de constater, aux dernières expositions, combien lui empruntent aujourd'hui et quelle révolution il a opérée; révolution salutaire et dont il le faut louer sans réserve. Reportez-vous au Salon de 1885 et vous y trouverez des convertis comme M. Humbert, qui est loin aujourd'hui de *Messaouda* et des leçons de Fromentin; des néophytes comme M. Lagarde et M. Renan. Je ne parle pas de Cazin, qui a une originalité incontestable, un génie propre, une vision suprêmement distinguée et poétique des choses, lesquels ne permettent pas de lui donner un maître, et en font un grand artiste aussi. Mais le mouvement est évident et la vérité, dans la clarté, fait son chemin. Puvis de Chavannes a montré à la jeune école de nos paysagistes le charme des cieux clairs et des verdures sommaires faisant des taches ensoleillées. Aux peintres de figure qui abordent la décoration il a appris la beauté des attitudes simples et cette sérénité des formes qui donne à la nudité les splendeurs incontestées de la statuaire. Avec regret, je n'ai trouvé dans les galeries Durand-Ruel qu'une photographie de l'œuvre où le génie de Puvis de Chavannes me semble s'être le plus glorieusement affirmé, — car je tiens, en parlant de lui, pour le mot : génie. Cette œuvre, c'est le *Bois sacré*, exposé en 1815, et qui, je l'espère, est demeuré dans toutes les mémoires.

Le sujet n'est pas nouveau. D'autres que Puvis de Chavannes réuniront certainement encore un jour, dans quelque paysage parnassien, des figures écoutant la voix des hymnes, ou tendant leurs mains vers des lauriers. Le thème est trop tentant et, depuis Raphaël, beaucoup ont essayé de le rajeunir. Je ne doute pas, non plus, que ces derniers venus de l'épreuve cherchent le calme idyllique et la tonalité lumineuse qu'elle comporte. Mais trouveront-ils cette merveille du lac doré par le couchant, où un croissant de lune semble voguer et donne je ne sais quoi de surhumain à cette image ? Non, certainement. Car ce sont là des inventions de grand poète. Beaucoup de jeunes rhétoriciens parlent aussi aujourd'hui la langue sonore que Victor Hugo improvisa dans la *Légende des siècles*. Mais pas un n'a fait et ne fera ce vers appliqué aussi à un croissant de lune :

<blockquote>Cette faucille d'or dans le champ des étoiles.</blockquote>

Faut-il dire une façon de rêve que je fis, rentré chez moi, les yeux et le cerveau pleins de cette vision magnifique du *Bois sacré*, après tout un jour de contemplation religieuse, quand le Salon me la révéla. Je m'étais endormi dans la fumée bleue d'une cigarette, d'un de ces sommeils légers qui prennent au vol les rêves comme des oiseaux. Peu à peu le décor modeste dans lequel j'ai accoutumé de vivre, table aux livres amoncelés, tableautins signés de noms amis, bibliothèque mal rangée, fenêtre ouverte sur les joies odorantes de mon jardin, s'était effacé, et, sous mes paupières tamisant la lumière encore rose du jour déclinant, un grand paysage aux mystiques beautés affirmait ses lignes harmonieuses, ses surnaturelles couleurs. Le soleil venait de descendre vers la mer, en laissant encore traîner par le ciel les longs plis de son manteau d'or reflété dans le miroir tranquille d'un grand lac aux eaux immobiles et, comme une faucille prête à la moisson des nénuphars, un croissant de lune très pâle se dessinait sur cette paix crépusculaire des flots. L'horizon était formé par des montagnes bleues et comme perdues dans un reflet de lapis, sentinelles debout entre cette vision auguste et le reste du monde; en se rapprochant de l'étang, leur image le rayait de larges bandes d'azur sombre. Tout autour du lac, une prairie où les narcisses ouvraient des yeux alanguis et les anémones des lèvres décolorées, comme si la splendeur même de la terre n'apparaissait là que pour y mourir; de l'herbe humide, montaient les troncs robustes des sapins aux verdures éternelles et les tiges droites des lauriers roses.

Une clameur m'éveilla, une clameur de cuivre, le bruit d'une retraite qui passait.

Mais mes yeux se refermèrent bientôt. Je me retrouvai dans les splendeurs obstinées du site que j'ai décrit. Mais je n'y étais plus seul, de nobles figures de femmes y promenaient l'image vivante des Dieux. Elles marchaient d'un pas aérien, dont les gazons eux-mêmes n'étaient pas ployés, et leurs belles chevelures ondoyaient à peine sur leurs épaules, l'aile des brises n'y mettant qu'un frisson de plus. Elles étaient là toutes, celles qui revivent pour moi sous les traits augustes d'une seule dont jamais je ne dirai le nom et que mes vers ont chantée. Elles étaient là, les charmeuses du Temps, dont les mains effeuillent l'heure comme une rose, les idylliques beautés qui mènent par les cieux le troupeau des rêves dans un pâturage d'étoiles. Leurs robes aux couleurs amorties enveloppaient, de chastes plis, la nudité sainte de leurs flancs fermes et de leurs cuisses au dessin superbe. Autour d'elles chantait, dans l'air, la mystérieuse musique du couchant, dans les feuillages pleins de nids, dans les eaux pleines de frémissements obscurs, dans les vallées ouvrant aux derniers rayons leurs gorges profondes, dans les nuées déjà inquiètes de leur chemin. L'une d'elles, assise au pied d'un pin, vidait à petits coups la coupe délicieuse des mélancolies sans cause. A d'autres de beaux enfants apportaient des fleurs, et des adolescents, dressés dans la fierté de leur torse, coupaient des branches de laurier pour tresser des couronnes... Et c'était un rêve d'immortalité que je faisais et j'en devais la joie immense au peintre du *Bois sacré*, celui que les poètes rêveront toujours pour dernier asyle.

J'ai dit, de mon mieux, la beauté de l'œuvre dont toutes les expositions qui se sont suivies ont fait ressortir l'unité triomphante, le caractère multiple et puissant, la conception fidèle à un idéal inflexible, la valeur esthétique affirmée sans défaillance. Quelques mots de l'homme maintenant, de l'homme qui est vraiment l'homme de cet œuvre.

Grand, le teint coloré, les yeux très doux, une barbe grisonnante, l'air robuste d'un gentilhomme bourguignon, une grande distinction d'allure, la race écrite dans les moindres poses, dans tous les gestes : tel est Puvis de Chavannes en deux traits de plume. Une grande dignité dans la vie, des convictions absolues, une modestie invraisemblable, avec le sentiment de sa force cependant, une fidélité à toute épreuve dans les affections : voilà les traits principaux que complètent, au moral, son portrait.

C'est chez Théophile Gautier que je l'ai connu. C'était un des fervents admirateurs du poète et un familier de la maison. Quand l'auteur d'*Émaux et Camées*, — pour ne citer qu'un chef-d'œuvre parmi tant de chefs-d'œuvres — de celui que Baudelaire appelait « l'impeccable » et « le grand magicien ès-lettres françaises » ; quand le divin Théo, comme l'appelaient ses amis, fut cloué inexorablement dans son fauteuil, par un mal qui ne pardonne pas, la foule des visiteurs se fit rare. Avec la princesse Mathilde, Théophile Gautier fils, Catulle Mendès, Bergerat, les deux Houssaye, Théodore de Banville, Puvis de Chavannes fut un de ceux qui ne laissèrent plus guère passer un jour sans venir serrer la main de l'auguste mourant, sans recueillir sur ses lèvres, d'où montait plus lente, la fumée d'un cigare, une de ces causeries, où s'affirmait, dans un corps défaillant, la vitalité de ce noble esprit.

Et maintenant, aujourd'hui encore, en écrivant ces lignes hâtives, à la gloire de Puvis de Chavannes, se mêle le souvenir du grand poète, son ami, qui l'avait défendu le premier et fidèlement soutenu de son admiration, et qui, comme lui, était un de ces artistes purs, indifférents à l'indifférence de la foule, épris d'idéal, amoureux du vrai, hôtes futurs de ce *Bois sacré* où le laurier rose fleurit dans des champs d'hyacinthe, où la chaste nudité de femmes immortellement belles charme la langueur divine des amours, où tout chante la vie éternelle dans l'éternelle vision du Beau !

II

HENNER.

Henner est, avant tout, le poète des peintres et le peintre des poètes. Les vers célèbres où la femme est mêlée à la nature chantent dans la mémoire, devant son œuvre d'une merveilleuse vérité.

C'est le

Hic gelidi fontes, hic mollia prata, Lycori

virgilien. C'est la jolie strophe de Villon :

Corps féminin qui tant est tendre,
Poly, Souëf et précieulx.

C'est l'inoubliable vers de la *Légende des Siècles.*

Chair de la Femme ! Argile idéale ! O merveille !

Chacun de ces splendides épigraphes pourrait servir à caractériser l'admirable façon dont ce peintre puissant, et exquis tout ensemble, a rendu les modelés du corps de la Femme, fait revivre

sur la toile sa splendeur charnelle, enveloppé sa
beauté du décor attendri des choses, dressé autour
d'elle, comme un temple, le mystère sacré des
bois profonds, étendu les sources comme un
miroir devant son image, fait de tout ce qui
existe une apothéose timide à notre immortel
bourreau.

Il y a, dans ce seul fait, toute une esthétique,
l'esthétique amoureuse de l'art.

Cette folie sublime des amants qui ne voient
dans la Nature qu'un immense autel à leur idole,
qui n'en conçoivent aucune merveille que comme
une corollaire de la Beauté qui les a domptés —
car, pour eux, le ciel même n'est que le magnifique
pavillon sous lequel leur rêve se promène couronné d'étoiles, et les fleurs ne sont que des
encensoirs balançant aux pieds de la bien-aimée
le parfum vivant qui les brûle — cette absorption
du tout dans un être, Henner en a donné une
formule, où revit, avec une inconcevable intensité,
l'adoration païenne, je dirais volontiers l'idolâtrie
de la Femme.

Prenez ses toiles les plus célèbres, les plus
caractéristiques. Le motif en varie peu : un ciel
sans nuages, d'un bleu tendre et profond ; un
ciel dont l'image pâlit dans une eau tranquille,
une eau qu'aucun souffle ne ride. Par derrière
des bois opaques aux cimes rouillées, des bois
dont le reflet descend dans l'étang comme une
masse d'ombre qui plonge. Et, dans ce paysage

d'une sérénité virgilienne, l'auguste nudité de la femme, la chasteté des formes sans vêtement que nul œil ne contemple, si ce n'est l'œil d'azur des sources à demi voilé par ses cils de roseaux, ou l'œil des astres nocturnes clignotant sous ses lourdes paupières d'azur.

Devant ce thème souvent répété par l'artiste, n'allez pas crier à la monotonie ou au défaut d'invention. Autant accuser de pauvreté la nature parce qu'elle donne aux roses un parfum, toujours le même, aux mers la même grandeur mélancolique, aux montagnes les mêmes jeux magnifiques d'ombre et de lumière devant le rideau rouge des couchants. Je ne sais rien de plus respectable que ce repos du génie dans la formule par lui découverte et où il s'est incarné. C'est quelque chose comme le sommeil d'un Dieu. Henner est arrivé à ce triomphe conscient de l'idée, à ce recueillement de soi-même devant la réalisation de son rêve. Mal avisé qui l'en voudrait distraire ou qui lui reprocherait ce rare bonheur !

On l'a également accusé de s'inspirer du Corrège. C'est mal connaître également l'œuvre de l'auteur de l'*Antiope* et l'œuvre de l'auteur du *Soir*. Il y a certainement une parenté entre ces deux nobles esprits; mais, de ces hautes filiations intellectuelles aux servilités de l'imitation, il y a la même distance que des fiertés originelles aux domesticités intéressées. On est toujours fils de quelqu'un, mais on n'est jamais obligé d'être l'esclave de personne.

A ce compte, Henner appartient à la grande famille des peintres de la figure dans toutes les écoles, j'entends de ceux qui vivront dans d'immortelles mémoires. Voulez-vous les reconnaître à un caractère indélébile et commun ? Ce caractère, c'est l'unité de ton d'un bout à l'autre d'une figure. Prenons, pour exemple, une femme nue d'Henner. C'est bien le même corps qui vous apparaît tout entier dans sa synthèse triomphante. Ce n'est pas une chair banale, mais personnelle, individuelle, pour ainsi parler, qui se développe devant vous, ici noyée d'ombres ambrées par la masse fauve de la chevelure, là se nacrant délicieusement sous les reflets argentés de l'eau et du ciel, vivante comme la vie, tentante comme l'amour. C'est un être à qui votre pensée donne fatalement un nom. Aucun soubresaut dans la totalité ; aucune recherche importune de coloriste pittoresque. La simplicité du vrai. Un beau fleuve de lumière s'épanchant sur les formes harmonieuses. Ceci est le dernier mot de l'art, en vérité ; la victoire en face de la nature.

Vous retrouverez la même recherche patiente et sûre dans les portraits d'Henner. Portraits de maître aussi. Dans ce domaine, pour si lointaine que semble leur parenté, il a pour ancêtre le grand Holbein.

Et maintenant que j'ai tenté d'indiquer, à

grands traits, ce qui est l'originalité de ce grand artiste, quelques mots de l'homme, qui est fin et curieux. De son origine alsacienne, Henner a gardé un air bonhomme et narquois tout ensemble très caractéristique des riverains du Rhin. La tête est puissante, le front large et carré; ses yeux sont clairs, interrogateurs et profonds; le sourire est aimable avec quelque malice. Un grand air de santé et de vigueur morale. Causant peu, mais ne disant rien que d'intéressant.

Voilà déjà longtemps qu'il habite place Pigalle, 11, dans la maison où Puvis de Chavannes a également un atelier. Signe de prudence, Henner, qui a horreur d'être dérangé, n'ouvre jamais au premier coup de sonnette. Les malins insistent, puis font semblant de partir. A peine sont-ils au bas de l'escalier que, victime d'une curiosité d'enfant, le maître du logis entr'ouvre sans bruit sa porte pour regarder, par-dessus la rampe, quel était le visiteur que son silence a éconduit. C'est le moment de remonter brusquement et de le surprendre. Connu de tous les amis d'Henner, ce piège leur a toujours réussi. Mais, pour avoir forcé la porte du temple par une ruse comparable à l'invention du cheval de Troie, ils n'en sont souvent pas plus avancés. Toujours subtil, le maître, avant d'aller voir sur le palier, a le plus souvent retourné la toile à laquelle il travaillait. Et, comme les tableaux d'Henner sont généralement vendus avant d'être achevés, l'atelier est vide d'œuvres nouvelles. A peine quelques souvenirs de Rome, quelques études de la villa Médicis pendues aux murailles. Atelier bourgeois et sans fanfreluches décoratives, une pièce de travail où l'on ne pénètre le plus souvent que par surprise. Très hospitalier néanmoins, sachant à merveille faire bon cœur contre fortune, le maître a toujours une pipe à offrir au flâneur déçu, qui, s'il a quelque esprit, le témoigne en rendant bien vite son hôte à la tâche interrompue.

Tel est ce passionné du grand art, ce noble peintre destiné à se survivre immortellement dans les musées. Car sa peinture est de celles qui intéresseront éternellement — non pas les archéologues, qui y chercheraient vainement la trace de l'époque où il aura vécu — mais tous ceux qui s'agenouillent encore devant les admirables nus de l'art antique. Par son mépris même des sujets pseudo-historiques où s'affirme la science pittoresque de certains, Henner se sera fait, de son vivant, le contemporain de Phidias comme du Corrège, ayant ressuscité l'idéal des formes, l'idéal plastique de la Beauté féminine que ces beaux génies avaient poursuivi avant lui.

III

MARCELLIN DESBOUTIN.

C'est vers un coin très curieux de la vie de Paris, il y a dix-huit ans, que ma mémoire obstinée me ramène, et le nom qui l'a réveillé est celui d'un grand artiste qui vaut bien un bout de portrait. Les amateurs et les délicats connaissent seuls encore cet admirable graveur, le Rembrandt français, qui s'appelle Marcellin Desboutin, et dont l'œuvre a été seulement réuni autrefois dans les galeries Durant-Ruel. Mais le public l'apprendra bientôt et surtout la postérité s'en souviendra.

Marcellin Desboutin « l'homme à la pipe » comme il se qualifie dans son propre portrait, je l'ai connu au café Guerbois, à Batignolles, vers 1872, où il fréquentait avec Émile Zola, Manet, Duranty, Fantin Latour, Degas, Hippolyte Babou, Philippe Burty, toute une pléïade de réfugiés dont quelques-uns sont glorieux, dont quelques autres sont morts. Un endroit étonnant, ce café Guerbois, sis à l'entrée de l'avenue de Clichy, non loin du légendaire Lathuile. Je sais peu d'endroits où la circulation soit plus active à certaines heures, celles qui sonnent l'aller au travail et le retour. Car c'est un monde laborieux qui habite les environs, un petit monde « guaignant cahin caha sa paôvre et chétive vie », comme dit Rabelais. Par les beaux soirs d'été, au moment où le jour tombe, c'est, — le samedi surtout, — comme une Kermesse de gens que grise le repos déjà prévu du dimanche. D'admirables filles en cheveux passent, en théories joyeuses, de larges rires et des fleurs mourantes aux lèvres. Tous les peintres du quartier connaissent ce spectacle et viennent choisir là des modèles. La vertu y est beaucoup plus rare que la beauté. Mais la superbe allure, faite de majesté antique et de grâce parisienne tout à la fois, qu'ont ces passantes ! Et quelle musique de voix fraîches qu'aigrit l'accent faubourien !

Le ciseau du sculpteur que l'Idéal tourmente
Dans le Paros sacré vous chercherait en vain,
Filles au souple corps qu'habillera Grévin,
En qui rien n'est, hélas! qui n'attire et ne mente !

Vous avez la beauté périssable et charmante
Qui passe ainsi que fait le parfum d'un vieux vin,
Et rien n'évoque en vous le fantôme divin
De l'antique Vénus, de l'immortelle amante.

Et pourtant, j'ai goûté parfois l'enchantement
De voir revivre en vous les fleurs de poésie
Qui s'appelaient Glycère, Euryante, Aspasie.

Mais, je n'ai jamais su quel mystère, un moment,
Fait parentes ainsi, par des grâces lointaines,
Les filles de Montmartre et les filles d'Athènes.

*
* *

C'est là que, peu de temps après la guerre, m'avaient attiré des voisinages matériels et intellectuels à la fois. Paris, haletant encore, des dernières convulsions de la guerre civile, avait d'immenses besoins d'apaisement et d'oubli. Des fleurs déjà poussaient sur les ruines noires et montaient d'entre les pavés sanglants. Pas plus que les individus, les masses ne sont faites pour les longues douleurs. On pensait bien un peu aux proscrits, mais la jeunesse, mais le soleil, mais le printemps avaient repris leurs droits. Les penseurs seuls se demandaient combien durerait l'ébranlement de cette secousse. Car, sous ces surfaces rapidement calmées, comme celles des grands lacs après l'orage, bouillonne un fond obscur de rancunes et de colères et, dans de mystérieuses profondeurs, s'agitent les désirs fous de revanche et d'expiation. Que deviendrait la pensée qui est condamnée à vivre à travers ces courants? L'art français et ses intérêts sacrés survivraient-ils longtemps à cette catastrophe? Une inquiétude de tout cela était en nous, devant cette apparente indifférence d'une foule dont les révoltes avaient été trop hautes pour s'être si subitement apaisées.

L'admirable succès de l'art français, à l'Exposition universelle, a répondu à nos anxiétés d'alors. Mais elles étaient vives en ce temps-là. Très imprégnées d'esthétique et de combativité, les causeries n'en étaient pas moins fort gaies au café Guerbois. Quel esprit parisien, presque faubourien, avait ce Manet! Ce fut lui qui dit un soir, à propos des cartons de Baudry exposés aux Beaux-Arts, ce mot étonnamment juste et cruel : « On est toujours assez fort pour rester au-dessous de sa tâche! » Et quelle physionomie amusante! Avec des pantalons dont Forain a gardé le secret, de courts vestons, un chapeau à bords plats posé sur le derrière de la tête, toujours irréprochablement ganté de Suède, Manet n'avait rien d'un bohême et n'était bohême en rien. C'était une façon de dandy. Blond, avec une barbe rare et menue qui s'effilait en double pointe, il avait dans la vivacité extraordinaire des yeux, — de petits yeux gris pâles et très constellés, — dans l'expression de la bouche moqueuse, — une bouche aux lèvres minces avec des dents irrégulières et inégales — une forte dose de gaminerie. Très généreux et très bon avec cela. Mais allez voir son portrait parmi les plus intéressants qu'ait tracé le stylet de Desboutin. Et celui de Zola, donc, de Zola alors en pleine lutte, mais ayant déjà la sérénité d'expression d'un homme sûr de lui-même et de l'avenir. Ce qui frappait, dans sa physionomie, et ce qui frappe encore, c'est la puissance patiente de pensée écrite sur son front, en même temps que le sens inquiet et fureteur dont son nez irrégulier et fin témoigne ; c'est la ligne volontaire de la bouche, et je ne sais quoi de césarien dans le menton que la barbe dissimule à peine. Une tête de penseur dans une main d'ouvrier. Zola est là tout entier dans le joli portrait à la pointe sèche de Desboutin.

Mais vraiment est-il temps de vous parler de celui-ci, que je vous ai promis de vous présenter Marcellin Desboutin, dont Manet et Zola furent, avec moi, les premiers amis, re venait alors d'Italie, où il avait noblement mangé, en hospitalités généreuses, une admirable fortune, fastueux propriétaire, qu'il avait été de *l'Ombrellino*, la plus belle des propriétés de Florence. Demandez de ses nouvelles à Sully-Prud'homme et à Georges Lafenestre. Il n'était connu à Paris que par son *Maurice de Saxe*, en collaboration avec Jules Amigues, et qui avait été joué à la Comédie-Française. La première impression qu'il nous avait faite avait été un immense, mais sympathique étonnement.

Plus délabré qu'un Job et plus fier qu'un Bragance,

ce gentilhomme poète nous était apparu tel que Manet l'a portraicturé depuis, dans une superbe image, coiffé d'un chapeau de brigand calabrais, une cravate blanche largement nouée au cou, laissant passer ses mains de marquis sous l'effilochement de ses manchettes de dentelles, grandiose par son mépris de la mode et suant la race comme un Montmorency. Grand, mince, une véritable toison noire foisonnant au-dessus d'un front large et tourmenté ; des yeux comparables à des charbons mal éteints, tant ils étaient noirs, et chaudement élairés à la fois ; une bouche très irrégulière mais très expressive, et une barbe d'adolescent qu'il tortillait toujours entre ses doigts, des doigts effilés et intelligents, éloquents et adroits tout ensemble : tel il était et tel il est encore, avec quelques brins de neige accrochés à sa moutonnante toison.

Bien avisé, il était venu demander à Paris le rajeunissement d'une pensée que les évènements rejetaient dans la lutte. Pour les esprits bien trempés, pour les natures vigoureuses, Paris a, en effet, des excitations généreuses et fécondes. Quel beau spectacle nous gardait ce bon riche devenu pauvre, et quel philosophe s'allait révéler, à nous, dans ce légendaire châtelain ! Desboutin n'avait guère abordé la peinture, en Italie, qu'en amateur. Il arrivait, il faut bien le dire, mal armé pour le combat dans une école jeune, intolérante, railleuse des traditions. Eh bien, il s'y fit, tout de suite, une place, et parmi les plus jeunes, lui dont la formidable chevelure était déjà traversée de fils d'argent, lui qui laissait, par derrière, une existence déjà pleine et toutes les habitudes antérieures d'un esprit inexorablement studieux !

L'emploi de la pointe sèche pour la gravure lui fut une révélation. Il y est devenu un Maître. Zola dit, dans la préface de son catalogue : un Roi. Et Zola a raison.

Insuffisamment récompensé par la gloire, un tel homme ne vaut-il pas qu'on le loue et qu'on le cite comme exemple, en ce temps aux découragements rapides, aux ambitions hâtives, aux fureurs de succès immédiat et bruyant? Aucune plus grande fierté ne m'est venue, dans la vie, que de l'amitié de cet homme antique à qui je puis, enfin, rendre hommage, saluant l'artiste à côté du philosophe et du penseur. Et toutes les fois que j'ai vu son nom sur les vitrines, j'ai, malgré moi emporté par mon souvenir, fait ce rapide voyage au pays de Bohême où je l'avais rencontré autrefois, où mon regret fidèle s'est agenouillé sur des tombes, où ma jeunesse réveillée a revu passer, un désir fiévreux au cœur, les belles filles de Montmartre, sœurs des filles d'Athènes, dans les fraîcheurs des soirs d'été qu'embaumaient leurs chairs et leurs cheveux !

IV

AGAR.

> *Quis talia fando...*
> *Temperet a lacrymis!*

Rome vaincue en Elle ! Non pas Rome seulement, mais Athènes, mais l'immortelle Patrie de tout ce qui est beau, noble et sacré : la Poésie dans l'impeccable majesté du verbe, l'Art dans la sérénité magistrale des moyens, la tradition dans les respects augustes du souvenir. Car elle représente tout cela, cette tragique Agar, tragique à la façon des héroïnes qu'elle faisait revivre, et qui, comme elle, tombaient debout sous les coups de la Fatalité.

Jamais infortune ne fut à la fois plus grande et plus imméritée que la sienne.

Pour être la plus glorieuse des comédiennes, elle avait tout : l'éclat de la beauté, la vertu de vouloir et de croire, la flamme du génie et

Cette harpe vivante attachée à son cœur

qui fait tout vibrer autour de soi.

Pour être la femme la plus entourée d'admiration et de reconnaissance, elle a fait tout. Elle a été le grand cœur que rien ne rebute, l'âme indomptée dont rien n'éteint les élans. Dans un pays où le devoir accompli serait tenu pour quelque chose, Agar n'eût certes pas eu à demander l'appui de ses camarades pour s'assurer quelque repos dans le malheur.

Car n'est-ce donc rien et cela ne mérite-t-il aucun salaire qu'une vie consacrée, tout entière, au relèvement de la pensée, au culte éperdu des maîtres, au maintien, sur notre scène, de tout ce qui en a fait l'honneur? Et qui donc a rendu vraiment de plus grands services que cette femme promenant, par la province, nos chefs-d'œuvre et luttant, presque seule, contre l'invasion des turpitudes qui amusent le plus grand nombre des Parisiens d'aujourd'hui? Et, dans cette promiscuité des races où le génie national est sans cesse menacé, n'est-ce pas beaucoup encore d'avoir affirmé l'orgueil du sang latin et l'immortalité de nos poètes?

Je ne sais pas de plus noble image, en ce temps, que celle d'Agar. Il ne lui manquait vraiment que le malheur pour consécration dernière. Celui-ci est venu. La palme saignante du martyre après l'or vivant du laurier, et ce nimbe pâle qui met comme une couronne surhumaine au front des élus qui ont souffert pour la justice et pour la vérité. Aussi je ne sais quoi de mystique et de chrétien est venu à cette grande figure qu'enveloppait une telle splendeur païenne, qu'éclairait si bien la mémoire des olympiques déesses dont le marbre s'était fait chair. Car elle égalait, dans ses poses, la majesté des antiques statues, et qui ne l'a vue, dans la longue robe de Camille aux plis sculpturaux, immobile et renversée, muette de douleur, a perdu une impression telle que Phidias les devait rêver.

Oui, certes, elle avait tout l'air de ces grandes immortelles, son beau front éburnéen perdu dans la nuit d'une chevelure léonine et jaillissante avec des révoltes superbes que domptait seul son poids, séparant en larges ondes ce sombre fleuve; ses bras au noble dessin qu'elle savait ouvrir comme de grandes ailes emportant les âmes éperdues dans leur vol vers l'infini; sa poitrine de Vénus *Victrix* au rythme harmonieux et puissant comme celui de la mer; la splendeur héroïque de ses formes voilées et l'impeccable beauté de ses traits où le temps même n'a pu mordre et qu'il a respectée tout entière.

Et sa voix avait, dans ses profondeurs, un peu du mystère des sources sacrées qui murmurent, encore, parmi les ruines des temples abolis.

*
* *

Elle fut la protectrice et l'amie de tous les poètes de ma génération. Elle fut, dans des séances de la salle Gerson, l'interprète dévouée de la pléïade nouvelle. Elle y consacra, devant le public, les renommées, de nos maîtres, de Théodore de Banville, de Leconte de Lisle, de Charles Baudelaire. Elle y fit aimer les noms de Catulle Mendès, de François Coppée, de Léon Dierx, de José Maria de Heredia. Et ce qu'elle était admirable dans la simplicité voulue de sa robe noire, semblant déjà porter son propre deuil par quelque pressentiment surhumain de l'avenir. De cette ombre se dégageait son beau visage inspiré et tout resplendissant d'une clarté lunaire, comme un astre se dégage des nuées, et ses yeux avaient le scintillement calme des étoiles dans les grandes nuits d'été. *Incessu patuit Dea.* Elle apparaissait et tous ceux que la religieuse ferveur de la Beauté incline aux pieds de la grande Idole, sentaient leurs genoux fléchir, et monter à leurs lèvres de silencieux hosannas. Comment, étant la Beauté, ne serait-elle pas devenue la Gloire? Il nous semblait qu'un char triomphal dût l'emporter quelque jour dans une apothéose de musiques et de fleurs, sous le balancement des lauriers semant, comme des étoiles, leurs feuilles d'or dans sa chevelure; que, pour elle, se devaient rallumer, un jour, les autels d'antan et monter vers elle l'haleine azurée des encens.

C'est ainsi qu'avec son sentiment inexorable de justice et son ignorance des iniquités de la vie, notre jeunesse, passionnée d'elle, pressentait sa destinée, et lui rêvait, pour tapis à ses pieds, les voûtes du ciel.

*
* *

> Pour moi, je sortirai sans plainte et satisfait
> D'un monde où l'action n'est pas la sœur du Rêve.

disent deux vers de Baudelaire que l'injustice du destin d'Agar me remet en mémoire.

Oui, certes, il doit être bon de sortir d'un monde où le pire sort est celui des meilleurs. Quel effondrement de toutes nos espérances pour cette noble femme! Au lieu de l'abîme glorieux du ciel, le gouffre où tout s'engloutit. L'abandon au lieu des apothéoses, les larmes au lieu des feuilles de laurier. Et ceux qui lui devaient le plus, ceux dont elle avait honoré la maison de sa présence, ne semblant même pas se douter qu'ils eussent un devoir à remplir vis-à-vis d'elle! L'ingratitude des hommes compliquant le crime de Dieu!

Ah! que demain, du moins, à cette représentation organisée pour elle, une revanche lui soit donnée de toutes les ignominies souffertes! Qu'une grande acclamation la console et qu'un espoir lui refleurisse au cœur, dans ce cœur toujours vivace et toujours épris du Beau! Qu'elle se sente aimée et admirée comme elle mérite de l'être, cette grande vaincue qui passa, parmi nous, en jetant au vent la bonne parole. Que cette journée lui soit une réparation et le reflet, au moins, comme dans l'eau l'image du ciel, du triomphe que nous faisait entrevoir, pour elle, le mirage de nos illusions premières.

Ah ! les vaincus ! les vaincus ! Ils ne sauront jamais de quel amour je les aime, rien que pour l'affront dont les poursuit l'ingratitude et l'indifférence des foules. Ils sont toujours, pour moi, la protestation vivante contre cette force inerte, monstrueuse, qu'on voudrait substituer aujourd'hui à toutes les vertus, contre cet élément imbécile, stupidement oppresseur, qui s'appelle le nombre !

Qu'un remords lui vienne, du moins, de tout le mal qu'il a fait ! Mais ceux qui viendront demain à ce noble rendez-vous ne seront pas ceux-là. Les poètes y acclameront celle qui leur est toujours demeurée fidèle, et les comédiens celle qui, plus que toute autre à cette époque, a honoré l'art dont ils vivent et dont elle a failli mourir.

LES MORTS

AD MEMORIAM

Est-ce la mélancolie automnale, flottante déjà dans les brouillards matinaux, dans l'or plus pâle des couchants plus rapides, dans l'alanguissement des dernières fleurs dont l'araignée campagnarde enveloppe le cœur de ses filets diamantés de rosée? Est-ce cette impression de souvenir et d'adieu qui nous vient des frondaisons rouillées, des feuilles courant sous nos pas avec une plainte légère, des oiseaux voyageurs s'appelant déjà pour les prochains départs? Sans chercher dans le monde extérieur, que nous voulons toujours à l'image de notre âme, ne trouverai-je pas en moi-même — qu'atteint aussi la tristesse du déclin et qui descends, les yeux sur le couchant, le second versant de la colline où avait mûri ma jeunesse — le secret du plaisir que je trouve à me rappeler et à le dire?

A mesure que les rangs de nos amis deviennent plus clairsemés, c'est vers les absents qu'ils nous faut tourner pour ne pas être seuls, et ils nous redeviennent comme une société d'outre-tombe où nos regrets et notre mémoire leur demandent la bienvenue pour nous. C'est ailleurs qu'à portée de nos mains qu'il nous faut chercher des tendresses que notre cœur seul atteint. Il y a longtemps déjà que j'ai commencé de revivre avec ceux qui avaient été les meilleurs compagnons de mon chemin. Plusieurs seraient oubliés à jamais, sans doute, sans cette piété qui va faire revivre, pour un instant, leur nom fragile sur ces pages vite envolées. Ce n'est pas, au moins, un brevet d'immortalité que j'entends leur donner. Je n'ai pas ce sot orgueil. Mais n'eussé-je retardé que de quelques années ce second ensevelissement, pire que le premier, où le néant vraiment nous attend, je n'en serai pas moins heureux de ce culte un instant rendu à mes anciennes amitiés.

Ces profils perdus ne sont pas les derniers que je tracerai. J'ai malheureusement assez vécu déjà pour écrire ces façons de mémoires où je ne parlerai pas de moi, bien entendu. Si quelque intérêt s'y attache, j'y reviendrai plus souvent.

I

AUGUSTE FEYEN-PERRIN.

A Charles Desfossez.

Celui-là fut, pour moi, le *animæ diundium meæ* qu'Horace confiait au vaisseau emportant Virgile. Hélas ! celui sur lequel s'est embarqué l'ami que je pleure, l'auteur d'une célèbre barque de Caron, laisse tous ces passagers sur ce *triste rivage*, qu'un autre peintre-poète Hamon nous montra dans un autre tableau célèbre. Avant d'entrer dans la gloire tranquille et surhumaine qui n'est faite que de souvenir et d'admiration posthume, Feyen-Perrin appartient encore quelques jours à la terre, dans son œuvre réunie au Palais des Beaux-Arts par la piété de ses amis. Toute son âme — ce qu'il n'en donnait pas aux tendresses dont il était entouré, — toute son âme d'artiste est là, dans ces pages juxtaposées où se lisent les poèmes qui, de son vivant, descendaient dans sa main pour y vivre la vie de la couleur et de la lumière. Mon émotion est grande de parler si tôt de ce mort d'hier dont je garderai l'immortelle mémoire, et mes yeux se sont remplis de larmes devant le portrait qu'en a fait son ami Krug, le représentant sur son lit funèbre, et pour lequel j'ai fait ces vers qui lui seront comme une fleur très humble apportée sur sa tombe :

Pour celui que le mal plus que l'âge a dompté,
Le combat fut la vie et la mort est la trêve.
La bataille fut longue et la victoire brève.
Saluons le sommeil qu'il a bien mérité.

Il portait dans ses yeux, aujourd'hui sans clarté,
La douce et l'immortelle image de son rêve.
L'azur profond du ciel, l'or vivant de la grève,
Et la Femme et la Mer unissant leur beauté.

Un monde entier vibrait sous ce front, où se pose
Le vert laurier qu'enfin fleurit l'Apothéose,
Fidèle aux seuls fervents de l'idéal sacré.

A l'homme mort survit un immortel artiste.
Notre cœur à la fois est glorieux et triste.
Nos fils l'admireront ; — nous, nous l'avons pleuré !

Pauvre Feyen-Perrin ! Il avait été le compagnon, sinon de ma première jeunesse, au moins de toutes les heures viriles d'une existence longue déjà. Lui seul avait connu mes amours troublées et mes secrètes espérances. Son atelier m'avait été un asile aux mauvais jours. Son amitié avait été l'oubli de toutes mes détresses. Ce qu'il emporte dans sa tombe, c'est la fleur flétrie de mes rêves, en même temps que le fruit mûr déjà de sa gloire.

C'est vers 1862 que nous nous sommes rencontrés, et j'avais tout d'abord été séduit par la noblesse physique de sa personne, où se lisait la race, où se devinaient toutes les impressions élevées dont je ne l'ai jamais vu déchoir. Sa belle chevelure noire était abondante et souple comme celle d'une femme ; les lignes admirables de son visage, dont la barbe soyeuse d'un adolescent encadrait encore le pur ovale, étaient éclairées par des yeux d'une douceur infinie et profondément constellés. De haute taille, il avait sous un costume n'indiquant pas l'extrême richesse une élégance vraiment suprême, et il n'était pas jusqu'aux dédains charmants de sa lèvre, quand il souriait, qui ne m'eussent inspiré plus de sympathie pour cette nature tout ensemble fière et douce, faite de conscience satisfaite et d'inépuisable bonté. Dans ce grand garçon pauvre, et cependant généreux déjà, tout sentait le gentilhomme. Il parlait avec une douceur extrême. Il avait alors trente-quatre ans et préludait à ses premiers succès par une série d'études savoureuses et puissantes.

Jules Breton, qui l'avait connu à dix-neuf ans dans l'atelier de Droling, en a tracé un portrait que je transcris avec plaisir et qui est tout à fait conforme au croquis qu'un des amis d'enfance de Feyen-Perrin, le savant docteur Desfossez, en a tracé à la même époque : « De longs cheveux bruns flottaient, encadrant son visage aux traits admirablement réguliers, expressifs et couverts d'une pâleur hâlée qui en augmentait le charme juvénile. Les coins de la bouche et les bords du menton s'estompaient, à demi perdus, dans la demi-teinte d'une barbe naissante, souple et plantée comme celle d'un Christ. Une sorte de nonchalance pleine de grâce dissimulait les ardeurs de son tempérament nerveux, infatigable au travail et aux veillées prolongées. Ses yeux doux et profonds, où passait parfois un éclat subit, regardaient bien en face. »

C'est le beau portrait de Henner qui demeurera, en peinture, l'image définitive de Feyen-Perrin, ce portrait au charme mystérieux comme celui d'un Léonard, et comme empreint de mystère. D'un fond sombre se dégage le visage absolument de face, éburnéen, du ton des ivoires vieillis, avec des fils d'argent courant déjà dans l'épaisseur de la barbe et de la chevelure, portrait de maître assurément et qui mériterait de mêler un jour, sur les murailles du Louvre, deux noms glorieux, tous les deux, pour l'art français. Mais le portrait posthume de Krug, dont j'ai parlé plus haut, a aussi une véritable importance documentaire, à côté de sa valeur artistique. Ce mort calme est bien ressemblant encore au vivant, et ce n'est qu'un sommeil qui a fermé les yeux ou les a tournés, suivant le mot admirable de Sully-Prud'homme : « Vers ce qu'on nomme l'Invisible. » Dans ce calme du repos est toute l'histoire d'une vie faite de travail et d'honneur, d'affections saintes et d'ambitions sublimes.

Où je l'avais connu, l'ami qui me devait être le plus cher ? Mon Dieu, dans une façon de petite taverne où passèrent bien des célébrités contemporaines. Comme nous aimions l'Allemagne en ce temps-là et qu'on y buvait une bière inconnue dans les cafés des boulevards, on l'appelait : le Buffet Germanique. Il est devenu aujourd'hui, bien entendu, « le Buffet Alsacien ». Car ce petit coin de lettrés et de peintres existe encore au 23 de la rue Jacob, et je souhaite que ses hôtes actuels arrivent aux mêmes destinées que leurs devanciers.

Là, j'ai rencontré, en effet, autour de Feyen-Perrin, les deux Breton, Français, Harpignies, Carpeaux, Dalou, Delaplanche, Toussenel, Pierre Dupont, Montégut, Monselet, Achard, Blin, Gustave Doré, Jundt et Gambetta. « Ah ! quelle surprise pour nous, dit encore Jules Breton, rappelant cette compagnie où le tribun, jeune encore, dispersait les ondes sonores de son éloquence, si une fée nous avait fait entrevoir le glorieux monument de la place du Carrousel. En 1875, au moment de sa plus grande gloire, en fumant un cigare après dîner, comme je rappelais à Gambetta les heures passées à la brasserie Alsacienne, il s'écria : « Me l'a-t-on reproché des fois, grand Dieu ! »

Dans cette Académie d'un genre nouveau régnait

une véritable hiérarchie. On y avait sa place comme à l'Institut, comme à la Chambre. Feyen-Perrin occupait le haut bout de la table, et c'était une façon de place d'honneur où les anciens venaient seulement s'asseoir auprès de lui. On y gagnait des rangs comme à l'École polytechnique. Ah ! les admirables soirées passées là dans une bohême suant le talent, à l'encontre de celle de Murger, qui ne suait que la paresse. Tous les arts et toutes les carrières y étaient représentés, toutes les théories discutées, toutes les impressions abordées, et cela avec une vaillance de verve ! Il est vrai qu'aux calmes saveurs du houblon dans les verres, succédait la gaîté des vins blancs d'Alsace sentant la pierre à fusil. Et tout cela dans un nuage de fumée qui estompait les visages et les faisait osciller dans une façon de buée fantastique.

Ce simple cabaret était en même temps un musée. A l'exposition de Feyen-Perrin, on trouve trois morceaux importants qui en décoraient la muraille : une grande peinture à la colle représentant des chanteurs ambulants, une superbe nature morte, et un paysage ensoleillé comme le plus beau Claude Lorrain. Dans le voisinage, on pouvait voir des fleurs de Nason qui sont certainement le chef-d'œuvre de ce fantaisiste artiste ; un coin de bois d'Achard ayant la saveur discrète d'un Corot ; un paysage de Breton ; une farce pleine d'humeur de Jundt, que sais-je encore ! La place était devenue rare, et on se disputait la cimaise comme au salon.

Le grand mouvement aquafortiste qui a renouvelé les traditions de la gravure durant la seconde moitié de ce siècle, c'est de ce coin qu'il est parti : son premier promoteur avait été Achard, dont les vingt planches constituaient un album digne de figurer dans les plus belles collections ; et Braquemond était un des nôtres qui devait pousser si loin l'art où Rembrandt avait conquis le meilleur de sa gloire.

Et Courbet que j'allais oublier parmi les commensaux de cette table hospitalière ! Courbet qui, dans ses marines, faisait triompher le *plein air*, tandis que, dans ses plus célèbres toiles, tout ne parlant que de réalisme, il reproduisait la tradition des Hollandais et se montrait, avant tout, élève de Franz Hals.

Feyen-Perrin n'était pas alors le peintre exquis des Cancalaises profilant leurs rustiques silhouettes sur un ciel d'un gris argenté, marchant pieds nus sur la grève humide, filles de la mer de Bretagne aux yeux regardant l'infini. Après son grand succès de la *Barque de Caron*, sa *Leçon d'anatomie du docteur Velpeau* l'avait révélé comme un des plus solides peintres de nu de ce temps. C'est, en effet, une superbe académie que celle devant laquelle le professeur disserte sous le tablier blanc du prosecteur. Mêmes qualités de science dans son *Charles le Téméraire retrouvé après la bataille de Nancy*, exposé en 1865. C'est un admirable morceau de nu que le cadavre du duc couché au revers d'une mare dont l'eau sert à lui laver la face et, plus encore, une merveille que le raccourci du soldat couché dont les épaules se développent tout entières.

C'est en 1878 que fut exposée la *Mort d'Orphée*, dont le dessin au fusain figure à l'École des Beaux-Arts et est universellement admiré. On ne saurait concevoir ce lyrique sujet sous une forme plus violente et plus noble à la fois.

Sous le thyrse qui vole et le cuivre qui tonne,
Orphée est étendu. — Les ménades, en chœur,
Comme une grappe mûre échappée à la tonne,
Foulent, en bondissant, sous leurs pieds nus son cœur :
Et son chef que brandit leur caprice vainqueur
Semble un astre sanglant sur l'or d'un ciel d'automne.

Il avait une conception de l'antiquité tout à fait mystique et élevée. Je n'en veux pour preuve que cette Astarté exposée en 1881 et qui demeure une des figures les plus heureuses qu'il ait conçues, empreinte d'un sentiment que Puvis de Chavannes ne renierait pas, avec moins de parti pris décoratif et en demeurant davantage dans les conditions du tableau :

Celle qui tord au vent sa lourde chevelure
Où le rouge soleil a laissé sa brûlure;

> Avant que de descendre au gouffre de la mer,
> C'est Astarté, la fille implacable de l'onde,
> L'immortelle beauté qui torture le monde,
> Dont la lèvre en douleurs comme en plaisir féconde,
> A gardé pour nos pleurs le sel du flot amer.

Il faut citer encore, dans cet ordre d'idées purement plastique, la *Vague*, cette belle figure nue, couchée sur le sable, où se moulent les rondeurs virginales de son sein, et le *Bain*, une délicieuse page de poésie matinale, baignée d'amour, où les nymphes se délassent dans l'herbe tendre, sous un ciel idyllique dont la lumière est tamisée par d'épaisses frondaisons. Cette fois encore, c'est en vers que m'est venue la description de cette toile délicieuse :

> Sous le bois emperlé des larmes du matin,
> Et sur le frais gazon les nymphes sont venues ;
> Le flot qui fume encore dans le jour incertain
> A baisé leurs bras blancs et leurs épaules nues.
> Leur beauté luit parmi le cortège éclatant
> De tout ce que la Nuit enfermait dans ses voiles ;
> Et, tristes d'avoir fui sans les voir, on entend
> Pleurer, au fond du Ciel, les dernières étoiles.

C'est à une période particulière du talent de Feyen-Perrin, dont l'évolution fut multiple, que se rattachent deux toiles dont le succès fut vif au Salon : la *Muse de Béranger*, une figure de femme d'un modèle absolument délicat, et l'*Élégie*, une autre figure rêveuse dont le mouvement est adorable vraiment. Aussi de ce temps, la *Nymphe* et cette jolie statue se mirant dans l'eau, à l'heure mystérieuse du soir. Puis l'impression de la mer vint se mêler, dans son esprit, à celle de la femme et commencer cette série d'études où l'océan sert de décor à la splendeur plastique de la femme. Certes, jamais dans un sentiment de poésie plus profond, nul n'exprima ce qui fait la Mer et la Femme pareilles, également perfides et tentantes, pleines de caresses et de trahisons. Nul ne réalisa, au même point, l'harmonie qui les enveloppe d'un charme commun, faisant haleter les seins nacrés comme des vagues, donnant au noble mouvement des hanches la nonchalance calme des reflux; mêlant si bien tout ce qui nous séduit dans la femme à tout ce qui nous épouvante dans la mer, qu'elles ne font plus, à elles deux, qu'une même image à la fois délicieuse et farouche.

Comme on put le voir aux Beaux-Arts, l'étude savante du nu, l'interprétation toute plastique de la Beauté tiennent dans l'œuvre de Feyen-Perrin, une bien autre place que ses pêcheuses Bretonnes à qui il dut pourtant toute la popularité que comportait un talent aussi implacablement aristocratique et distingué que le sien. Là est, pour moi, le meilleur de sa renommée dans l'avenir, non que je conteste le charme exquis et la très réelle originalité de moyens avec lesquels sont traitées ces jolies figures de femmes vêtues portant sur leurs têtes de lourds paniers.

Une des meilleures, parmi ces toiles de sa manière la plus connue, est certainement *le Retour de la pêche à marée basse*, exposé en 1880. Là encore la description appelle le rythme à son aide.

> Sur le ciel, où le vent de la plage soulève
> Et semble balayer des poussières d'argent,
> Le troupeau des pêcheurs se détache, émergeant
> De l'horizon rigide et luisant comme un glaive.
> Les vieillards aux bras nus, les filles aux pieds blancs,
> Foulent, d'un pas égal, le sable qui le presse,
> Et l'air salé du flot met la même caresse
> Sur les cheveux dorés et sur les chefs tremblants.

Un grand artiste également peu connu du gros public, dans la personnalité si multiple de Feyen-Perrin, c'était le décorateur, un décorateur merveilleux et puissant. Les anciens abonnés du Théâtre-Italien n'ont pas oublié le rideau si pittoresque, où toutes les gloires de cette scène étaient rigoureusement rappelées, étalées sur les marches fleuries d'un escalier monumental. Ce grand morceau avait été une des premières œuvres de Feyen-Perrin exposées au public. Il est tout simplement d'une composition superbe. Le maître décorateur de ce temps, Charles Toché, en qui tout le monde acclame aujourd'hui le Tiépolo français, a pieusement recueilli cette glorieuse épave qui occupe tout un panneau de son immense atelier du boulevard Montparnasse.

L'atelier de Feyen lui-même était orné de deux panneaux décoratifs très importants traités à la colle et représentant des nymphes au bain, dans un sentiment de couleur aussi discret que les plus belles tapisseries, avec des harmonies et des matités exquises que la peinture à l'huile ne réalisera jamais. On ne saurait imaginer le paysage antique renouvelé dans un sentiment plus moderne, plus enveloppant de la nudité sainte de la femme, mieux baigné de lumière dorée.

Il était de plus en plus porté vers les grandes compositions qui ouvrent, dans les murailles des monuments, de véritables fenêtres sur le ciel et sur l'infini. Il revenait souvent à cette admirable image de la *Voie lactée* qu'il avait conçue, depuis longtemps, dans un enchevêtrement de blancheurs prises aux corps envolés de femmes nues. Sa science merveilleuse et irréprochable du dessin s'exerçait à cet ensemble de raccourcis souvent audacieux comme ceux de Michel-Ange lui-même. Dans cet ordre d'idées, Feyen-Perrin allait certainement s'ouvrir un chemin nouveau et glorieux, montrant, aux admirateurs des Cancalaises, que le délicieux et poétique auteur de ces idylles marines ne manquait ni de grandeur ni de force dans la conception.

C'est sur l'expression définitive de cette *Voie lactée*, rêvée et tentée tant de fois, que la mort surprit l'artiste en toute sa maturité, l'ayant frappé depuis longtemps au cœur, en respectant son cerveau. C'est une façon d'esquisse grandiose qui figure, sous ce nom, à son exposition posthume, et ce nous est un attendrissement impérieux de penser que c'est là que s'exhala son âme dans un dernier et sublime rêve.

Sur un orbe immense, un vol éperdu de femmes, aux chevelures flottantes, tourne en un cercle qui va se perdant dans l'azur des nuits claires. Ces femmes sont des étoiles. Toutes sont mues par une pensée ; toutes ont une âme. Celle-ci, dont la virginité farouche semble pleine de fureur, hésite à s'élancer dans le vide, mais une de ses sœurs, belle d'une beauté moins tremblante, cherche sa main pour l'entraîner. De son autre main tendue en avant, comme pour nager dans l'espace, celle-là effleure la croupe nacrée d'une troisième vagabonde, que relie, à une autre encore, le geste affectueux effleurant la hanche. Une autre se présente de face, étendue dans l'obliquité du rapide essor, la tête droite et portant une torche de son bras levé, enlaçant celle qui suit dont la tête renversée s'enfonce sous l'angle du coude formant anse, tandis que les fleurs d'une couronne brisée s'éparpillent autour de son corps aérien.

Et l'on devine que bien d'autres sont derrière elles, cycle mystérieux que ferme une éternelle loi dans la sérénité résignée du ciel. Et sur cette conception stellaire d'un firmament peuplé d'astres vivants, l'âme d'un poète s'est envolée, en même temps que le pinceau d'un grand artiste se brisait. Car ce tableau que je viens de retracer, d'après mes impressions personnelles, et l'admirable description qu'en a donnée Jules Breton, cette grande toile inachevée qui figure, à l'Ecole des beaux-arts, parmi celles que la piété des amis de Feyen-Perrin a recueillies, fut l'œuvre dernière mais depuis longtemps rêvée du peintre que la mort nous a pris. Depuis longtemps il l'avait baptisée : la *Voie lactée* et ce nous était une joie commune d'en parler, séduits que nous étions, l'un et l'autre, par cette grande vision d'immortalité dans les ombres mystérieuses de la nuit. Avant moi, il devait apprendre si ce rendez-vous, par delà le temps et la vie, sous l'œil fraternel des constellations, n'était qu'un leurre de notre esprit ou l'auguste pressentiment d'une vérité. Mais que de fois nous avons songé, spiritualistes endurcis que nous étions tous les deux, que nous nous retrouvions dans cette sereine lumière, couronnés de nos espérances à jamais réalisés, de nos souvenirs défiant à jamais l'oubli ?

J'ai vu lentement s'épanouir cette fleur de pensée qu'un vent brutal devait briser sur sa tige, se formuler, dans le recueillement toutes ces images qui ne sont restées que d'admirables ébauches, se dessiner ce poème, séraphique et plastique à la fois, qui fait penser au vers sublime de la *Légende des siècles :*

Chair de la Femme, argile idéale, ô merveille !

Et ce que fut, ce que demeure par delà la tombe, pour notre immortelle amitié, ce rêve de la *Voie lactée*, je le veux dire en mémoire de l'ami dont l'esprit a regagné, le premier, la Patrie de nos communes chimères.

*_**

Que sont ces femmes enlacées en une théorie circulaire, se ressemblant vaguement toutes mais différant cependant entre elles, par le regard et par le sourire, liées en une chaîne tour à tour mélancolique et joyeuse, impossibles à retenir au passage, sinon les heures envolées de notre jeunesse ? Nous avions le même âge quand nous nous sommes rencontrés dans la vie — il y aura trente ans bientôt — et bien qu'il fût né dix ans avant moi, s'il faut en croire les registres des mairies ; oui le même âge, celui de toutes les ardeurs vers l'idéal et vers la femme confondus dans la même soif folle de vie et de beauté. Mathématicien encore par état, j'écrivais en cachette mes *Sonnets païens*, ces premiers vers que George Sand a toujours trouvés les meilleurs, et je ne les osais montrer qu'à Feyen-Perrin, le soir, à un coin de table où nos deux verres se baisaient encore. Il esquissait, lui, cette admirable figure de la *Grève* dans laquelle il associa, pour la première fois, l'impression de la femme à celle de l'Océan, ressuscitant la fable divine de Vénus, non plus fille de la

Mer, mais sa compagne et apprenant d'elle, rêveuse et le ventre moulé dans la finesse d'or du sable, le secret des trahisons que la vague conte au rivage et qui suit le naufrage des âmes. Nos deux esprits étaient comme traversés du même rayon de lumière et jamais ce flambeau ne s'est éteint en nous, l'amour religieux et résigné de la Femme, la soumission sans colère à ses cruautés mêmes, la divine superstition qui nous fait inexorablement ses esclaves, ayant continué de nous paraître, à tous deux et jusqu'au bout, l'unique règle de la vie.

— Tu feras des vers pour tous mes tableaux, me disait-il.

— Certes ! lui répondai-je.

Et la longue série des catalogues du Salon prouve que j'ai tenu ma parole.

Oui, ce sont les heures heureuses de causerie à cœur ouvert, où nous pénétrions dans l'intimité psychologique l'un de l'autre, sans y rencontrer jamais un doute, une révolte ou un dégoût, ce sont ces heures tranquilles qu'éclairait le jour tamisé de l'atelier ou la clarté amortie de la lampe studieuse, que tu fais passer sous mes regards humides, âme blanche du ciel, Voie lactée !

Que sont ces femmes emportées par le même souffle dans l'air vide et qui semble demeurer béant autour d'elles, qui portent des rayons dans leurs chevelures dénouées et qui laissent sur leur chemin des pétales de roses, sinon les bien-aimées dont notre intimité faisait vite des sœurs, les maîtresses, celles-ci de quelques jours, celles-là de quelques semaines, d'autres de quelques années, qu'un soir nous mettions face à face, et dont nous nous consolions mutuellement après le fatal abandon, filles de Bohême dont nous nous rappelions les noms à peine, mais dont nous n'avions jamais oublié le sonore sourire ? C'était le temps des amours faciles et sans lendemain, ne laissant, entre l'aveu et l'adieu que le temps d'une joie, chapelet dont le lien brisé laisse courir les grains avec une musique de grelots.

Nous devions connaître, l'un et l'autre de plus graves et de plus cruelles tendresses. Celle-là qui, presque debout, agite une flamme au milieu de ses compagnes abandonnées dans leur vol oblique, nous devions la rencontrer tous les deux sous des traits différents, mais également despotique et inexorable. En l'élevant vers l'azur, c'est vers nos cœurs qu'elle tendait cette torche farouche et nos chairs devaient clamer la même brûlure. Nous nous la montrons du même doigt frémissant encore, celle que je vois brune et celle qu'il voit blonde, — toutes les choses s'illuminant d'or dans son regard immatériel, dans son regard sans paupière d'âme délivrée, — mais la même, celle qui nous fut la suprême torture et la suprême joie, celle qui le conduisit à la mort et celle qui m'en apprit le chemin.

Fantôme cher et détesté, parmi les visions joyeuses, tu traces comme une large blessure dans le ciel, où nous conduisait le même rêve.

Oui, ce sont nos amoureuses d'antan, les croqueuses de pommes vertes et les mangeuses de cœurs dont la dent nous déchira dans notre douloureuse maturité, ce sont les folles amies des premières heures de jeunesse et l'impitoyable amante des jours pleins de désirs et des nuits pleines de sanglots, que tu promènes, par ton chemin mystérieux et fleuri, âme blanche du ciel, Voie lactée !

Que sont ces femmes dont les mains se cherchent dans l'immensité qu'elles animent, dans l'ombre qu'elles éclairent, gouttes vibrantes de la vie courant les unes aux autres pour se fondre dans le même ruisseau de blancheur, étincelles se pressant pour s'unir dans la clarté recueillie d'une même flamme, sinon les âmes se hâtant vers les promiscuités sublimes de la finale métamorphose, se ruant vers le grand Tout où refleuriront nos tendresses dans un printemps éternel? Dans cette grande confusion des êtres précipités vers leur nouveau destin, nous nous reconnaîtrons, amis, pour porter au cœur la même blessure, cet inexorable amour de la Femme qui, de nos deux souffrances, avait fait une impérissable amitié ! Elles nous accueilleront dans leur groupe fleuri de beauté et de jeunesse, celles que tu nous montres, en partant, qui portent au front une étoile et dont la belle chair parfumée emplit d'ivresse les jardins immenses du ciel. Comme ici-bas, nous aimerons, et nous nous ferons des confidences, dans quelque coin lumineux de l'azur, sous l'ombrage caressant des lointaines nuées, au murmure des sources profondes où le tonnerre trempe son glaive de feu, dans l'aérien séjour des paradis grands ouverts au seuil desquels les archanges armés se sont endormis. Elle nous recueillera parmi les voyageuses aux longues chevelures et nous remettra aux lèvres le miel oublié des baisers infinis, ressuscitant nos virilités pour les vaillantes tendresses, faisant choir autour de nous et tendant à nos mains l'Idéal qui nous humiliait à ses pieds, la grande loi dont ton pinceau défaillant a tracé le verbe, dont ta bouche mourante a béni la pitié, la vie éternelle qui nous attend, l'âme du ciel, la Voie lactée !

Chez Feyen-Perrin, l'artiste et l'homme étaient harmonieusement unis dans une personnalité qui inspirait immédiatement la sympathie et qui imposait le respect. Je ne veux pas conter ici une vie qu'ont traversée de grandes déceptions et de grandes douleurs. Feyen-Perrin était un discret qui avait la pudeur de sa souffrance, et ceux qui en ont été les confidents — bien peu, un seul peut-être ! — auraient mauvaise grâce à déchirer le voile dont il s'était toujours jalousement protégé par un sentiment rare de dignité et de fierté. Il est bon, cependant, que ceux qui l'admirent sachent à quel point il était digne d'être aimé.

Sur sa tombe, après le discours officiel qu'un des membres de l'Institut avait découpé dans le Larousse, lequel est, sans doute, un des ouvrages les plus fouillés de la bibliothèque académique, un ami, parlant au nom d'un groupe bien autrement nombreux et intéressant, rappela quelle avait été la générosité de ce grand cœur, aussi bien dans la mauvaise que dans la bonne fortune.

Feyen-Perrin n'avait pas toujours eu assez pour vivre. Il avait, du moins, toujours eu assez pour donner. Il n'avait jamais compté. Et quand le tardif bien-être, qu'il avait si laborieusement gagné en quarante ans de travaux, fondit entre les mains d'un prodigue à qui il l'avait imprudemment confié, à peine eut-il une parole d'amertume, et son courage ne fit que grandir sous le poids d'une injuste adversité.

Un tel déboire ne le pouvait d'ailleurs toucher assez haut pour l'atteindre au cœur. C'est d'ailleurs et d'une douleur plus digne de lui qu'il devait recevoir la blessure par laquelle s'en va tout ce qui nous reste de sang. Une dernière tendresse devait l'emporter avec elle dans le commun et éternel repos. Un artiste peut-il rêver une mort plus belle ?

Cette *Voie lactée* que je décrivais tout à l'heure pourrait symboliser cette belle vie où l'Idéal tint une si grande place, où le Rêve mit sa constante et immortelle douceur. Ces belles femmes entrelacées en une chaîne vivante, qu'un souffle balance, comme une chaîne de fleurs, dans les profondeurs éclairées de la nue, ne semblent-elles pas attendre, comme les amoureuses de l'au delà, celui qui les avait adorées, elles, filles de l'azur, du fond des terrestres ombres ? N'est-ce pas pour lui montrer le chemin de l'Immortalité que celle-ci tend, vers le zénith, le flambeau dont sa main blanche est alourdie ? N'est-ce pas pour le consoler des amitiés rompues et des absences sans retour que celle-là effeuille des roses où vit le souvenir des jardins d'antan et des fleurs autrefois cueillies ? Pour cette nature éprise de lumière, faite d'aspirations vers l'infini et d'amour éperdu de la Beauté, l'apothéose méritée pouvait-elle se présenter sous une forme plus logique et plus poétique tout ensemble que cette théorie de voyageuses traversant l'azur de leur vol qui laisse derrière soi des clartés d'argent ! C'est bien dans leur compagnie que je conçois ce noble et voluptueux esprit, là où nous rêvions, dans nos lointaines causeries, de nous retrouver ensemble, emportés, comme sur deux ailes, par les souffles jumeaux de la musique et des parfums.

II

THÉODORE DE BANVILLE

Un admirable poète, notre maître à tous, vient de s'endormir pour jamais. Dans la force de son génie, dans l'éblouissement de son esprit, dans l'apothéose dont l'enveloppaient nos admirations et nos tendresses, Théodore de Banville vient de tomber foudroyé ; et, devant ce malheur inattendu, rien ne nous monte, du cœur aux lèvres, que ce cri désespéré du poète latin : *Nec sit mihi credere tantum!*

C'est la vérité cependant, inexorable, cruelle. Je viens de le voir sur son lit de mort, immobile, les paupières scellées, dans le calme marmoréen du dernier repos. Il semble lui-même être la statue qu'on couchera quelque jour, sur sa tombe, comme autrefois sur celles des chevaliers, comme lui croyants, héroïques et fidèles. Des mains pieuses ont jeté des roses à ses pieds rigides, des roses qui semblent pleurer comme nous. Il les avait si bien chantées, lui le beau poète épris des couleurs et des parfums, lui pour qui l'âme obscure de la Beauté n'avait pas de secrets ! Détournant, un instant, mes yeux de cette image, pour lui cacher mes larmes, j'ai vu par la croisée, le jardin désolé, comme si toutes les choses qu'il avait aimées prenaient leur part de notre deuil.

C'est que celui-ci est immense, despotique, sans mesure.

Les poètes seuls peuvent dire ce que Théodore de Banville fut pour nous, la place qu'il occupe dans notre art, la gloire dont sa mémoire doit être couronnée. Dès ses premiers vers, il avait été un novateur, n'ayant pris de Victor Hugo que juste de quoi lui témoigner son culte passionné, de quoi se revendiquer de sa trace. Mais une vibration personnelle était déjà en lui, un au delà de tout ce que les rythmes avaient donné avant lui, une audace d'Icare dont nul soleil ne devait fondre les ailes, une soif d'infini tout plein d'étoiles, jusqu'où le vol de fantaisie n'avait encore enlevé même les plus hardis.

En même temps qu'il rajeunissait, comme Fragonard, comme Watteau, la mythologie dans une forme nouvelle, mais autrement noble et d'un sensualisme plus divin, il inventait et imposait à la poésie une forme, nouvelle aussi, de l'esprit français. Rivarol et ses contemporains lui avaient donné l'ironie. Banville lui donna le lyrisme. Il fit retentir, à nos oreilles, un écho de ce rire inextinguible des Dieux dont nous parle Homère. Ce superbe païen devint un moderne sublime, sans dépouiller la couronne de laurier et sans laisser tomber, de ses mains, la lyre. Son génie était fait d'une unité triomphante. Dans tout ce qu'il écrivait il se donnait tout entier.

Il laisse les livres les plus parfaits peut-être de la poésie française. Qui oserait choisir entre le *Sang de la coupe* et les *Odes funambulesques* ? Ces purs chefs-d'œuvre d'un caractère si différent sont du même art impeccable, du même métal brillant et sonore, et le soleil, qui était en lui, y est enfermé dans l'étincellement des mêmes pierreries. Aussi longtemps que notre langue, ils vivront comme d'impérissables modèles. Aussi longtemps que nous aurons une Patrie, comme les *Châtiments* de Victor Hugo, les *Idylles Prussiennes* de Théodore de Banville rappelleront quelle révolte sainte contre l'oppression, quelle indignation virile est, aux heures mauvaises, dans l'âme des grands poètes.

Et Théodore de Banville sentait si bien quelle légion de disciples se levait dans son ombre que, pour eux, il daigna écrire un livre de leçons, cet admirable petit traité de poésie française, hors lequel, pour les poétes à venir, il ne sera pas de salut. Mais ces leçons, combien furent plus heureux ceux qui les reçurent de sa bouche ! Il était l'ami qui ne se lasse pas d'instruire. Comme Christ à la Cène, il nous a donné, à tous, un peu de son âme, et c'est de ce souffle que s'est animé tout ce que nous avons fait de bien.

La main me tremble à essayer de fixer les souvenirs qui passent à travers mes pleurs. Ce Maître aimé qui n'est plus, plus rien que notre éternelle religion et une gloire immortelle, je le revois, non plus sur ce lit jonché de fleurs funèbres, mais debout, dans ce cabinet de travail qu'il aimait tant et qu'emplissait, au printemps, une odeur de lilas, coiffé d'un béret de velours retombant sur l'oreille, en arrière, les mains tourmentant une cigarette, l'énigme bienveillante du plus fin sourire aux lèvres, une malice sans ironie dans les yeux, écoutant nos vers, nous conseillant, laissant toujours deviner, dans sa pensée loyale, plus loin que la forme même de l'éloge. Pour qui le connaissait bien, les mots prenaient un sens que leur donnait le tour original, personnel, volontairement hyperbolique de son esprit. Ils composaient une langue nouvelle d'une intimité délicieuse puisqu'on ne la parlait qu'avec lui.

Aucun causeur ne put lui être comparé jamais. J'ai vu les plus rebelles sous le charme. Sa lyrique horreur de ce qui est banal et bourgois passait plus haut que Pécuchet, sans le blesser. On vit même quelquefois celui-ci en rire, triomphe du *vis comica* certainement! Le sens admirable que Banville avait de l'image lui permettait de la prodiguer sans lasser jamais. Tout le symbolisme dont on fait si grand train aujourd'hui est fait d'une miette de sa formule. Comme il donnait aux vocables une musique, il leur donnait une figure. La synthèse des rapprochements se faisait, dans son esprit, avec une soudaineté magistrale et vraiment éblouissante.

Et le conteur admirable ! Ce n'est pas aux lecteurs de l'*Echo de Paris* que j'apprendrai à en déplorer la perte. Après tant de jolies histoires d'amour, d'une forme si exquise, qui étaient, en même temps, d'un philosophe aimable et d'un gentilhomme de lettres sentant la race, il avait fait au journal ce grand honneur de lui donner son premier et hélas ! son dernier roman, une pure merveille. En lisant ces pages si bien imprégnées de jeunesse, quelle joie nous sentions à penser que la mort, comme la vieillesse, l'avait peut-être oublié ! Vingt ans chantaient dans ce vrai poème dont la prose était encore une musique savante, un enchantement harmonieux !

La Mort s'est brusquement rappelé celui qu'elle avait effleuré tant de fois avant qu'une compagne dévouée, dont la juste fierté s'abaissait aux plus humble soins, eût rendu la santé au poète que consumait sa propre flamme, avant que l'orgueil lui fût venu d'un fils qui, à l'ombre du sien, a su déjà se faire un beau nom. Quelle douleur pour tous les deux que cette séparation sans adieu, que ce dernier soupir, pareil à tous les autres souffles, et dans lequel l'âme est partie ! Puissent-ils trouver quelque consolation lointaine dans la fraternité de notre deuil !

Car c'est un père que nous pleurons aussi, nous les poètes ! Mais une sorte de consolation nous vient plus vite de cette belle gloire qui va jaillir du tombeau ! Telle l'étincelle jaillit de la pierre inerte et allume la pourpre d'un incendie. En entrant dans l'immortalité il s'y découpe une gloire à sa mesure, un manteau royal à sa taille. Il y prend place auprès des plus grands, à la droite de celui qu'il nommait, avec une humilité si pleine de tendresse : Le Père ! Dans la même auréole baigneront leurs deux fronts et l'ombre des mêmes lauriers versera sa fraîcheur à leurs ombres. Tous deux sont remontés au même ciel d'où ils étaient descendus, au front l'idéal, le lyrisme aux lèvres, ces deux fleurs d'immortalité ! Toutes les étoiles sont trop loin de la terre pour que nous les osions comparer. Il suffit à notre fange qu'elles soient des étoiles !

Génie entré vivant dans l'immortalité !

s'écrie à Victor Hugo Banville. En faisant ce vers admirable, à lui-même il aurait pu penser. Ses premiers vers sont lointains déjà. Un seul a-t-il vieilli ? Il touchait si bien à la perfection de la formule en toutes choses qu'il apporta au théâtre le même caractère d'immortelle modernité. Qu'on me cite une seule pièce contemporaine de *Gringoire*, qui ait gardé le même pollen, la même fraîcheur en dehors de toute fantaisie de la mode ? C'est que les chefs-d'œuvre ne sont pas d'un temps, mais de tous les temps. C'est même leur caractère distinctif et absolu. Mais soyez sûr que le *Beau Léandre*, et *Déidamia*, et la *Femme de So-*

crate, et le *Baiser*, dont jamais jeune poète amoureux n'égala la grâce sensuelle, auront le même destin.

Ah ! la noble vie et bien remplie qu'a tranché le coup brutal d'une faulx !

Ce n'est pas le poète impeccable seul, le prosateur sans reproche, le maître d'une si parfaite érudition, qu'on citera, dans Théodore de Banville, comme des modèles. L'écrivain, l'homme de lettres dans le sens le plus élevé du mot, n'auront jamais devant eux de plus noble exemple. Il honora si fort notre état, que lui ressembler, même de loin, serait encore un mérite. En cet âge où la plume est, en d'autres mains, la plus vile des marchandises, celle qu'il avait arrachée au vol de quelque cygne, dans un de ses beaux voyages à travers l'azur, demeura, dans la sienne, si fort au-dessus des hontes de la foule, que rien n'en salit jamais la triomphale blancheur. Il la portait, glorieuse, comme les saints leur branche de lys, ou comme les héros leur resplendissante épée ! Au-dessus des têtes étonnées, elle faisait passer des souffles ou frissonner des éclairs.

C'est sur cette blancheur d'aile que son âme est remontée vers l'Infini.

Car le néant s'est trompé en croyant te prendre, ô Maître ! A peine si ses doigts de squelette ont pu retenir quelque chose de ta mortelle dépouille. Tout ce qui fut Toi est plus haut que ces étreintes. Tout ce qui fut Toi vit tout entier. Tu t'es endormi dans la paix des croyances qui ne font de la Mort que le seuil d'un Paradis, et tu es de ceux dont la Foi est faite pour troubler, venant d'une âme si lucide et si haute. Mais ceux-là même qui t'envient ce noble rêve, te proclament Immortel et vraiment ressuscité dans la mort pour une gloire plus éclatante. Elle te sacre Dieu devant la postérité ; mais nous qui t'avons connu, qui t'avons aimé, dans ce Dieu nous ne pouvons oublier l'homme si doux, si bon, si charitable aux humbles, que tu fus !

Et c'est pourquoi ce beau rayonnement de ton apothèse n'est encore, pour nos yeux, que le dernier scintillement de nos larmes !

III

MAURICE SAND

Pour une fois, comme on dit dans les Flandres, tu me pardonneras bien, ô toi qui veux bien me lire, une heure de mélancolie. Aussi bien les premières tristesses automnales ont déjà passé dans l'air avec les feuilles jaunes des peupliers et les pétales mouillés des roses remontantes. Et puis, comment vaincre les impressions qui vous montent vraiment de l'âme, comme le bouillonnement intérieur des sources traverse quelquefois les sables et vient mourir à leur surface, en murmurant ?

J'ai l'amour désespéré des traditions, dans un temps où tous les respects sont morts. L'héritier d'un grand nom vient de disparaître et je lui ai gardé un peu du culte le plus fervent et le plus passionné de ma vie.

Maurice Sand méritait d'ailleurs mieux que les trop rapides notices qui ont commenté sa mort depuis longtemps prévue. C'était, par lui-même, un esprit curieux et un écrivain ne manquant pas de style. Et puis, ceux qui ont adoré sa mère doivent bien, à cette auguste mémoire, de ne pas laisser s'en aller, sans un souvenir, celui dont elle avait voulu, trop modestement, faire le dernier orgueil de sa vieillesse. Car les succès de Maurice lui étaient plus chers que les siens et ce fils, à qui elle avait appris à écrire, lui était une fierté touchante où se montraient tous les besoins généreux et protecteurs de son être. Elle voulait, à toute force, revivre en lui, dans une gloire ressuscitée, et c'était un beau spectacle que les efforts dont elle l'excitait au travail, jalouse seulement de lui transmettre son génie dont une part était faite de volonté.

Ainsi, après treize ans, la terre est encore fraîchement remuée dans cet humble cimetière de Nohant sous le grand arbre qui couvre d'ombre une tombe où dort la lumière ! Les stupides occupations de tous les jours ne m'ont pas permis d'accompagner ces nouvelles funérailles et de rajeunir, pour ainsi parler, dans un retour des impressions anciennes, un deuil qui n'a pas vieilli dans mon cœur. Je n'ai pas suivi, une fois encore, par delà les grands noyers qui ferment le porche du château, le chemin qu'une pluie fine mouillait, il y a treize ans, mêlant à nos larmes les larmes des choses, derrière la bière cahotée entre deux haies vivantes et agenouillées, quand tout le pays était venu dire adieu à la « Bonne Dame » qui est demeurée l'âme du Berry. Mais, de loin, durant cette journée de la semaine passée, j'ai senti mon cœur plus lourd, lourd de ses souvenirs s'abattant sur lui comme une volée d'oiseaux qui fait courber les branches, en soulevant les tristesses passées comme un fleuve qui grossit, et je veux dire les heures douces que je passai dans la compagnie de celui qui n'est plus là, quand George Sand vivait encore, dans le coin de terre délicieux à qui j'ai dit le : *et serves animæ dimidium meæ*, alors que la seconde moitié de mon cœur s'en exilait pour toujours.

Souvenirs d'une collaboration lointaine. J'étais retourné à Nohant pour tirer un poème d'opéra d'un roman de Maurice, lequel avait brillamment réussi dans la *Revue des Deux-Mondes : Calirrhoë*, un fort beau livre, ma foi, d'un mysticisme philosophique fort élevé, où la vieille âme gauloise était évoquée au seuil de Rome vaincue, vision dont le fantastique était tempéré d'un sentiment profond de réalité. L'œuvre avait tenté un musicien injustement inconnu que la lutte a vite lassé, malgré que son talent fût considérable et que les mathématiques ont repris, Alexandre Bazille, un de mes anciens camarades de l'Ecole Polytechnique. Il était venu de Montpellier, sa partition sous le bras, écrite sur un poème de sa façon qu'il s'agissait de rendre littéraire. Sans le connaître, George Sand s'intéressa immédiatement à lui. On me demanda à Nohant et nous nous mîmes à l'œuvre. De ce livret de *Calirrhoë*, qui n'a jamais vu le jour, il ne me reste que le manuscrit où Mme Sand a mis des annotations de sa main. Je jetterais tous mes autres au feu pour garder cette précieuse relique.

Je ne faisais guère que les vers, me laissant docilement guider pour tout le reste. C'est une occupation tout à fait insipide d'écrire, en général, pour les musiciens. Elle me fut douce, cette fois-là seulement, dans ce merveilleux décor de Nature, dans ce monde exquis d'effusion. Mes habitudes matinales me jetaient dans le parc, longtemps avant tout le monde, au petit lever du jour estival qui vient de bonne heure cependant, dans le scintillement des rosées et sous le réveil sonore des oiseaux à travers l'enchantement des ailes et des fleurs qui s'ouvrent, en même temps, pour se sécher au premier rayon. Il m'arriva quelquefois cependant d'y rencontrer le vieux graveur, Calamatta, hôte de Nohant aussi, et dont Maurice avait épousé la fille Lina, tête blanche et superbement barbue, émergeant des pourpres claires d'une veste garibaldienne. On échangeait un salut, au détour d'une allée, pimenté, de sa part, d'un fort accent italien. Puis je reprenais, soudainement, ma promenade de rimeur, sur le sable humide et luisant de reflets d'aurore, tamisés par les transparences obscures des frondaisons. Le second qui m'y vînt troubler, était généralement le chien Fadet qui, après m'avoir fait un instant escorte, passait à d'autres occupations. Ce Fadet était une bête vraiment extraordinaire de courtoisie. A tout invité il tenait un brin de compagnie, mais sans s'attarder au delà de ce qu'exigeait sa conception des convenances. Cette politesse était doublée d'une susceptibilité considérable. Aussi ne pouvait-on rire devant lui qu'il ne crût qu'on le raillait. Il prenait un air fâché et se dirigeait vers la porte de la pièce où l'on s'était permis cette familiarité devant lui. Il n'avait pas appris, dans Rabelais, que rire est le propre de l'homme et savait seulement que rire n'est pas le propre du chien.

Les bonnes après-midi qui se passaient à la critique de ma poésie matinale ! Mme Maurice Sand se mettait au piano, et on essayait les nouvelles paroles sur la musique. Tout cela se faisait gaiement, amicalement, George Sand tourmentant, durant ce temps-là, sur la grande table, de ses petites mains fermes et blanches, les pièces d'un casse-tête chinois. Car jamais ces petites mains-là ne demeuraient oisives. Souvent servaient-elles à chiffonner les costumes des marionnettes pour la représentation du soir. Car ce grand esprit n'avait le mépris d'aucune distraction. Le jeu de boules, qui demande autant de force que d'adresse, était un de ceux auxquels l'illustre femme excellait le plus. Le *mens sana in corpore sano* semblait avoir été écrit pour elle.

Mais la pensée demeurait vibrante, dans son

cerveau, à travers ces gymnastiques, et combien de fois l'ai-je vue s'arrêter subitement d'une des occupations futiles pour dire quelque très noble et très haute chose sur la Nature, sur l'Amour ou sur Dieu. Cette faculté d'abstraction intellectuelle à travers les choses de la vie était vraiment merveilleuse. Mais voilà que je me reprends à ne plus parler que d'elle.

Maurice avait bien quelque chose de ses traits et de l'expression de son visage. Mais c'est surtout au portrait du maréchal de Saxe, qui était dans le salon de Nohant, qu'il ressemblait au physique. Dans la pointe d'esprit commune entre sa mère et lui, ce qui frappait surtout c'était l'amour de l'histoire naturelle et la propriété très particulière d'animer des êtres conventionnels et insensibles. Ce panthéisme à la fois instinctif et pratique était caractéristique de l'un et de l'autre. Théophile Gautier, qui le professait à l'endroit des animaux, avait élevé, disait-il, sa chatte Eponine « à la dignité de personne. » George Sand et son fils en avaient fait absolument autant pour leurs marionnettes. Ce petit théâtre de Nohant, où le *Marquis de Villemer* et le *Mariage de Victorine* furent joués pour la première fois, et *Claudie* et le *Champi* aussi, tenait dans leur vie infiniment plus de place qu'un simple amusement. On ne prenait pas d'abord, pour autre chose qu'un badinage, le sérieux avec lequel ils parlaient de ces mignons acteurs en bois dont chacun avait son nom et sa légende. La vérité est qu'ils en avaient fait de véritables symboles et étaient les croyants, irrespectueux d'ailleurs, d'une véritable mythologie. Ils leurs prêtaient les sentiments du personnage qu'ils avaient joué au point de les confondre avec ces personnages eux-mêmes. Ils étaient les Pygmalions de ces charmantes statues.

Car les marionnettes de Maurice Sand, taillées par lui dans des bois de choix, fardées des plus coquettes couleurs par un artiste qui avait travaillé chez Delacroix, pourvues d'yeux en têtes de clous luisants avec une pointe de lumière comme les yeux réels, étaient de vrais petits chefs-d'œuvre. Ayant inutilement cherché sa voie comme peintre, bien que quelques-uns de ses paysages traversés de fantômes soient intéressants, Maurice Sand n'en avait pas moins infiniment de goût pour l'accord et le groupement des tonalités... Que deviendront ces chères marionnettes ? Que le temps est loin de ces beaux soirs de Nohant où George Sand et sa belle-fille mettaient leurs plus fastueuses toilettes pour assister à une de ces représentations fantaisistes dans le théâtre plein de fleurs ! La propriété qu'occupait Maurice, chaussée de la Muette, avait recueilli la comédie et les comédiens, et quelques séances furent données à Passy, lesquelles retrouvèrent le succès d'autrefois. Mais maintenant !... Les petites poupées de bois sont sans doute à jamais muettes, elles qui avaient parlé le noble langage du génie et que la grande âme de George Sand avait animées un instant. Je pense à leur abandon avec de grandes pitiés ; je les recommande aux deux belles jeunes filles que j'ai vues tout enfants, jouer avec elles, et qui ne se rappellent pas de moi, et dont l'une s'appelle Aurore, comme sa grand'mère. Nos vieux joujoux nous doivent être des reliques. Celles-là sont sacrées deux fois. Une fois encore j'aurai vécu quelques heures, à Nohant, les dernières, et auprès d'une double tombe ! J'attendrai pour être gai, demain. La vie est ainsi.

IV

ERNEST HAVET

A Léon Philippe.

Si jamais un biographe — les plus humbles en ont un aujourd'hui comme une statue — insinue que c'est une vocation irrésistible, pour les sciences, qui m'a poussé sur les bancs de l'École polytechnique, je m'inscris en faux contre cette parenté avec Pic de la Mirandole. C'est l'Amour, l'Amour seul qui, cette fois déjà, comme ensuite toutes les autres, décida de ma destinée. Fils de magistrat, destiné par mon père à poursuivre le crime ou à le défendre, à mon choix, je m'épris fort inutilement d'une belle personne qu'on ne me voulut promettre que lorsque j'aurais une situation indépendante. C'est celle-ci que je demandai à l'éducation pratique de l'Ecole, ayant d'ailleurs tout à fait oublié, quand j'en sortis, celle qui m'avait valu ces deux années de retraite dans un lieu ressemblant fort à un cloître.

Mais je ne regrettai pas le parti que j'avais pris. J'ai goûté de vraies joies dans l'étude de la mathématique pure dont la parenté avec la poésie est indiscutable. Car, de même qu'une pensée sublime trouve toujours un beau vers pour s'y figer, nulle vérité géométrique ou analytique ne s'exprime que par une formule d'une imposante symétrie. C'est encore une pondération de lettres et un rythme de caractères. D'Alembert doit être considéré comme un poète fort élégant.

Le côté culinaire de la science m'intéressait moins. Je ne refusai j'amais d'être, avant tout, un abstracteur de quintessence. J'ai donc fait un physicien déplorable, et mon adresse comme manipulateur en chimie n'a jamais dépassé l'art de faire un assez bon chocolat dans les cornues du gouvernement.

Donc, les joies métaphysiques que me donnait l'abstraction — car le contingent m'a toujours dégoûté, je suis un amoureux inguérissable de l'Absolu, et le père Malebranche demeure mon écrivain favori — étaient très compensées, à l'Ecole, par une quantité d'études où l'algèbre n'intervient qu'incidemment, à propos de matérialités complètement dénuées de charme pour moi. Il serait si simple de supposer un instant l'univers régi par d'autres lois ! Rien ne prouve même qu'il n'y pût trouver de grands avantages. La formule de la pesanteur est quelque chose d'assommant. Il suffit de prendre quelque embonpoint pour s'en apercevoir. Je vivais donc dans un état d'insurrection latente à l'endroit d'une partie considérable des travaux imposés par le programme officiel des connaissances requises de nous. Je passais à rêver le temps des cours qui leur étaient consacrés, et ayant renoncé à devenir un ingénieur de génie, je voyais arriver dans un far niente relatif, mais avec une philosophie pleine de douceur, le moment d'être proclamé un parfait cancre par la moitié, au moins, de mes examinateurs.

Au demeurant, je n'étais passionné que pour une très faible partie des sujets de méditation imposés à mon esprit, et une soif ardente de littérature me brûlait dans ce fatras d'équations, n'ayant même pas l'excuse d'être inutiles et purement spéculatives, dans cet amoncellement de notions auxquelles mon tempérament peu pratique refusait tout intérêt. Il y avait des moments où vingt vers de Corneille ou de Hugo m'eussent rendu fou de joie. J'avais horreur de cette nature qu'on disséquait devant moi, sur des tables, et je pensais à celle que les poètes ont chantée, mystérieusement agenouillés devant elle et non pas le hideux scalpel à la main. Je me moquais bien des lois arbitraires de l'hydraulique, mais j'entendais sourdre en moi, révoltée, la divine musique des sources syracusaines dont Théocrite m'avait appris les vers, et mugir les torrents de la grande lyre d'Homère.

Orphée, le grand charmeur de choses, se lamentait, en moi, d'être oublié, et j'avais des larmes aux yeux en songeant à la grande avenue de tilleuls, où tout enfant, et dans le jardin paternel, je lisais l'églogue *de Gallus*, ou le premier

chant des bucoliques Virgiliennes. Ce sentiment
m'était plus amer, par les soirs d'été, inutilement
faits pour moi, des brises absentes du fleuve
chantant au loin, des frondaisons profondes em-
plies des rires de belles filles, de tout ce que je
sentais derrière les murailles de la grande cour
aux insipides platanes, et dont l'immortelle voix
de la poésie aurait pu seule me consoler.

Une heure par semaine ! une heure ! et si vite
passée.

Un homme venait, qui rendait mon esprit à
ses anciens rêves et m'apportait ce viatique littéraire, dans le rude voyage à travers les sciences
abruptes dont un rayon de soleil ni d'amour ne
traversa jamais le sévère horizon. Cet homme
était Ernest Havet, notre professeur de littérature, l'admirable écrivain et le philosophe hau-
tain que vous savez, le commentateur de Pascal
et le vengeur de la philosophie grecque dans
l'histoire du spiritualisme à travers les âges. Je le
vois encore descendre à l'amphithéâtre à l'heure
de la leçon, et c'était comme sacré par la Muse,
dans une auréole de lumière, aux sons de musiques muettes mais délicieuses, qu'il y pénétrait
pour moi.

De haute taille et mince, un peu voûté déjà,
bien que jeune encore en ce temps, une tête
blonde retombant légèrement de côté sur la cravate blanche, imberbe et le visage pâle, éclairé
par deux yeux très noirs semblant sautiller der-

rière ses lunettes, sous la tenue essentiellement austère du maître, il m'apparaissait dans la robe blanche des antiques chanteurs et des porteurs de lyre.

D'aspect timide, avec une voix qui tremblottait d'abord un peu, comme celle d'une vieille femme, il commençait dans le plus respectueux des silences. Puis soudain il s'enflammait, s'emplissait d'accents vibrants et passionnés quand il parlait de choses vraiment belles, se transfigurait vraiment comme si le beau rayonnement de son âme lui traversait l'être et illuminait l'air autour de lui.

Ce qu'il avait alors c'était mieux que de l'éloquence : la chaleur mystérieuse et pénétrante d'un foyer que des cendres ont longtemps couvert ; l'épanouissement d'une fleur sanglante apparaissant à travers la neige ; son cœur viril mis à nu avec toutes les blessures qui l'avaient déchiré et ennobli. Il fallait l'entendre dire les ballades de Villon, le poète qu'il aimait le mieux de ceux qui ont précédé les grands siècles de notre poésie ! Je lui dois d'avoir adoré ce maître au génie mâle et sensible à la fois.

Car Ernest Havet avait cette supériorité rare d'éclectisme et de goût que, tout en étant avant tout un helléniste et un passionné de la grande pensée païenne, rien ne lui échappait de ce qui fait le charme de choses d'un caractère tout différent et d'une saveur puissamment moderne, ou, du moins, puissamment empreinte de terroir. Ainsi rendait-il merveilleusement la couleur du *Roman de la Rose*, auquel il consacrait une de ses plus intéressantes leçons.

Inoubliable joie que je dois à ce penseur délicat et profond, et dont je veux lui payer ici ma dette. A tort ou à raison, je garderai à Ernest Havet l'éternelle reconnaissance d'avoir entretenu, en moi, le feu des Vestales qui ne cherchent pas des problèmes, mais qui veillent, austères, sur le mystérieux trésor des voluptés plus hautes que la terre, gardiennes de l'Infini où se perdent —dans un néant commun peut-être,— nos espérances et nos déceptions.

Car le mal de l'Au delà, celui dont vivent et dont meurent les poètes, peut être aussi bien une cruauté de plus de la Destinée que le pressentiment consolateur des immortalités à venir. Mais, qu'il soit l'un ou l'autre, l'âme sent la même fierté douloureuse et douce à en souffrir.

Mon temps d'école fini, je suivis encore longtemps, obéissant à mon propre désir, les leçons d'Ernest Havet au Collège de France. Il y commentait Sénèque avec une savante autorité. Mais l'amour peut-être m'avait repris, ou, du moins, l'attrait d'une liberté jusque-là inconnue dans Paris plein de chansons et des dernières splendeurs impériales. Un lien nouveau me rattacha néanmoins inopinément au souvenir de mon ancien maître, un lien fait d'amitié respectueuse autant que d'admiration nouvelle. Dans l'existence bureaucratique que m'avaient faite les évènements, un ami se trouva encore, plus âgé que moi aussi, mais qui, également, par une parenté d'esprit en même temps que de carrière, me confirma dans l'amour sacré des lettres et dans le culte consolateur de la poésie.

J'ai nommé le romantique Philothée On'eddy — Théophile Dondey de son vrai nom — que, vingt ans auparavant, le même vent avait poussé vers le même port mélancolique. Théophile Gautier a consacré une page admirable à ce vrai poète, injustement obscur ; c'est ce qu'on a certainement écrit de plus touchant, c'est la préface que fit Ernest Havet à ses œuvres posthumes, publiées dans la bibliothèque Charpentier. Ernest Havet avait été, en effet, l'ami d'enfance de ce naufragé, de cette âme ardente et mal résignée pour des besognes si lointaines de ses premières aspirations ! Dans la cage à laquelle il heurtait, comme un fauve captif, sa large tête qu'enveloppait une crinière léonine devenue grise, Philothée On'eddy, n'avait, dans l'humanité tout entière, de paroles douces que pour ce compagnon des premières années demeuré fidèle aux détresses de sa maturité, que pour ce cœur dont les nobles pitiés l'avaient aidé aux pires heures, que pour ce philosophe compatissant qui m'avait parlé le haut langage du devoir.

On eût aimé Ernest Havet rien que d'entendre

Théophile Dondey en parler. Aujourd'hui voici qu'ils se sont rejoints au grand pays des ombres et je voudrais croire qu'ils s'y sont reconnus dans la joie d'une commune résurrection. Puisse ce qui restait de spiritualisme impénitent dans leurs âmes, à tous les deux, avoir raison des doutes où leur cher et double souvenir se confond, pour moi, dans l'appréhension formidable de l'avenir !

J'aimerais à les revoir dans une de ces rencontres surhumaines où s'échangent peut-être, entre ceux qui se sont aimés, les confidences mystérieuses de l'Infini réparateur et des tendresses éternelles. Il eût été juste que de tels hommes ne pussent être séparés à jamais. L'œuvre d'Ernest Havet a été de démontrer surtout que les dogmes de l'immortalité du christianisme avaient été prévus et préparés par la sagesse antique et par la philosophie latine. A côté de saint Paul, il a montré Sénèque ouvrier, comme lui, des doctrines nouvelles. Cette invention tentante, à l'imagination du poète comme à la conscience du justicier, de la vie posthume, Havet s'en était comme imprégné dans son long et continuel commerce avec les nobles esprits du monde grec et du monde latin.

Ce me serait une douceur aussi, à moi, grande ombre qui m'as montré le chemin aux heures de ténèbres, d'espérer que je retrouverai plus tard tes hautes et vaillantes leçons. Mais je ne suis pas pour croire à la clémence des dieux qui ont fait de moi un rieur et un plaisant en me laissant l'âme d'un poète. J'ai appris à ne plus prendre mes vœux pour des promesses du Destin, ni mes espoirs pour des joies bientôt réalisées. Après toi, ô Maître si doux, l'Amour m'a été un rude maître !

Et vous m'avez cependant appris la même chose tous les deux : qu'il est bon de chanter pour se consoler de souffrir, et que le culte éperdu du Beau est la seule dignité de l'âme humaine. Par vous j'ai cherché et j'ai trouvé, dans la poésie, le viatique qui seul m'a rendu possible mon chemin long déjà à travers la vie. Vous m'avez permis de pardonner à l'existence, ou du moins, indiqué la belle tradition des Maîtres qui font, par le saint pouvoir de la lyre, les douleurs immortelles.

Si telles ne sont pas les miennes, au moins, vous aurai-je dû des rêves plus hauts que la foule et des aspirations glorieuses, même dans leur impuissance. C'en serait assez, Maître, pour que ton souvenir dure autant que le peu qui restera de moi !

V

AIME MILLET

J'ai rencontré Aimé Millet, pour la première fois, chez un vrai Parisien dont le nom mérite de ne pas être oublié, M. Dumont de Montcetz, qui, d'une grande fortune dissipée en plaisirs, avait gardé seulement des façons de gentilhomme et des amis rares, mais admirablement fidèles. Il avait été des plus brillants dans la jeunesse dont Gavarni a été l'historiographe, des plus élégants, des plus aimés des femmes galantes. De ce lion — comme on disait en son temps — il était resté le plus aimable vieillard que j'aie rencontré jamais, le plus affable, le plus intelligent, le plus ouvert aux consolations de l'esprit. Ses amis, c'était M. Duclerc, l'ancien ministre; Salles, un ingénieur doublé d'un poète de talent, Aimé Millet, puis une femme dont l'esprit était justement fêté, après un grand éclat de beauté : celle qui a signé du nom de Jeanne Thilda, un charmant recueil de vers, les *Froufrous*, et de très jolis articles humoristiques à la *France* et au *Gil-Blas*. Enfin Gambetta vint, un des derniers, en même temps que moi, dans ce petit cénacle justifiant si bien le mot de Baudelaire quand il dit que « c'est le petit nombre des élus qui fait le Paradis ».

Après avoir magnifiquement dépensé son bien, ce merveilleux amphitrion faisait, toute l'année, des économies de célibataire pour donner en hiver, trois ou quatre dîners où Lucullus eût volontiers donné rendez-vous, (toutes les ombres sont contemporaines !) à Sardanapale. Un vieux cuisinier, demeuré fidèle à son maître, y mettait toute la science d'un long passé. Dans la cave quelques bouteilles avaient vieilli qu'on montait respectueusement dans leur noble poussière, savoureuses reliques qu'on comptait, pour ne les pas épuiser avant que leur protecteur ait disparu. Le ciel eut pitié de ce souci affectueux pour ses hôtes. Cet excellent Dumont de Moncetz disparut quand sa cave fut vide. Ce fut pour tous un vrai deuil. Hélas ! Jeanne Thilda ne devait pas longtemps lui survivre, bien qu'en admirable santé apparente ; Gambetta est monté parmi les dieux. Combien restons-nous de ces dîners où l'on était huit au plus, maintenant que Millet a suivi ceux qui nous avaient quittés ?

Dans ce milieu étrangement *select*, le sculpteur que j'avais seulement entrevu autrefois sur les hauteurs de Montmartre et au café *Guerbois*, quand Manet, Zola, Fantin Latour et tant d'autres y fréquentaient et y philosophaient d'art, se révéla, à moi, comme un causeur sinon brillant, au moins très intéressant et très érudit. Nous eûmes bientôt un sujet de conversation qui nous était également sympathique à l'un et à l'autre. Car Millet commençait à travailler, en ce temps-là, à sa statue de George Sand assise, laquelle maintenant décore le square indifférent de La Châtre où l'on parle encore quelquefois cependant de : la « bonne dame ». Millet l'avait aussi beaucoup connue, c'est-à-dire infiniment aimée.

Nous eûmes de longues discussions sur la façon de la représenter. Falguières aussi avait rêvé, à la même époque, de faire une figure de Mme Sand. Il me dit, un jour, qu'il ne la concevait qu'en amazone. Millet en avait une compréhension moins romantique et plus parente de la vérité. Je ne veux pas juger ici son œuvre, qui a de sérieuses qualités de méditation et de recueillement, sans me sembler parfaite. C'est toujours un danger — et le récent buste de Théophile Gautier inauguré à Tarbes est là pour le prouver — de vouloir synthétiser dans une seule image toute une vie d'artiste. Il y eut, dans George Sand, la fougueuse jeune femme que son génie emporta, comme sur les ailes d'une chimère — l'Amazone de Falguières ; — mais il y eut aussi la grand-mère vénérée, l'aïeule admirable apprenant à lire à ses petites filles. Laquelle fut la plus grande? Je ne le saurais vraiment dire. Mais il est impossible de faire vivre, sur le bronze du même front, cet admirable emportement de la pensée et le repliement des ailes sur un cœur ne vivant plus que pour les plus saintes affections.

Au physique, Aimé Millet était de petite taille, mais on sentait en lui la force qu'il faut au tailleur de pierre. Les yeux étaient vifs, le nez légèrement aquilin, la tournure générale d'un officier en retraite. Le sourire était charmant, avec une pointe d'ironie. Il avait beaucoup lutté et n'avait pas triomphé toujours. La jeune école affectait de ne le point considérer comme un maître. Elle le regardait comme d'un autre temps. Elle oubliait deux œuvres de lui qui sont empreintes d'un beau sentiment de nature et d'indépendance et qu'il a mises sur deux tombes, comme pour symboliser l'art nouveau, rajeuni, ressuscitant et s'élevant des sombres demeures où Lazare s'est pour jamais rendormi. C'est une délicieuse figure que celle de *la Jeunesse* effeuillant des roses sur le tombeau d'Henri Murger, et c'est une composition admirablement réaliste et saisissante que celle du *Baudin* couché sur sa pierre tombale, dans un pli du drapeau.

Mais on s'en prenait à *l'Ariane* et au *Vercingétorix*, les plus connues de ses figures et dont je me permettrai de défendre le mérite, sans en accepter d'ailleurs la tradition. *L'Ariane* fut le grand succès du Salon de 1857, et voici en quels termes en parle Paul de Saint-Victor : « Je voudrais en effacer la grosse larme inscrite sur la joue ; cette ponctuation de la douleur ne convient pas à la statuaire qui doit exprimer et non souligner. Effacez cette larme et vous aurez une statue de femme accomplie, large de contours, fine d'attaches, et de ce précieux sans mollesse qui distingue les meilleurs ouvrages de Canova. Le dos et la poitrine peuvent passer pour morceaux de maître. C'est du marbre fait chair. Cela palpite. C'est vrai. »

Ainsi ce que Saint-Victor reprochait à l'*Ariane*, c'était un détail dont l'audace était toute dans un souci supérieur de la nature et de la vérité. Par contre, l'éloge qu'il trouve à faire de cette figure c'est qu'elle rappelle celles de Canova. Tout autre serait notre reproche, si le moment était bon pour en formuler un. Le seul tort de l'*Ariane* est d'être une image plus inspirée de l'art italien que de la grande tradition antique des Vénus accroupies, lesquelles ont certainement donné le plus beau et le plus complet modèle plastique de la Femme dans son majestueux développement. Mais comme en toutes choses, il faut chercher ce qui en fait le mérite plutôt que le défaut. Comme l'émotion romantique est bien dans cette figure d'*Ariane* qui pleure de vraies larmes sur le rocher silencieux de Naxos !

Le *Vercingétorix* fut discuté avec plus de vivacité encore. Écoutez plutôt M. de Mouy dans la *Revue contemporaine* : « C'est l'effort estimable, mais malheureux, d'un artiste saisi d'une ambition supérieure à ses moyens. Il fallait le génie audacieux d'un Puget, d'un Pigalle, d'un Rude, ou de tel autre émule de Michel-Ange et du Verrochio, pour symboliser d'une façon vraiment pittoresque, à la fois éloquente et précise, poétique et claire, le double sentiment que représente forcément le chef de la résistance des Gaulois, le dernier soldat de l'indépendance nationale aux prises avec la conquête romaine. Cette conquête n'était pas seulement celle de la force, mais celle de la civilisation. Il y eut dans le désespoir résigné de Vercingétorix venant arrêter son cheval devant César triomphant, et descendant tristement et fièrement, quelque chose du sentiment prophétique des destinées de son peuple et de son pays sous le nouveau joug... Le *Vercingétorix* de M. Millet est un type vulgaire de soldat gaulois dans l'attitude d'une sorte de repos découragé... Aucun souffle d'épopée, aucun vent prophétique ne soulèvent cette chevelure inculte, et je ne lis ni l'autorité du commandement, ni l'éloquence du désespoir dans ces joues anguleuses et sur ces lèvres sans caractère que surmonte une moustache tombante. » Thoré ne fut pas plus tendre. Ecoutez plutôt : « La vérité est que la grande et patriotique figure du défenseur des Gaulois n'a pas été poétiquement sentie par M. Millet. Ce long tuyau de cuivre ne signifie rien du tout. Peut-être que l'art de notre époque comprendrait mieux César que Vercingétorix. »

Ce dernier mot donne la clef du mystérieux

froid avec lequel l'œuvre fut accueillie. Elle avait
été solennellement commandée à l'artiste par
Napoléon III. C'était une double raison pour que
les écrivains, ennemis du régime impérial, et pour
que tous les artistes jaloux d'un honneur lucra-
tif en disent tout le mal du monde. Ecoutons
plutôt Préault, ce Chenavard de la sculpture,
mais qui a, au moins, à son actif, une figure demeurée célèbre — un peu surfaite même : le *Silence*.

« Si l'Empereur m'avait donné à faire ce *Vercingétorix* », dit le spirituel causeur « qui d'ailleurs
ne sculptait guère plus souvent qu'un des célèbres personnages d'Aristide Froissard, je lui
aurais dit : « Sire, je pars pour l'Auvergne.
Vous me concéderez un pic de montagne. Je vais
choisir ce Puy volcanique dominant le cœur même
de la France, pour le transfigurer en acropole de
la civilisation gauloise. Je ferai circuler de la base
au sommet, une voie en spirale, assez large pour
laisser passage à une armée ou à des flots de peuple. De distance en distance seront espacées,
comme les sentinelles du sanctuaire, des statues
de Francs-Gaulois à dix mètres de haut. Sur le
faîte de la montagne, un piédestal composé avec
des armures, les ustensiles et objets symboliques
de la vie de nos aïeux, flanqué de quatre statues
allégoriques, le Druide, le Brenn, le Barde et Vel-
léda, autrement, l'Inspiration, la Force, la Poésie, la Philosophie à dix mètres de haut. Et sur

le piédestal, la statue équestre de *Vercingétorix*, figure de vingt mètres sur un cheval en proportion : Vercingétorix, les bras étendus, criant l'appel aux armes. Tout en airain, bronze, fer, granit, en matière sombre et qui se rouille, image du passé... »

J'ai tenu à citer jusqu'au bout cet éloquent poème parlé. Thoré, qui le cite, ajoute : « Toujours est-il qu'à présent Vercingétorix est fait par Préault et que peu importe le fantôme sonore de M. Millet. » Voilà qui est bien vite dit. Mais si la boutade de Préault veut dire quelque chose, c'est ceci : Que le sujet de *Vercingétorix* dépasse complètement les moyens plastiques de la statuaire. C'est fort bien de citer Puget qui a fait un *Milon de Crotonne*; mais la sensation de douleur d'un homme qu'un fauve mord aux reins, tandis que ses propres bras sont prisonniers d'un arbre est infiniment moins complexe à exprimer que l'âme d'un libérateur de peuples, d'un apôtre de la liberté. Il ne faut pas non plus demander à la pierre d'en dire autant que la parole. Fremiet et Chapu qui sont des artistes de premier ordre, nous ont donné des *Jeanne d'Arc* qui sont d'agréables statues, mais qui n'apprennent en rien au peuple, le rôle mystérieusement libérateur de « la bonne Lorraine » comme l'appelait Villon. Il ne fallait demander ni à Napoléon III d'avoir des idées d'esthétique précises sur les ressources qu'un art comporte, ni à un artiste de refuser un honneur tentant pour les ambitions d'immortalité sans lesquelles l'artiste ne serait pas. Tout le joli discours de Préault ne tend cependant pas à autre chose. Je n'aime pas l'attitude du *Vercingétorix* de Millet. Mais il eût planté, sur une haute montagne, une image assise, une façon de Marius sur les ruines de Carthage que l'effet en eût été grand, surtout au soleil couchant, et qu'elle eût exprimé le plus clair du sentiment qui devait dominer Vercingétorix, l'immense désespoir de voir sa patrie à jamais vaincue. Je l'aurais volontiers compris sous le symbole d'un lion blessé qui cherche la montagne autrefois glorieuse pour y mourir.

Un artiste dont l'imagination et le sentiment du colossal sont les qualités les plus réelles, M. Bartholdi a repris cette idée de Préault. Mais lui-même semble avoir condamné son projet en renonçant à l'exécuter.

Les attaques acerbes dont il avait été l'objet dans cette circonstance avaient laissé quelque amertume dans l'esprit d'Aimé Millet. Il en eût dû comprendre la nature politique et passionnée. Sa seule protestation fut de placer devant son atelier une réduction de sa figure de *Vercingétorix*, visible de la rue, comme s'il l'eût regardée comme sa meilleure figure, en quoi il aurait eu tort certainement. Car c'est surtout dans la grâce qu'excella ce bel artiste dont le plus grand malheur fut d'être d'une époque de transition, par conséquent intolérante à tout ce qui tenait au passé. Mais on revient de ce défaut d'éclectisme où est cependant, en art comme en toute chose, la santé du jugement. Millet gardera certainement une place dans l'histoire si glorieuse de notre sculpture contemporaine. Détaché des traditions de l'Ecole de Rome, mal préparé aux audaces de l'art nouveau, il s'est trouvé sans défenseurs et sans disciples, en dehors de toute protection d'école, entre Falguières et Rodin, vivant d'un reste de souffle romantique, c'est-à-dire — et cela suffirait à sa gloire — d'un peu de l'âme de Victor Hugo. Ceux qui ne seront plus occupés de ces querelles d'élèves, rendront un jour justice à ce talent laborieux, à cet artiste de race dont l'œuvre ne s'imposera pas par une unité puissante, mais bien par de personnelles qualités de tempéramment, surtout dans quelques morceaux heureux.

VI

EUGÈNE FROMENTIN

Histoire de mon premier livre.

Comme je le ferai plus loin encore, à propos de Pierre Dupont, je veux grouper ici un faisceau de souvenirs. Une vie littéraire longue déjà, traversée par mille personnalités diverses, me permet d'écrire aussi mon modeste chapitre des mémoires de ce temps. A mes débuts surtout, tout me fut étonnement dans le monde où j'entrai, presque par hasard et sans avoir eu à en forcer la porte. J'ai donc conservé très vives les impressions de mes premières rencontres, et vingt ans ont passé sur elles sans en rien effacer. Aux figures qui m'ont étonné ou charmé, j'espère donc garder leur relief intime, ce qui en est, je le crois, le plus intéressant. J'eus d'illustres parrains autour de ce berceau où commence vraiment la vie pour ceux qui estiment que la vie de la pensée est la seule qui importe. Aussi ai-je à payer des dettes de reconnaissance dont je m'acquitterai, en passant, comme on met une couronne sur une tombe. Car, hélas ! beaucoup de ceux-là ne sont plus qui m'avaient montré le chemin et m'y ont laissé seul avec leur mémoire !

C'est en 1866, au beau mois d'avril, que mon premier livre parut. Mais de quoi l'avais-je fait? C'est ce qu'il faut avant tout vous dire. C'était un volume de vers, vous n'en doutez pas. Mais un volume de vers qui n'était pas, comme on dit, destiné au grand jour, clandestinement écrit et dont les premières pièces avaient été griffonnées derrière un pupitre d'écolier.

Il est inutile de dire que mes parents ne m'avaient pas destiné au noble métier de poète. Mais, par une logique exquise, ils avaient tout fait au monde pour que j'en devinsse un. Ma mère avait, pour toutes les choses de la nature, une tendresse qu'elle m'avait inculquée, et telle que je ne me rappelle, enfant, aucun de ces meurtres d'oiseaux ou d'insectes qui chargent tant de consciences. J'étais élevé dans un respect absolu des êtres et des choses, des animaux et des fleurs, de tout ce qui respire ou de tout ce qui peut souffrir. Je ne me suis pas guéri de ce panthéisme doux, et je crois qu'il est le fond de l'âme de tous ceux qui ont chanté la tristesse des adieux et la douceur des amours, les deux sujets immortels de la poésie. Ainsi se formait mon esprit à admirer et à aimer autour de moi.

Quant à l'expression de mes idées, mon père, qui était un latiniste merveilleux, la coulait aux moules les plus parfaits de la littérature antique.

Je savais par cœur toutes les Églogues de Virgile et toutes les Géorgiques. Les douleurs de Tityre, voire même celles d'Alexis, que je ne comprenais pas et la légende d'Aristée m'intéressaient bien autrement que les sublimes travaux d'Énée. Quant à Horace, ce n'est que depuis quelques années que je le goûte vraiment, et je comprenais mal les enthousiasmes de mon père à son endroit. Il ne m'interdisait ni Tibulle, ni Catulle, et la poésie m'apparaissait déjà ce qu'elle me paraît encore aujourd'hui, une forme impérissable de l'amour.

Ces chères leçons ne se passaient pas dans l'atmosphère tiède d'une école, dans un grouillement de compagnons distraits. Je n'ai jamais été au collège. C'est sous les vergers paternels, à l'ombre d'une douce maison de campagne tout ombragée de tilleuls, que je me récitais les refrains de Ménalque ou les vers de Tytire. Les oiseaux faisaient un fond d'orchestre à ces mélodies intérieures qui chantaient en moi. Un peu plus bas coulait l'Essonne, une rivière aux eaux bleues, laquelle aussi murmurait d'insaisissables choses rythmées par le cours harmonieux de l'eau.

Les classiques français étaient nécessairement de la partie. Ceux que mon premier maître m'apprit à aimer davantage étaient Racine, Molière et Bossuet. Tout enfant j'avais joué *Esther* et *Athalie*, sans en manquer un hémistiche et sans ouvrir le livre, sur un petit théâtre de marionnettes. J'avouerai que, maintenant encore, toutes les ressources sonores, éclatantes, de la poétique contemporaine, n'ont pas effacé le charme limpide du vers Racinien, cette sérénité douce des mots qui semblent emportés par une onde et qui, plus tard, m'a fait aimer Lamartine sous l'ombre envahissante et meurtrière de la gloire de Victor Hugo. Il faut être plus âgé que je n'étais alors pour comprendre les plus belles comédies de Molière que j'aimerais mieux, encore aujourd'hui, toutes en prose, sauf Amphitryon. Mais que les farces du maître m'épanouissaient largement l'esprit en même temps que la rate! Le goût des gauloiseries qu'on m'a reproché souvent me vient de Molière et ne remonte pas jusqu'à Rabelais que mon père ne pouvait souffrir, tout en l'admirant en fin lettré qu'il était avant tout.

Mais c'est la seconde partie de l'*Histoire universelle* qui m'était présentée surtout comme l'impérissable modèle de la prose française, et je crois encore qu'on n'en saurait vraiment choisir un plus beau. Cet admirable paradoxe, présenté avec la lucidité trompeuse du génie, est vraiment écrit d'une langue, défiant, par le nombre et par la majesté, tout ce qui est encore admiré aujourd'hui. Et quelle grandeur d'images dans un dictionnaire volontairement restreint! Pascal aussi m'était vanté comme un Dieu, mais on en redoutait les doctrines jansénistes pour moi. Hélas! que n'en suis-je encore aujourd'hui à ces nuances dans les consolations de la foi!

Une innocence parfaite m'était conservée à l'endroit des poètes glorieux de la pléïade, et je devais lire Ronsard, homme déjà. Etait-ce une joie d'avare que mon père gardait à mon esprit à venir ? Je ne le crois pas. Les hommes de sa génération connaissaient mal les écrivains de la Renaissance, ce qui les excuse de ne les avoir pas suffisamment admirés. Mais les grandes antipathies littéraires de mon père et les plus violentes étaient à l'endroit des auteurs qui ont illustré la seconde moitié du siècle dernier. J'ai été nourri dans l'horreur de Voltaire et de Rousseau. Le premier m'était dénoncé comme un détestable poète, et je suis demeuré de cet avis ; le second, comme un corrupteur de la jeunesse et je n'en ose encore juger, n'ayant jamais eu le courage de lire l'*Émile* jusqu'au bout.

Quant à la littérature contemporaine, il n'en était pas question à ce foyer calme, laborieux et exclusif. Je connaissais à seize ans, quelques vers de Victor Hugo par une anthologie d'un universitaire qui le mettait fort au-dessous de Béranger dont il reproduisait quelques vers également. Et cependant Hugo avait écrit déjà un tiers de son œuvre admirable et puissant. Je fus sévèrement réprimandé pour avoir été trouvé un volume de Théophile Gautier dans les mains. Je n'avais eu que le temps de le parcourir en me cachant. Ça avait été pour moi une surprise d'abord plutôt qu'un charme. Je me rappelle cette lecture avec un renouveau d'impression extraordinaire. Nourri dans le culte de Racine, cela me semblait détestable, mais en même temps délicieux. A ce regard jeté dans les vers de Gautier, à cette heure d'étonnement, je dus d'avoir écrit, moi-même, et dès le début, des vers de mon temps, quand mon éducation semblait absolument faite pour me jeter dans la voie poétique rétrograde où Ponsard traçait le chemin à M. de Bornier. Tant une seule étincelle vivante peut mieux allumer l'incendie que l'image éblouissante des phares lointains qui ne nous éclairent plus que des rives du passé ! Quant aux débutants, glorieux déjà dans leur cénacle, de cette époque, mais arrivés à peine, Baudelaire, par exemple, j'en ignorais même l'existence et les noms !

Gautier seul m'avait troublé dans la contemplation sereine de Racine et de Virgile.

Deux ans passés à l'École polytechnique, à la suite d'un coup de tête (j'étais amoureux et on m'avait dit que les ingénieurs seuls pouvaient braver leur famille sans mourir de faim) ne devaient pas perfectionner cette première éducation littéraire du foyer. Je serais injuste cependant en ne donnant pas un dernier souvenir aux belles leçons d'Ernest Havet, qui était notre professeur une seule fois par semaine et pendant seulement une heure, hélas ! Malgré mon goût très sérieux pour la mathématique, ce voyage dans le monde des lettres tant aimé autrefois m'était d'un indicible repos.

J'y éprouvais des impressions d'oasis, au bord d'une fontaine claire et après une course fiévreuse dans la poussière. C'était un admirable maître que ce grand philosophe, et qui, lui aussi, me fit jaillir une source nouvelle dans l'esprit en me faisant aimer Villon qu'il considérait comme le père de la poésie française. Je n'en devais pas garder longtemps l'empreinte aussi profondément que Jean Richepin, par exemple, mais ce n'en était pas moins un maître nouveau qui m'était donné dans l'art des vers, et si différent des premiers !

A l'École, j'écrivais des vers déjà, mais que je n'osais confier à personne ; des vers d'amour que mon premier volume contient à peu près tous. Qui m'y avait donné déjà le goût de la rime riche ? Évidemment cette lecture rapide de Gautier faite autrefois. Car Villon rimait à peine et, à part Corneille, on a mal rimé au temps le plus glorieux du xvii° siècle. Et puis, on est malgré soi de son temps. En dehors des leçons qui s'écoutent, quelque chose nous vient de l'air que les autres respirent, une contagion mystérieuse des mêmes idées et des mêmes soucis. J'ai souvent été frappé de cette communauté de mouvement dans la pensée d'êtres que rien ne rapproche qu'une communauté d'aspirations. Et cela est vrai dans tous les mondes, dans le monde scientifique lui-même où des découvertes identiques sont souvent faites, en même temps, par des chercheurs n'ayant eu entre eux aucune communication directe. Nous croyons avoir tout dit sur notre essence spirituelle en nous reconnaissant cinq sens ! Oui, les cinq sens immédiatement perceptibles ! Mais qui pourrait nier l'existence de sens invisibles et infiniment plus délicats, sources d'impressions échappant à l'analyse? La théorie très vraie des pressentiments est là. La vérité ne nous apparaît pas toujours comme un soleil trouant la majesté sereine du firmament. Plus souvent nous pénètre-t-elle comme une clarté diffuse, comme un jour crépusculaire dont nous sommes éclairés sans pouvoir dire où en est le flambeau.

Je n'étais pas ingénieur, avec tout cela, et la vie m'était dure à la sortie de mes études, consolée cependant par ces grandes joies de la liberté que je savourais plus qu'aucun autre, après deux ans de captivité relative. Je pensais à tout excepté à devenir homme de lettres. On avait, en ce temps-là, un certain respect craintif de cette profession, et on s'imaginait que le talent y était nécessaire. C'est un préjugé dont les jeunes gens d'à présent sont bien revenus, et il n'est pas un fruit sec aujourd'hui de n'importe quelle carrière qui ne pense, avant tout, à écrire un roman, n'eût-il connu jusque-là l'orthographe et la grammaire que par ouï-dire. On m'eût fait bondir alors en me disant que les belles-lettres étaient un métier ! Le poète m'apparaissait dans un jardin d'orangers comme Virgile, à moins qu'il ne se raccommodât un soulier comme Corneille, et tous deux me semblaient aussi grands dans une même légende de fantaisie et de désintéressement. En ce même temps, le journalisme était lui-même une carrière estimée où l'on ne pénétrait qu'avec une certaine science du métier. J'enseignais donc tout simplement la géométrie, quand le hasard des relations parisiennes me fit rencontrer deux hommes à qui je dois tout simplement d'avoir écrit des vers, ou, tout au moins, d'avoir tenté le nom de poète en les publiant.

L'un est, Dieu merci ! vivant encore, bien que mon aîné de beaucoup. Il était alors attaché, avec de Mars, au secrétariat de la *Revue des Deux-Mondes* où l'on retrouverait aisément son nom au bas de travaux intéressants. Il s'appelle Urbain Fage. Cette victime de feu Buloz aimait la jeunesse, et sa belle figure de méridional robuste appelait la confiance. Je lui montrai mes essais, un soir, sur un coin de table, et il m'encouragea. Dans une autre revue que la sienne, bien entendu, il me donna cette joie ineffable, indescriptible, de me voir imprimé tout vif, ce qui me fit vivre deux jours, au moins, dans une apothéose. J'avais retrouvé en lui un homme d'éducation exclusivement latine comme mon père, et il me semblait que c'était une chère voix que j'entendais encore en l'écoutant parler.

L'autre de mes premiers conseillers, bien que plus jeune, est mort depuis quelques années déjà, laissant dans la critique artistique un nom que je ne voudrais pas voir injustement oublié. Amédée Cantaloube, lui aussi, était du pays du soleil et en avait rapporté un de ces enthousiasmes vaillants qui font quelquefois sourire, mais qui font toujours aimer ceux qui en sont capables. Un fin lettré aussi. Cantaloube vivait dans un milieu de peintres où je fréquentais moi-même. Le pauvre Feyen-Perrin, dont j'ai parlé plus haut, portant encore saignante, dans mon cœur, la blessure de sa perte, était de nos amis communs. Et aussi Jundt, ce joyeux qui devait finir tragiquement; Blin encore, un paysagiste de race trop tôt disparu; Français, un des maîtres du paysage, Français, demeuré debout dans sa vigueur de chêne, sous sa couronne de cheveux blancs fleurie d'invisibles lauriers, était le dieu de ce petit cénacle. Hamon y venait aussi quelquefois, cette âme de berger dans un corps de reître, ce poète exquis d'idylles qu'on dirait conçues par ceux de l'anthologie grecque.

Si j'insiste sur ces fréquentations, c'est qu'elles eurent certainement sur ma poétique future une influence considérable. Tandis que mes confrères à venir, Leconte de Lisle, Théodore de Banville et Catulle Mendès, presque un enfant encore, préparaient le grand mouvement parnassien dont on ne saurait nier la portée aujourd'hui, ignorant de leurs efforts, étranger à leurs travaux et à leur vie, ne sachant rien des audaces de leur rêve, je vivais tranquille au milieu d'artistes du pinceau, entendant infiniment plus parler de la palette que de la plume. Peut-être ai-je dû à cela de garder une certaine personnalité dans la réforme dont j'allais devenir moi-même un des fervents partisans. Mais j'y ai certainement perdu de la maëstria conquise en commun par l'école du Parnasse où tout le monde savait faire les vers infiniment mieux que moi.

J'y gagnais, d'ailleurs, de demeurer fidèle au culte patient de la nature à qui les peintres doivent tout et de qui seule ils doivent tout attendre. J'avais bien essayé d'être peintre aussi ; mais mon néant, en tant que coloriste, m'avait vaincu moi-même. J'ai vu, depuis, de la peinture de Théophile Gautier. Je constatai avec orgueil qu'elle ressemblait à la mienne et que, lui aussi, avait bien fait de déserter les tons pour les mots.

Le plus illustre des peintres que je fréquentai alors et celui à qui je veux consacrer un souvenir très particulier est Fromentin, une physionomie curieuse et inoubliable vraiment. Eugène Fromentin était alors dans tout l'éclat de sa double renommée. Il avait fait ses plus célèbres tableaux et publié *Dominique* dans la Revue des Deux-Mondes, une étude psychologique absolument intéressante, mais qui ne vaut pas cependant, pour moi, ses plus belles descriptions du Saharah où il avait vécu. Je n'ai d'ailleurs à le juger ni comme écrivain, ni comme artiste du pinceau. Il avait certainement, du style, une impression pittoresque et élevée. Comme coloriste, il exerça une influence d'école incontestable. Car c'est beaucoup plus de lui, que de Delacroix, qu'ont procédé les artistes qui, comme MM. Humbert, Thirion, Lévy, n'ont guère cherché qu'à agrandir sa manière.

En quoi ils me semblent s'être souvent trompés. Fromentin est demeuré, dans la nature, un peintre de genre, merveilleusement impressionnable et délicat, mais toutes les séductions de sa palette sont pour des toiles de dimensions médiocres, et la grande peinture ne saurait s'accommoder de ses procédés plus vraiment ingénieux que puissants.

Son portrait m'est resté bien vivement dans la mémoire, tel que je le connus alors, quelques années avant la chute de l'Empire. C'était un petit homme d'aspect nerveux, aux traits irréguliers, et qui aurait été franchement laid sans les deux yeux les plus magnifiques du monde et qui éclairaient sa physionomie d'un charme indéfinissable et mystérieux : deux yeux noirs et profonds aux prunelles très larges, dont le blanc se voyait à peine, où le soleil d'Orient semblait avoir laissé toute la vivacité brillante de ses rayons. Son regard était vraiment fascinateur et une mimique très vive en accentuait, pour ainsi parler, les expressions. C'était, avant tout, un visage de passionné et, dans les discussions, il passait des éclairs sous ses paupières très mobiles et comme vibrantes. Une barbe rare, une barbe d'Arabe encadrait à peine sa figure aux reliefs très accusés.

Il occupait en ce temps-là le bel atelier de la place Pigalle, où Diaz a travaillé longtemps, où lui a succédé Roybet, et qu'une fantaisie du hasard a changé depuis en une hôtellerie rabelaisienne ; maison rouge, faisant angle et bordée à droite par un jardin aux arbres magnifiques comme il s'en trouve encore dans quelques coins de Paris. La grande pièce où travaillait Fromentin était merveilleusement élégante et bien rangée. Elle respirait la propreté excessive, comme sa peinture elle-même, où les chevaux semblent avoir été caressés avec un pinceau de soie. Rien du désordre traditionnel qui est, chez certains artistes, un effet de l'art. Une affectation de bourgeoisisme, au contraire, affirmée par une curieuse cage de serins posée au milieu, sur une table de palissandre, et qui chantaient à tue-tête, comme dans une loge. Fromentin adorait ces oiseaux et leur musique monotone et assourdissante à la fois, leur chanson toujours la même qui n'a rien des divines et nocturnes fantaisies de celle du rossignol.

C'est le mercredi soir qu'on se réunissait autour d'une théière, comme dans le plus correct salon du monde. Les élus étaient peu nombreux ; mais, comme l'a si bien dit Charles Baudelaire, c'est souvent leur petit nombre qui fait le paradis. Ils étaient, en revanche, d'une assiduité singulière. Je ne suis guère venu sans avoir trouvé Christophe, le puissant statuaire, dont *la Figure au masque* est une des rares belles choses du jardin des Tuileries ; Gustave Moreau, ce mosaïste admirable qui semble peindre avec des pierreries, ce grand poète de la couleur dont l'œuvre demeurera un des plus glorieux de ce temps ; le paysagiste Busson qui avait son atelier à côté ; enfin Amédée Cantaloube qui m'avait initié à cette hospitalité charmante du maître et fait l'ami de ceux dont il était lui-même l'ami depuis longtemps.

Trois heures de causerie environ, mais d'une causerie que je n'ai jamais retrouvée depuis, toujours occupée par de nobles sujets et semblant un reflet des curieuses promenades platoniciennes sous les portiques. Toutes les questions d'esthétique y avaient leur tour. J'ai dit qu'Eugène Fromentin était un passionné. Il parlait, de plus, avec autant d'autorité que de feu et était le plus intéressant à écouter du monde. J'aurais pu deviner alors, à ce qu'il me disait ainsi dans la conversation, ce qu'il devait écrire un jour sur la peinture flamande et ce qui a été si vivement contesté dans son livre.

Les anecdotes amusantes n'étaient pas exclues de ces entretiens. Je me rappellerai toujours une certaine aventure du sculpteur Carpeaux qui s'était trouvé, en même temps que Fromentin, à

une de ces réceptions hebdomadaires de la cour
à Fontainebleau où les artistes en renom étaient
conviés tour à tour. Carpeaux s'était promis de
profiter de ce séjour pour faire le buste de l'Impératrice qui ne se prêtait que fort à contre-cœur
à cette fantaisie. La lutte entre la souveraine récalcitrante et l'artiste obstiné fut homérique vraiment. Ce dernier poussa l'audace jusqu'à se cacher dans le palais pour ne pas le quitter en même
temps que ses compagnons de série, et, n'ayant
que d'insuffisants outils de travail sous la main,
avait taillé les meubles de sa chambre en petits
morceaux pour y trouver une selle et un ébauchoir. Fromentin prétendait même qu'il avait fait
sa première ébauche en mie de pain, n'ayant pu
se procurer d'argile !

Comment fus-je amené à lire, un soir, trois ou
quatre sonnets dans ce cénacle? Par l'impertinence de mon ami Cantaloube qui avait, en moi,
une foi robuste et me voulait absolument faire
connaître malgré moi. J'ânonnai, comme j'en ai
coutume, n'ayant pas grande audace pour ces exhibitions de ma pensée. C'étaient des vers amour
de ceux que j'ai réunis sous le titre de *Sonnets
païens*, très passionnés et inspirés par un désir,
fou de la chair que m'avait donné une superbe
fille dont j'avais été l'amant malheureux. Fromentin parut très frappé de leur accent. C'était
tout ce qu'y pouvait trouver le plus indulgent des
juges. Car, en ce temps-là, je ne savais que mal

mon métier de poète et encore ne suis-je pas bien sûr de le savoir tout à fait aujourd'hui. Car c'est une belle erreur de croire que la poésie n'a pas sa pratique matérielle, comme la peinture, comme la sculpture elles-mêmes. La poésie ne mériterait pas d'être appelée un art sans cela. Qui dit : art, dit la lutte contre la matière rebelle, le dur travail qui se fait aux flancs du marbre ou du diamant, dans un corps dur qui résiste. Les mots ne sont pas autre chose et il faut telle violence d'effort pour les faire entrer, comme une pierre dans l'édifice qu'on entend construire, qu'elle suffirait à émietter le granit lui-même sous le ciseau. Émile Deschamps, qui avait été mon premier maître, avait une formule admirable de netteté sur ce point d'esthétique :

— La forme n'est rien, disait-il, mais rien n'est sans la forme.

Ces mots sont simplement le catéchisme de l'art.

La forme, que je puis juger aujourd'hui, était imparfaite dans ces premiers et courts poèmes. On y trouvait cependant le sentiment de la forme, sans doute ; sans quoi Fromentin, malgré toute sa bonne volonté, n'y eût rien trouvé du tout.

— Pourquoi ne publiez-vous pas un volume ? me demanda-t-il à brûle-pourpoint.

Je balbutiai :

— Parceque ce que je fais n'est pas assez bon et puis parce que je n'ai personne qui me présente au public.

— Et si je m'en chargeais? continua le peintre avec un sourire que je n'oublierai jamais.

Je me confondis en remerciements émus. Mon sort venait de se décider d'un mot. J'étais lancé dans la littérature. Le câble qui me retenait au rivage de la sagesse était coupé.

Quand je rentrai chez moi, — c'était une magnifique nuit d'hiver toute constellée, — mon ami Cantaloube me soutenant affectueusement sous le bras, je marchais dans un rêve dont les étoiles me semblaient les confidentes attendries. Je respirais, dans la bise qui nous coupait le visage, je ne sais quel parfum lointain de lauriers, et les roues des fiacres avaient, dans la neige cinglante, des murmures de char triomphant. Quelle folie que celle de ces premières ambitions d'écrivain s'épanouissant dans une première espérance de clarté! Je ne pus fermer l'œil une fois chez moi. Je me mis à compter tous les vers que j'avais faits, vidant mes tiroirs et éventrant mes cahiers. Je me livrai à de fantastiques arithmétiques; j'évoquai toute mon ancienne science de polytechnicien pour en arriver à cette découverte fatale que j'avais tout au plus de quoi remplir un tiers de volume. Mais voilà qui n'était pas pour m'effrayer maintenant que j'avais repris un regain de courage!

Nous étions en janvier. Il fallait paraître en avril. Un volume de vers qui ne naît pas en même temps que les premières roses et les dernières violettes, dans la grande floraison printanière sous la caresse féconde du soleil, manque vraiment à tous ses devoirs. J'avais un bon mois devant moi avant d'avoir à songer à l'impression. Je me mis à la tâche. A mes sonnets païens j'ajoutai des poésies imitées de Charles d'Orléans, dont les rondels me tournaient alors la tête, et des vers destinés à être mis en musique, ce qui fut réalisé merveilleusement, plus tard, par Massenet et par Léo Delibes. Quand j'eus orgueilleusement étalé la table de ces petits morceaux à la dernière page, qui en était d'autant plus facilement remplie qu'ils étaient fort courts je portai mon manuscrit à Fromentin qui, encore une fois, mais avec moins d'enthousiasme peut-être, m'en promit la préface.

Et, puis, j'attendis anxieux, plus anxieux de jour en jour. Car il me semblait respirer déjà les premiers muguets d'avril et mes pages ne revenaient pas avec le glorieux frontispice qui leur avait été promis. J'avais consacré mes loisirs à chercher un titre. J'en avais même trouvé un détestable que j'ai eu la bêtise de garder : *Rimes neuves et vieilles!* Que pouvait bien dire cela? Où pouvaient être les vieilles rimes d'un poète qui n'a pas trente ans ? J'avais bien trouvé là l'enseigne la moins pittoresque, la moins tentante qu'on pût trouver à un volume que je rêvais cependant prodigué à des milliers d'exemplaires !

Ma préface allait être longue, sans doute ; une étude consciencieuse sur moi ! Je cherchais, dans de flatteuses hypothèses, à tromper mon impatience. Vraiment Fromentin se donnait trop de peine ! Dix lignes de présentation eussent suffi. Je n'étais pas un si gros personnage ! Et je me mettais à être d'une modestie inquiète après avoir témoigné d'un orgueil triomphant. Une enveloppe à mon nom, de l'écriture de Fromentin — une écriture grasse, ronde, très régulière avec des lettres insuffisamment formées — m'arriva enfin. Je brisai le cachet — un cachet de cire rouge comme pour les actes de l'État — avec une émotion indicible. J'avais deviné. Il y avait huit feuillets bien pleins dans ladite enveloppe ! Mon protecteur m'avait gâté ! Je lus et ma joie fut de courte durée. Pour des raisons qu'il m'énumérait longuement et dont la plus grave était que son genre particulièrement chaste de talent, à lui, ne lui permettait pas de patronner une œuvre dont la chasteté n'était pas le premier mérite, Fromentin m'exprimait le regret d'avoir dû renoncer à son bienveillant projet. — « Vous n'avez besoin de personne qui vous présente, concluait-il, pour être lu. » Et la dernière phrase semblait à peu près dire : « Vous ne serez lu que trop ! »

Qui avait ainsi changé son rapide enthousiasme pour mes *sonnets païens?* Les larmes me vinrent aux yeux. S'il avait joint mon manuscrit à sa lettre, certainement je l'aurais jeté au feu!

Mon fidèle compagnon Cantaloube arriva fort à point pour me consoler et me détourner de quelque sottise. Mais ce qu'il fit alors constituera le sujet d'une confidence nouvelle où d'autres figures célèbres apparaîtront. Aujourd'hui, je me suis voulu borner à parler d'Eugène Fromentin. Il était, en effet, de ceux qu'il ne faut pas qu'on oublie.

VII

PIERRE DUPONT.

Ceci pourrait commencer comme un chapitre nouveau des *Scènes de la Vie de Bohême.* Mais l'image de certains hommes demeure, dans notre esprit, si étroitement liée au décor où nous les avons vus pour la première fois, qu'il devient impossible de séparer celle-ci de celle-là. C'est comme ces portraits que nous ne reconnaîtrions plus si l'ancien cadre en était changé.

Ces pages, d'ailleurs, consacrées à un poète dont la gloire présente n'égale pas le mérite, et que suivront d'autres pages destinées également à réparer les injustices n'ont de prétention que celle d'une absolue sincérité. Elles ne veulent être que le reflet des impressions autrefois reçues. Le temps des mémoires solennels est passé. Les poètes, eux-mêmes, se résignent aujourd'hui à ce naturalisme sage, qui consiste à ne point charger la vérité de couleurs étrangères. Ils choisissent noblement leurs sujets, et voilà qui suffit à les différencier des romanciers contemporains.

Donc, en ce temps-là, et il y a vingt ans pour le

moins — ce qui ne me rajeunit guère — au point même où la rue Jacob s'élargit par un coude du trottoir, encadrant une vieille maison à la cour plantée de hauts arbres, était une façon d'auberge pour les artistes, en plein Paris, qui s'appelait le *Buffet germanique*. A l'intérieur, on eût pu se croire à Marlotte ou à Barbizon.

Une salle moyenne, presque rustique, avec des tables en bois et de hautes murailles complètement tapissées de peintures. Il y a trois ans seulement qu'on a vendu aux enchères publiques ce petit musée. Les amateurs et les marchands y ont trouvé deux grandes compositions à la colle de Feyen-Perrin, représentant l'une la Cène, et l'autre des musiciens ambulants ; un admirable paysage de Harpignies, traversé par l'argent clair d'un ruisseau ; un bouquet de fleurs de Nazon, qu'on pouvait comparer aux plus beaux Chardin ; une halle de cochons, par Jundt ; un clair de lune de Jules Breton ; un paysage d'Achard, le premier maître de Français et le promoteur de la résurrection de l'eau-forte en France.

C'est que ce petit coin était fréquenté par des gens de tout art et de toute science, dont plusieurs sont devenus célèbres depuis. J'ai déjà cité quelques-uns des peintres qui y avaient laissé la trace de leur passage : Feyen-Perrin, qui avait alors l'air d'un Christ brun, toujours appuyé sur le coude, une main perdue dans son abondante et longue chevelure ; Harpignies, au

visage ensoleillé comme une vigne d'automne,
avec les façons d'un géomètre rural; les deux
Breton, dont l'aîné, et le plus illustre, semblait
hésiter encore entre la peinture et la poésie;
Blin, qui, mort jeune, devait laisser dans la peinture de marine une note si personnelle; Jules
Héreau, dont les destinées semblaient si glorieuses et que le souffle des révolutions a fauché;
Nazon qui avait eu raison d'emprunter son surnom à Ovide, Nazon, avec un nez qui n'avait rien
de latin, Nazon, qui savait par cœur Horace et
Ronsard, Nazon, dont le visage disparaissait sous
une toison tellement foisonnante et crêpue qu'il
y élevait au printemps des petits oiseaux qui s'y
trouvaient absolument comme dans leur nid !

On me pardonnera ces quelques instants d'école
buissonnière dans un des sentiers les mieux fleuris de ma jeunesse. Ceux-là sont à plaindre dont
la mémoire ne retourne pas volontiers vers les
amitiés franches d'autrefois, dont la main ne se
tend pas vers les mains jadis pressées, qui ne se
complaisent pas à ces éternels renouveaux de
l'âme qui sont comme le retour toujours prévu
et toujours délicieux du printemps. C'est encore
le seul moyen de se rajeunir que je connaisse,
et le meilleur bien d'avoir vécu, c'est de se souvenir.

Que d'heures exquises, de causeries vagues et
de délicieuses paresses dans cette oasis qui semblait volée à la forêt de Fontainebleau. J'ai dit

les artistes du pinceau qui en étaient les hôtes les plus assidus ; mais les sculpteurs aussi s'y donnaient rendez-vous. C'est là que j'ai connu Dalou, tout enflammé de ses rêves politiques, Aubé dont le nom grandit tous les jours, Delaplanche déjà ventru comme Silène. Pourrais-je oublier la si curieuse physionomie de ce pauvre Léonce Petit, les yeux perdus derrière ses lunettes, avec une barbe fulgurante, la main toujours occupée à quelque croquis au trait ?

Et Jundt qui préludait à une fin tragique par une exubérance de gaieté vive et large comme le grand soleil, Jundt qui, par un seul mouvement de ses longues moustaches et de sa barbiche, se donnait, tour à tour, la ressemblance de Napoléon III et celle de Victor-Emmanuel ! Et Bracquemond, ce maître de la gravure française, qui n'aura, dans l'avenir, de maître que Rembrandt.

J'ai gardé, pour les citer les derniers, les écrivains et les poètes. Monselet, sans être un des habitués du *Buffet germanique*, ne quittait guère le quartier sans y venir dire son sonnet du cochon, arrosé d'une fine bière de Kitsingen qui pétillait comme un vin du Rhin. Beaudelaire s'était arrêté là aussi, souvent, Beaudelaire, retour de Belgique, portant un fin vêtement de drap taillé en blouse, la tête dépouillée de la chevelure d'autrefois, et faisant penser au vers célèbre de Victor Hugo sur Toulon :

Où du forçat pensif le fer tond les cheveux.

Beaudelaire, très ironique, très amer et déjà silencieux, parce qu'il se sentait, intérieurement, aphasique. Plus mélancolique encore, un poète de moindre envergure, mais dont Charpentier a cependant bien fait de réunir les vers. Henri Cantel qui devait mourir aveugle comme Homère, sans avoir écrit l'Iliade, artiste délicat, très latin, un peu mystique avec cela et dont je citerai seulement ces quatre vers, d'une tristesse hautaine et douce :

> On se lasse d'aimer, on se consume à vivre,
> L'Évangile peut seul guérir les cœurs troublés,
> Ouvrez, Madame, ouvrez ce livre, le seul livre.
> Ceux qui l'ont lu sont morts ou se sont consolés.

Dégingandé, souple, long, sans consistance, semblant un rameau de vigne vierge qu'un vent âpre fait courir sur le chemin, Glatigny paraissait entrer par une fente de la porte ou par l'entre-bâillement des croisées. Pauvre d'argent, riche de rimes, toujours un hymne à la gloire de Banville à la bouche, semblant sortir du *Roman comique :* il s'asseyait dans quelque coin, nouait ensemble ses deux grandes jambes comme pour être plus sûr de ne pas s'en aller malgré lui et nous tenait tous, des heures, sous le charme de sa fantaisie. Que de morts, mon Dieu, parmi les amis d'autrefois ! Je voulais vous conduire au jardin fleuri de mes bonnes et viriles affections d'antan, et voici que je m'aperçois que ce jardin est un cimetière. La dernière tombe à laquelle je m'arrêterai est celle d'Hippolyte Babou qui n'était pas absolument une personnalité sympathique, mais qui a écrit un livre : les *Païens innocents*, dont les lettrés se souviendront toujours.

Il est des absents dont le souvenir est plus amer que celui des morts. Je tairai donc le nom de quelques-uns de nos compagnons appartenant à la colonie allemande, alors nombreuse à Paris. Nous n'avions pas assez d'étreintes pour ces mains que nous croyions loyales et nos poitrines étaient pleines d'un souffle fraternel pour ces exilés volontaires que naïvement, nous nous imaginions épris de notre pays, platoniquement amoureux de nos vignes et de notre soleil. J'ai rencontré un de ceux-là durant la guerre, sous l'uniforme d'officier de uhlans, et je vous jure que c'est lui qui a pâli.

Maintenant que vous savez où je vous conduis, je puis, abordant enfin mon sujet, vous y présenter Pierre Dupont, tel que je le vis pour la première fois, tel qu'il est resté impérissablement dans mon souvenir, tel que je le revis souvent durant la pâle lune de miel de l'amitié fugitive, qui, seule, pouvait exister entre un homme de son âge et un homme du mien. Théophile Gautier avait autrefois comparé au physique, Pierre Dupont à un Alfred de Musset brun. Je n'ai jamais compris cette fantaisie du maître dont l'œil était si impeccablement juste. Les hommes, à mon avis, se ressemblent bien autrement les uns aux autres, par la physionomie que par les traits. Or, jamais deux êtres ne différèrent davantage par l'expression intelligente et passionnelle du visage. Je n'avais également connu Musset qu'à la fin de sa vie et dans une bohème qui ne laissait rien à envier à celle de Pierre Dupont. L'un et l'autre n'étaient que le débris de soi-même, comme l'ossature d'un palais magnifique dont les toits se sont écroulés, dont le décor extérieur gît à terre, en ruines. Mais c'est justement dans cet état qu'on en peut mieux juger le caractère architectural et définir les grandes lignes.

Tout disait, sur la face pâle de Musset, l'effroyable rancune contre la vie, l'amour-propre révolté au moins autant que l'amour humilié, l'amertume profonde de celui qui ne sut jamais pardonner à la femme de lui avoir appris à souffrir, en même temps qu'à aimer. Visage d'égoïste sublime, mais d'égoïste, ayant cru pouvoir enfermer dans son propre cœur toutes les misères de l'humanité et cru consoler tout le monde, en se plaignant soi-même. Ce grand poète, un des plus grands certainement de ce temps, demeurera celui à qui ne peut s'attacher que la somme de sympathie due au génie et qui n'est qu'une admiration. Combien autre était la physionomie de Pierre Dupont ! Désillusionné, lui aussi, lui aussi déchu de son rêve ; tombé du faîte des gloires entrevues, il n'en avait pas moins gardé son inguérissable amour des hommes, son idéal de justice, son souci de la misère d'autrui, tout ce qui chante, en un mot, dans les échos mélodieux de son âme fraternelle. Il ne maudissait ni les dieux ni la femme ; il était pareil à ces beaux arbres des forêts qu'il aimait tant, qui prêtent encore leur ombre au bûcheron dont la cognée a fait saigner leurs branches. Il y avait vraiment du Christ dans cette belle figure régulière de Pierre Dupont, un Christ ayant rêvé d'un calvaire planté de vignes, dont le vin consolerait les dieux mourants. Ce fut ce qui me frappa tout d'abord quand il s'assit devant moi, me regardant avec ses yeux de buveur et de philosophe, mouillés, affectueux et où volontiers tremblait une larme.

On a fait beaucoup son portrait dans cette dernière période de sa vie, assurément dégradée, mais cependant encore intéressante. Duranty a écrit : « Sa renommée populaire le tuait. Les chansons qui sortaient de son gosier étaient remplacées par des verres de vin ou de bière qu'y versaient à flots ses enthousiastes. » Duranty a vu ce triste spectacle avec son œil pessimiste d'écrivain lui-même méconnu. Peut-être les choses se passaient-elles ainsi quand les enthousiastes dont il parle étaient des cochers en maraude, ou des zingueurs rentrant chez eux, — car il faut reconnaître que Pierre Dupont n'était pas difficile sur le choix de sa compagnie. Mais, quand il se trouvait dans un milieu plus littéraire, il en rabattait beaucoup de ce laisser-aller, et j'ai eu, pour ma part, d'adorables causeries avec Dupont à jeun et parlant de la nature avec cette éloquence qui jaillissait de son cœur comme la sève d'un chêne. Alors son front s'illuminait, ses yeux redevenaient ardents et limpides, il renaissait vraiment à cette beauté mâle, vigoureuse et lyrique à la fois, qui avait fait l'admiration de ses jeunes contemporains. Il faisait encore des vers, il en a fait jusqu'à la fin, comme tous les vrais poètes. Je me rappelle même les refrains de ses dernières chansons. En voici un :

> Quand je l'appelle,
> O ma brebis,
> Que la voix grêle
> Réponde à mes cris.
> Car tu me suis
> Bêle, bêle,
> O ma brebis !

Et cet autre qui commence par une inversion superbe :

> Nos morts, qui donc les compte ?
> Morts pour la liberté.
> La victoire est plus prompte
> Que l'électricité.

Enfin ce chœur de forgerons :

> Écrasons ces serpents de feu
> Entre l'enclume et les tenailles.

> Notre labour doit plaire à Dieu
> Bien mieux que celui des batailles,
> Et, pour des hommes à nos tailles,
> Battre l'enclume n'est qu'un jeu

Où, recommançant le rêve de Schiller dans la Cloche, revit son triple amour de l'humanité qu'il voulait bonne, de Dieu qu'il rêvait clément, du travail qu'il voulait sacré.

Cette philanthropie profonde et sincère, cette tendresse pour les petits et pour les opprimés, cette générosité pour toutes les faiblesses demeurèrent jusqu'à la fin la caractéristique et l'âme du talent de Pierre Dupont. Il avait un sourire amer seulement pour ceux qui lui reprochaient de s'être rallié à l'Empire. Les faits ont prouvé cependant depuis qu'il était demeuré ainsi dans son rôle divinateur de poète, ce régime ayant été le seul qui ait eu quelque souci de l'état des prolétaires dont la République a depuis un siècle réglé, par deux fois, les intérêts de la façon que vous savez, en juin 1848, en mai 1871. Et puis Dupont n'avait pas à être un homme politique. Il était un poète et cela suffit.

Ses dernières chansons, dont je parlais tout à l'heure, il ne pouvait plus les chanter lui-même à l'époque où je l'ai connu. Il était absolument trahi par la voix, jadis superbe et vibrante, qu'il avait possédée. Les mauvais vins bus à Paris avaient mis leur râle dans ce gosier digne, sinon de l'ambroisie, du moins des plus généreux bourgognes.

Il se contentait donc de réciter ses vers, puis il en sifflait l'air en le scandant, avec le bout du doigt, sur les tables. C'était un spectacle à la fois pénible et touchant. Tous se groupaient autour de lui au *Buffet germanique*, pour écouter ces adieux d'une Muse qui en était réduite à la pantomime pour exprimer sa dernière plainte. La mort elle-même ne fut pour Pierre Dupont qu'une dernière trahison de la vie. Dans le grand vacarme des évènements elle fut silencieuse et obscure. Qu'était, en 1870, la mort d'un homme, celle même d'un chansonnier illustre, quand la terre maternelle s'agitait déjà pour la grande convulsion qui en devait engloutir une partie ? Qu'importait cette pelletée de terre de plus ou de moins, quand une portion de territoire allait être amputée, comme une branche vivace de l'arbre saignant de la patrie ? Comment ce dernier soupir eût-il été entendu quand le ciel roulait déjà de telles tempêtes? Ce fut pour lui une pitié du Dieu auquel il croyait, que ce spectacle lui fût épargné de la France humiliée, haletante sous le pied du vainqueur, expiant dans la défaite ses longues gloires, châtiée de ses conquêtes par un amoindrissement. La France à qui Banville disait alors :

> Je baise les mains généreuses
> Maintenant que l'éponge amère
> Baigne les lèvres douloureuses
> Et que ton flanc saigne, ma mère!

Certes, Pierre Dupont, lui aussi, eût trouvé au plus profond de son âme des accents de douleur et de colère, d'immortels sanglots, l'écho du cri sublime dont Victor Hugo dominait alors le monde. Peut-être aussi eût-il trouvé, au fond de son cœur, un secret et silencieux remords d'avoir chanté si haut la fraternité des peuples et tenté le noble rêve des races à jamais unies. Mais qui de nous, alors, ne l'avait fait ce rêve? Qui dira pour combien entrent, dans la haine stupide des peuples, les ambitions féroces de ceux qui les guident, les intérêts odieux des maîtres qu'ils se donnent !

Donc, pour ceux mêmes qui l'avaient le plus admiré et aimé, Pierre Dupont disparut comme une étoile filante dont la chute ne marque nulle part sa place, et sa renommée se ressentit de cette fin sans éclat, de ce trépas sans funérailles. Ceux qui étaient enfants comme moi en 1848, avaient bien tous gardé dans leur mémoire les premiers de ses beaux chants rustiques, l'écho de ses premières chansons révolutionnaires. Ils savaient par cœur *les Bœufs, les Louis d'or, la Vigne, le Pain ;* mais les générations suivantes ignoraient à fort peu près l'œuvre pourtant si considérable de Dupont, œuvre qui n'est certes pas parfait dans son ensemble, mais dont l'on pourrait extraire pourtant un volume entier de véritables petits chefs-d'œuvre, un volume impérissable comme celui de nos meilleurs classiques. Il faut en effet remonter certainement jusqu'à notre La Fontaine pour trouver, chez un poète, un amour des êtres et des choses, aussi subtil, aussi juste, aussi profond et intime à la fois que dans certaines chansons de Pierre Dupont. Comme pour La Fontaine, à l'égal de cette tendresse infinie pour la nature, on y rencontre une indépendance complète de toute tradition, un génie essentiellement créateur en ce sens que ni à l'un ni à l'autre, on ne saurait même désigner un ancêtre. C'est d'eux seuls, peut-être, qu'on ne pourrait dire, qu'on est toujours le fils de quelqu'un.

Mais, tandis que l'immortel fabuliste gardait aux animaux, surtout, son affection et sa sollicitude d'observateur, — car si les paysages sont merveilleux dans La Fontaine, ils sont rares et dessinés, comme dans George Sand, de quelques traits seulement, — c'est aux arbres, c'est aux fleurs que s'adressait surtout la muse attendrie de Pierre Dupont. J'entends être sobre de citations dans ce court travail qui n'a rien d'une étude critique ; je veux cependant affirmer mon dire en donnant quelques-uns des vers qui le peuvent justifier. Écoutez plutôt ces jolies strophes des *Fraises :*

> Quand de juin s'éveille le mois,
> Allez voir les fraises des bois
> Qui rougissent dans la verdure,
> Plus rouges que le vif corail

>   Balançant comme un éventail
>   Leur feuille à triple découpure.
>
>   Rouge au dehors, blanche au dedans,
>   Comme les lèvres sur les dents,
>   La fraise épand sa douce haleine,
>   Qui tient de l'ambre et du rosier.
>   Quand elle monte du fraisier
>   On sait que la fraise est prochaine.

Lisez encore ce début de *la Véronique* :

>   Quand les chênes, à chaque branche,
>   Poussent leurs feuilles par milliers,
>   La véronique bleue et blanche
>   Sème des tapis à leurs pieds ;
>   Sans haleine, à peine irisée,
>   Ce n'est qu'un reflet de couleur
>   Fleur d'azur, goutte de rosée,
>   Que l'aurore a changée en fleur.
>
>   Douces à voir, ô Véroniques !
>   Vous ne durez qu'une heure ou deux,
>   Fugitives et sympathiques
>   Comme des regards amoureux.

Voici pour la note douce et riante. Nous la rencontrerions aussi émue, aussi vibrante dans la délicieuse chanson des *Prés*. La note sombre, presque tragique, nous la trouverons dans ces deux magnifiques strophes des *Sapins* :

>   Le sapin brave et l'hiver et l'orage,
>   Chaque printemps lui fait un éventail ;
>   Droite est sa flèche et vibrant son feuillage,
>   L'art grec s'y mêle au gothique travail.

> Ses blancs piliers, un souffle les balance
> Sans plus d'effort que les simples roseaux :
> Chœur végétal, symphonie, orgue immense
> Qui darde au ciel d'innombrables tuyaux.
>
> Heureux sapins, vos solives légères
> Font les chalets, construisent les hameaux ;
> Dans vos taillis se cachent les bergères,
> Et les buveurs dorment sous vos rameaux.
> L'Humanité par vos soins est servie,
> Bois familiers, dans sa joie et son deuil ;
> Dans un berceau vous accueillez sa vie,
> Et vous clouez ses morts dans le cercueil.

D'une autre pièce, ayant pour titre *les Pins*, je ne veux citer que ce refrain superbe, sonore et mélancolique comme un accord de trompette dans le silence noyé de rouge du couchant.

> Quand le vent dans les pins gémit,
> Le vieil Homère croit entendre
> Un peuple de dieux qui frémit.
> Mon âme tressaille à ce bruit
> Je n'ai jamais pu m'en défendre.

Ce dernier vers, qui ressemble quelque peu à une faute de français, n'en est pas moins d'un effet irrésistible et rien ne saurait le remplacer.

Il est à remarquer que Dupont, qui n'avait aucune éducation latine, a excellé dans les évocations mythologiques, et qu'il les aimait, mieux pour en sentir la grandeur que pour en bien connaître la portée symbolique. Une manie innocente l'avait pris à la fin de sa vie, celle de prodiguer en toute occasion, un latin de cuisine dont il ne permettait pas qu'on rît. C'est ainsi que j'ai eu son volume d'idylles, livre peu connu, mais très remarquable par sa parenté bucolique avec Théocrite plutôt qu'avec Virgile, adorné d'une dédicace véritablement macaronique, avec cette signature d'une fantaisie étonnante : *Petrus A Ponte*, qu'il traduisait sans hésiter par : Pierre Dupont. On se serait cru quelquefois, quand le prenait ce caprice, en pleine cérémonie du *Malade imaginaire*.

Comme tout vrai poète, il était beaucoup plus préoccupé de la rime qu'il n'en avait l'air. Tout au moins se croyait-il obligé de s'excuser de n'en avoir pas suivi la loi strictement parnassienne. — J'aurais pu rimer comme un autre, me dit-il un jour et, la preuve, c'est que j'ai fait, quand je l'ai voulu, une petite pièce aussi parfaite que les plus parfaites de Théophile Gautier.

Cette merveille, dont il était aussi fier que de toutes ses chansons à la fois, est intitulée le *Camée*. Bien que d'une forme, en effet, irréprochable, elle ne justifie pas l'enthousiasme de son auteur et est tout à fait inférieure aux chansons que Dupont a écrites en toute liberté. Nous lui ferons donc partager, encore, avec La Fontaine, le privilège inouï d'avoir été un excellent poète tout en rimant détestablement.

La Fontaine ne connaissait pas moins l'homme

ques les autres animaux. En dehors de sa délicieuse botanique, Dupont était également un observateur très habile de notre espèce et nul mieux que lui n'a connu le paysan. Si, comme peintre de nature, il est comparable à Français, par sa tendresse pour les moindres choses, le plus petit brin de mousse, une goutte d'eau entre deux pierres, une fleur sauvage penchant sur un ruisseau ; c'est à Millet qu'il fait penser comme peintre de paysages avec figures ; c'est le même don de description, impitoyable, sans emphase, qui, bien mieux que toute la phraséologie du monde, retrace l'homme des champs, cupide, n'aimant que la terre et les bêtes, rude à son prochain et dont Zola a tracé le dernier portrait dans un livre auquel on ne saurait reprocher que son manque d'équilibre et de sobriété. Voyez plutôt *les Bœufs*, avec leur refrain :

> J'aime Jeanne, ma femme ;
> Eh bien, j'aimerais mieux
> La voir mourir que d'voir mourir mes bœufs !

Et surtout *le Jour des morts à la campagne*.

Je dépasserais le cadre modeste que je me suis tracé en insistant sur l'œuvre de Pierre Dupont. Je serai fier d'être un des premiers à avoir provoqué un retour fatal et légitime aux vers de ce poète. Un éditeur se trouvera-t-il enfin, qui nous donnera, dans une belle édition, dans un écrin digne du joyau, un véritable *Selecte* de cette grande manifestation poétique, et ajoutera ainsi un excellent livre à la collection de nos vrais classiques français? La ville de Lyon comprendra-t-elle qu'elle s'honorerait en élevant une statue à ce glorieux enfant. Pour renoncer volontairement à cette gloire, elle n'a pas même l'excuse de Tarbes, dont le conseil municipal, désormais immortel, refusa un monument à Théophile Gautier, sous le prétexte énoncé dans ses procès-verbaux que Gautier, étant fils de fonctionnaire, n'était né à Tarbes qu'accidentellement ! Pierre Dupont n'était pas né accidentellement à Lyon; il était de souche lyonnaise, de souche de canut. Il devient vraiment impertinent que, dans la débauche d'images prodiguées à l'admiration des populations sur les places publiques, débauche telle que la postérité s'imaginera sans doute que le peuple Français était uniquement composé de grands hommes, ce qui est bien exagéré, certes, dis-je, il devient indécent que le moindre avocat, le plus chétif politicien, le premier industriel enrichi soit présenté comme exemple à ses concitoyens, sous les inaltérables espèces du marbre ou du bronze, et que les poètes seuls, les grands écrivains, restent tout entiers dans leurs tombes oubliées, sans cette consécration, sans cette évocation plastique de leur grand souvenir.

Le temps approche peut-être cependant où la France n'existera plus devant le monde que par l'immortelle mémoire de ceux qui s'appelaient Ronsard, Corneille, La Fontaine, André Chénier, Lamartine, Hugo, Musset et aussi Pierre Dupont.

La statue de Dupont, Clésinger, son admirateur enthousiaste, avait toujours rêvé de la faire. Du moins, il en a laissé un buste d'un réel caractère et d'une grande beauté. Cette tête du poète suffirait au monument que je souhaite pour lui ; elle serait la chose qui pense au milieu des choses qui vivent. Je la voudrais dans un décor absolument rustique, sous un enlacement de lierres plutôt que de lauriers, surmontant une fontaine dont l'eau sonore et limpide coulerait comme le génie du maître reflétant, fidèle, l'immortelle image du ciel pur et des gazons fleuris.

VIII

ÉMILE DESCHAMPS.

La fin de ce siècle, que ridiculisera l'invention d'un mot sans idée, donne un spectacle à la fois pénible et consolant, qui effraye tout ensemble et qui rassure. Elle voit descendre, un à un, dans la mort tous ceux qui avaient fait l'éclat de sa première moitié; Musset presque dans la fleur déjà flétrie de sa jeunesse, Lamartine courbé sous le poids des misères iniques, Victor Hugo dans la gloire d'un soleil couchant. Le dernier, et dont le nom ne sera pas moins immortel, Théodore de Banville, mon maître et mon ami, prenait, il y a quelques jours à peine, sous nos larmes et à travers le recueillement ému de Paris tout entier, le même funèbre chemin.

Mais, à mesure que se creusent ces tombes, que ces astres semblent s'éteindre, la piété populaire comble celles-ci de lauriers, rallume ceux-là dans un ciel plus durable. La France attristée s'inquiète des poètes qu'elle a perdus, les recherche et les glorifie. Ceux qui furent leurs compatriotes sont naturellement les premiers ouvriers de cette sainte tâche, mais le cœur du pays tout entier est avec les leurs. Autour de Bourges, qui élève une statue à un de ses plus nobles enfants, à un des maîtres de la lyre, la patrie se recueille et, reconnaissante, applaudit.

C'est que, dans ce grand mouvement littéraire, d'où, comme d'un même nid de jeunes aigles, ces beaux génies prirent leur essor, Emile Deschamps occupa vraiment une grande place et, parmi les plus vaillants, combattit le bon combat. Si Théophile Gautier, que j'aurais dû citer dans cette nomenclature désolée des grands morts, n'a pas parlé de lui aussi longuement qu'il eût convenu peut-être, dans son histoire du romantisme, œuvre hâtive de ses dernières années, il n'en a pas moins dit très éloquemment, dans une autre circonstance, tout ce qu'Emile Deschamps méritait d'honneurs et pourquoi l'on était peut-être injuste envers lui. Ecoutez-le plutôt : « Artiste que les maîtres de la grande école romantique ont tous reconnu comme digne d'être admis au milieu d'eux, et qu'ils ont salué d'acclamations amicales, il négligea toujours le soin de sa propre gloire pour s'occuper de la gloire des autres ; méritant d'être encensé pour son compte, il se fit le thuriféraire du génie. C'était à son gré une fonction dont on pouvait être fier encore. Il avait le don de l'admiration, qualité rare chez les poètes surtout, Narcisses toujours penchés sur leur propre miroir. S'il admirait ainsi, c'est qu'il était supérieur. Comprendre, c'est égaler. » Et plus loin, il ajoute : « Les jeunes sympathies ne manquent pas au vieux poète qui vécut trois ans de moins que Gœthe et qui mourut aveugle comme Milton et Homère. »

Comme toujours en art, Théophile Gautier était bon prophète, en écrivant ces lignes émues au lendemain de la mort d'Emile Deschamps. Les jeunes poètes n'ont pas oublié celui-ci, et, comme un Lazare, sa juste renommée, qu'attend la lumière, tressaille au fond du tombeau. C'est le rôle glorieux de la postérité de réparer les injustices du présent. Elle ne saurait être avare au poète qui si libéralement, en grand seigneur et en prodigue, sema tant d'œuvres exquises et gracieuses sur son chemin.

Mais d'abord quelques mots de l'homme et qui expliqueront pourquoi je voudrais être, humble que je suis, un des artisans de cette œuvre de réparation.

Je n'avais pas quatorze ans et je faisais déjà des vers, ou, tout au moins, de petites choses rimées dont l'imparfaite musique m'était pourtant un enchantement. Furtif comme un malfaiteur, je les cachai dans mon pupitre d'écolier, avec les moineaux et les lézards domestiques qui auraient pu donner une certaine inquiétude sur mes doubles goûts de poète et d'amateur de ménagerie. Je dissimulais également les uns et les autres qui m'eussent valu de légitimes pensums. Personne ne se doutait que j'avais tendu les cordes invisibles d'une lyre à travers mon cerceau d'écolier.

Or, en ce temps-là, je passais une partie de

mes vacances chez une vieille grand'tante, et j'y transportais, à la fois, mes pensionnaires et mes cahiers. J'aimais beaucoup cette excellente femme dont la jeunesse s'était épanouie en plein Directoire, parmi les bouquets à Chloris, et qui avait gardé, de ce temps de galanterie précieuse, un relant littéraire de fleur fanée qui n'était pas sans douceur. Devenue fort dévote, elle adorait encore M. de Parny. Quand le jour de sa fête — la sainte Anne — arriva, mon désir reconnaissant de lui être agréable, m'inspira un courage inouï. Je composai des strophes pour cette solennité familiale, ce qui m'était un jeu, mais je les lui lus au dessert, ce qui me fut un supplice. Dieu merci pour moi, je les ai oubliées, sauf ces deux vers adressés à Dieu et qui les terminent :

> Puisse-t-il mesurer vos nombreuses années
> Sur le nombre si grand de toutes vos vertus !

Ce madrigal enfantin ravit la pauvre chère âme. Elle dînait le lendemain chez Émile Deschamps, qui recevait et reçut jusqu'à la fin de sa vie la meilleure société de Versailles. Elle lui demanda la permission de m'amener.

L'idée de cette présentation me causa une terreur épouvantable et je passai une nuit de véritable angoisse ; un détail fort ridicule l'augmentait encore. Envoyé par mes parents, à Versailles, pour y jouer dans le parc, grimper aux arbres et patauger dans les gazons de la pièce d'eau des

Suisses, je manquais absolument de la tenue de ville nécessaire pour effectuer dans le monde une entrée solennelle; je fis part à ma grand'tante de mon embarras lequel lui inspira une diatribe contre l'imprudence des familles qui ne songeaient plus à l'avenir de leurs enfants. Puis comme elle n'était pas seulement généreuse de morale, elle m'envoya incontinent chez un tailleur qui me bâtit un véritable habit de chien savant. Ah! ce n'est pas maintenant encore que vous me feriez commander un vêtement à Versailles ! A l'heure du repas, je fus emprisonné dans un pantalon trop étroit, noyé dans un frac trop large, coiffé d'un chapeau qui m'engloutissait les oreilles, décapité par un faux col aussi douloureux que le plat où fut posé le chef de Jean-Baptiste. Sous cette robe prétexte, dans cet accoutrement monstrueux, sous le regard mécontent et fier à la fois de ma vénérable introductrice, je pénétrai dans un salon d'une élégance pleine de goût et où j'entendis distinctement des rires étouffés. Mais je n'y faisais plus attention déjà et je planais dans un monde très fort au-dessus de la raillerie. Emile Deschamps était devant moi, m'accueillant d'un bon et large sourire, avec ce bel air du génie au front qui lui donnait, dans mon imagination d'enfant, l'aspect d'un Dieu.

Beaucoup d'hommes aimables et plusieurs femmes charmantes. Il avait pour ceux-ci des théories d'une fantaisie pleine d'éclat, pour celles-là des compliments d'une tournure exquise. Il se multipliait, il était la grâce même. J'étais dans l'enchantement. Jamais le rêve n'avait été aussi vibrant en moi de devenir aussi, un jour, un poète.

Il avait lu mes méchants vers. Il me tira le plus flatteur horoscope. Mais ce qui valait mieux il daigna me donner des conseils. Il m'apprit, avant Théodore de Banville, que la rime était la règle suprême de notre poésie française, que la rime n'était jamais assez riche, qu'il fallait être, en art, bon ouvrier avant tout, et, de ses lèvres, je recueillis ce soir-là cet admirable axiome qui résume les principes de toute esthétique : « La forme n'est rien, mais rien n'est sans la forme ! »

Et, durant le reste de mon séjour à Versailles, séjour que j'aurais voulu prolonger toute ma vie, il continua de corriger, avec une admirable patience, mes informes essais. Il s'occupa aussi, presque paternellement, de mes études latines, et ce fut lui qui me recommanda à mes examinateurs quand je passai bachelier.

Tout cela était resté bien profondément dans ma mémoire. Ce ne fut cependant qu'une quinzaine d'années après — quand j'avais atteint la trentaine — qu'Émile Deschamps entra, pour parler ainsi, dans ma vie, par un nouveau bienfait. J'étais au ministère des finances et le hasard m'y avait donné, pour compagnon de bureau, un autre romantique, un vrai poète aussi, et qui avait eu son heure de célébrité. Comment Théophile

Dondey, qui avait signé son superbe volume de vers : *Feux et Flammes*, de l'anagramme prétentieux : *Philothée On'eddy*, était-il venu échouer là sur un écueil ressemblant si mal au Parnasse ? C'est affaire aux cruautés de la vie. Mais Philothée On'eddy me parla beaucoup de Deschamps, raviva mes souvenirs d'enfance, et c'est à lui que je dois de l'avoir lu, relu et admiré comme il le mérite. Je ne sais rien de plus noble que ces camaraderies enthousiastes, que ces inépuisables fraternités. Il en oubliait tout ce que lui-même avait souffert du sort pour ne s'indigner que de l'oubli où Deschamps était laissé.

Et, de leur vie commune dans la lutte des grands jours, il me contait tant d'anecdotes intéressantes, encore vivantes dans sa mémoire affectueusement fidèle, que, moi, venu plus tard, je finis par connaître, grâce à lui, le véritable Émile Deschamps qui combattait le bon combat à côté de Victor Hugo et de Gautier, enthousiaste aussi, fervent et plus religieux de son art qu'aucun autre ne le fut jamais.

C'est tout cela qui s'est réveillé en moi, quand on m'a dit que Bourges allait glorifier son poète. C'est tout cela qui m'a fait souhaiter d'élever mon timide hommage à l'ombre de celui des compatriotes du grand écrivain.

En dehors de ces souvenirs qui s'adressent à l'homme, j'en veux justifier la sincérité en évoquant l'œuvre dans son ensemble majestueux.

II

Vulgariser en France l'œuvre des grands poètes étrangers, ne rien laisser ignorer de ce qu'a conçu, autour de nous, le génie, voilà ce qu'Émile Deschamps a surtout entendu tenter, ce qui lui a pris le meilleur de son temps et de son talent, et la reconnaissance que nous doit imposer cette rare abnégation, n'est pas pour nous sans une arrière pensée de regret. Il semble qu'il était assez riche de son propre fonds, non pas pour nous donner peut-être un Gœthe ou un Shakespeare, mais pour ajouter une page vraiment personnelle, exquise, à la légende de nos maîtres nationaux.

Il avait naturellement, dans l'expression poétique, une grâce toute française, un peu de ce qui fait vivre encore les ancêtres comme Charles d'Orléans. Il avait, de plus, un don d'invention qui lui eût permis de laisser mieux que quelques sonnets gracieux, bien qu'il y ait excellé.

C'est toutefois un acte de respect, envers sa mémoire, que de parler d'abord de ce qui lui semblait occuper à lui-même la place la plus considérable dans son œuvre, c'est-à-dire de ses adaptations des plus grands poètes étrangers. De ses adaptations théâtrales lui-même nous a donné la formule dans sa belle préface de *Macbeth*, et dans les termes précis que voici : « J'ai respecté religieusement le système de division des scènes adopté par Shakespeare. Chez lui tout ce qui s'accomplit dans un même lieu, quel que soit d'ailleurs le nombre des personnages qui s'y succèdent, ne fait en général qu'une seule scène ; tandis que, dans notre théâtre l'intervention du moindre personnage, pour l'incident le plus insignifiant, suffit pour motiver une scène nouvelle. C'était un des résultats de la stricte unité du lieu ; mais il y a plus de grandeur dans la distribution intérieure du drame de Shakespeare et je n'y ai pas touché. *Ce que j'ai surtout désiré, tenté, c'est de reproduire sa poésie et son langage, le ton plus encore que le sens, car le sens d'un poète est quelquefois douteux ;* le poète aurait pu avoir une autre pensée que celle qui lui est venue ; mais comment aurait-il rendu et exprimé cette pensée ? Voilà ce qui constitue l'individualité du talent. *La fidélité continuelle au ton est donc la plus belle exactitude, la plus exquise ressemblance.*

Les objections ne manquent pas à cette théorie, dont la plus grande et la plus vraie, je crois, est que les poètes ne doivent pas être traduits en vers. Il semble, en effet, que, dans le poète, l'intimité entre la pensée et sa forme soit d'une nature essentiellement délicate, tenant au génie même de la langue, qu'elle se complique d'une question de musique qui y prédomine quelquefois, et fait toute la valeur obscure de ce sens que Deschamps qualifie à tort de « douteux ». On est bien revenu aujourd'hui, en effet, de ce singulier critérium qu'on nous proposait autrefois et qui consistait à s'assurer qu'on pouvait toujours mettre en prose claire une pensée exprimée en bons vers. C'est plutôt le contraire qui serait vrai. Le grand charme du vers est souvent dans le mystère dont il enveloppe la pensée, dans cet au delà qui fait rêver. C'est certainement un intermédiaire entre la musique proprement dite et la prose, et il lui est permis d'être aussi près de celle-ci que de celle-là.

Ces réserves faites, on doit reconnaître qu'Émile Deschamps a merveilleusement rempli le programme qu'il s'était tracé à lui-même. Or, le talent consiste, avant tout, à faire ce qu'on a voulu. En prodiguant d'admirables vers dans ses traductions de Schakespeare, il a fait œuvre de grand poète. Qu'il en ait emprunté à Shakespeare, ou non, l'intensité passionnelle, l'éloquence désespérée, la grandeur amoureuse, cette scène de *Roméo et Juliette* est à lui, du droit par lequel nous appartient tout ce à quoi nous avons donné la forme définitive, coulé un moule impérissable, donné son enveloppe de bronze ou sa blancheur de marbre.

JULIETTE.

Veux-tu donc me quitter ? quoi déjà mon ami !
Le jour sous l'aube obscure est encore endormi.

C'était le rossignol et non pas l'alouette
Dont la voix a frappé ton oreille inquiète.
Sur les lauriers, la nuit, il repose son vol
Et chante... oh oui, crois-moi ! c'était le rossignol !

ROMÉO.

Ah! c'était l'alouette et sa voix matinale!
Regarde, mon amour, cette blancheur fatale,
Ce trait de feu perçant le grisâtre orient.
Les soleils de la nuit cachent leur front brillant,
Et le joyeux matin, qui s'éveille en silence,
A la cime du mont sur un pied se balance;
Il faut partir et vivre, ou rester et mourir,

JULIETTE.

Non, ce n'est pas le jour qui vient à nous s'offrir ;
C'est quelque météore, un phare errant, sans doute,
Allumé dans la nuit pour éclairer la route
Oh! reste encor!

ROMÉO.

Eh bien ! qu'on me surprenne ici !
C'est la mort! j'y consens... si tu le veux ainsi.
Je dirai comme toi : non! ces teintes d'opale,
Ce n'est pas le matin, non, c'est le reflet pâle
De la lune qui fuit sous ses voiles d'argent ;
Ce n'est pas l'alouette au réveil diligent
Dont le concert s'élève et va frapper la nue...
Que la mort vienne donc et soit la bienvenue !
Juliette le veut... Qu'en dis-tu, mon amour !
Rends-moi donc tes baisers. Non! ce n'est pas le jour

JULIETTE.

C'est le jour! C'est le jour ! Fuis ! pars ! vite ! imprudente!
C'était bien l'alouette...

Vraiment on se demande, en écoutant ces beaux vers, d'une si grande liberté d'allure, si l'esclavage de la pensée, loin de leur retirer quelque mérite, n'a pas été un obstacle de plus à surmonter, un sujet nouveau d'admiration pour nous.

Si, depuis ces belles adaptations de *Macbeth* et de *Roméo*, le goût public est venu vers des traductions plus littérales des maîtres de l'étranger, même en vers comme dans l'admirable interprétation de *Sophocle* par Octave Lacroix, il n'en faut pas moins reconnaître qu'Émile Deschamps, en reprenant l'œuvre au point où l'avait laissée la muse facile de Ducis, encore toute craintive des quolibets blasphémateurs de Voltaire, à l'endroit de Shakespeare, avait réalisé un progrès énorme vers le respect du poète original et de la vérité. Et puis, encore une fois, que sa spécieuse théorie doive être ou non acceptée, elle a été pour lui l'occasion de vers superbes, de vrais vers français irréprochablement harmonieux et corrects, l'expression personnelle, exquise et puissante d'un génie accessible à toutes les formes du Beau! Et cela vraiment suffit pour que cela lui soit un titre de gloire.

Plus nous admettons le rôle prépondérant quelquefois de la musique, dans les vers, moins il importera, pour nous, que de beaux vers français soient traduits ou non.

Les adaptations qu'il a faites, en dehors du

théâtre, de poésies de Gœthe, de Schiller, de maîtres espagnols, italiens, voire suédois ou écossais, ont le même mérite d'une forme irréprochable et sonore où la pensée est comme coulée dans un moule nouveau. Une des plus célèbre est *La cloche* de Schiller. Il faut convenir que notre poésie était peu faite à cette expression de détails techniques, à ces visions de la vie pratique et ouvrière. Voyez ces vers par exemple :

> Etends ce rameau pour l'épreuve.
> Commençons la fonte ! un moment !
> Avant de déchaîner le fleuve,
> Avez-vous prié seulement ?
> Ouvrez les canaux !... ah ! que Dieu
> Nous aide !... Voyez le mélange
> Accourir en vapeur de feu !

Il y a loin de ces idées précises aux lyriques périphrases d'un J. B. Rousseau, ou même du docte Despréaux. Cette admirable pièce de *La cloche* contient, en germe, toute la poésie d'un contemporain que j'admire profondément aussi, à qui Lyon aussi se préoccupe d'élever une image, de Pierre Dupont qui lui, non plus, n'est pas toujours mis en son rang. Il est douteux que Pierre Dupont, qui n'était guère lettré, le connût. Eh bien, il semble que l'âme de Schiller ait passé en lui, quand il chante tout à la fois, les choses de la vie ouvrière et les grandes espérances de l'amour et la fraternité. Ainsi se rencontrent quelquefois, dans le même rêve auguste, les souffles des vrais poètes qui sont tous, au fond, les fils d'un même idéal de paix et de travail florissant éternellement.

Dans son poème de Rodrigue, Deschamps s'est inspiré d'une façon si lointaine, du Romancero Espagnol, qu'on doit considérer vraiment l'ordonnance de ce beau poème comme de lui. C'est là peut-être qu'il a trouvé ses vers épiques de la plus belle envergure. On peut dire encore que, comme Alfred de Vigny, dans la *Mort du Loup* et dans *Samson*, il a donné un des premiers modèles de ces poèmes relativement courts, mais où le style poétique s'enfle à la mesure des Illiades et des Enéïdes, qui firent la fortune poétique de Lecomte de Lisle, dans ses *Poèmes barbares*, et ajoutèrent, à la gloire de Victor Hugo, l'immortel fleuron de la *Légende des siècles*. On peut dire vraiment que, par la beauté solide du vers et par sa belle sonorité, il y a égalé l'un et l'autre. C'est de l'admirable musique romantique dans le sens le plus éloquent du mot. Lisez plutôt l'épisode de *Bertrand Inigo* qui commence ainsi :

> Quand nous partîmes tous, pour aller au devant
> Des Sarrasins jetés dans nos plaines fécondes,
> Plus nombreux que les grains de sable au fond de l'onde,
> Ou les feuilles des bois que tourmente le vent,
> Nous jurâmes ensemble, au nom du Dieu vivant,
> Que celui d'entre nous, qui mourrait aux batailles,
> Serait au camp du roi saintement rapporté,

Afin que sur son corps un psaume fut chanté
Et qu'en terre chrétienne il eut ses funérailles.

Ce début n'est-il pas vraiment d'une héroïque grandeur? Tout le poème est de cette belle envolée.

III

J'ai hâte d'arriver aux pièces charmantes pour lesquelles Emile Deschamps a bien voulu se passer de modèle, où nous le retrouvons, s'il se peut, plus lui-même encore, avec ses qualités d'une note si vibrante et si douce, avec ses générosités d'âme, lesquelles suffiraient à le proclamer poète. Ce ne sera pas cependant sans avoir admiré la façon dont il traduisit l'ode célèbre d'Horace *Pastor cum traheret*, ce qui me sera une occasion de le rapprocher du grand poète latin, dont il égale souvent la perfection familière, avec une pointe de sensibilité en plus. Je ne sais rien de plus joli, dans notre langue, que ces vers sur Saint-Germain, qui commencent ainsi :

> Château désert, forêt profonde,
> Où tenaient leur cour autrefois,
> Les rois qui commandent le monde,
> La beauté qui commande aux rois.

> Balcon mince, morne colline
> Où par de nocturnes accords,

> Une amoureuse mandoline
> Répondait aux soupirs des cors.
>
> Vieux murs, abris des hirondelles,
> Où les Dumons et les Demours
> Etalaient leurs armes fidèles
> Cachaient leurs fidèles amours...

et qui se terminent ainsi :

> Monument de la vieille France,
> Passé plus frais que l'avenir,
> Où trouverais je une espérance
> Egale à notre souvenir ?

Je le répète, il n'est pas d'antologie où un pareil morceau ne mérite sa place.

Et ce joli sonnet inspiré par Mortfontaine et dont voici le premier quatrain :

> Quand le temps, grand changeur des hommes et des choses,
> Aura, sur ce beau lieu, jeté l'oubli des ans ;
> Quand chênes et sapins, brisés comme des roses,
> Ne seront plus que cendre et cadavres gisants.

et le dernier tercet :

> Et c'est pourquoi les fleurs, les biches inquiètes,
> Et les oiseaux chantants et les amants poètes
> Pleins du souvenir d'Elle, aimant tant ce séjour !

souvent une simple romance, mais d'une forme toujours élevée et d'un si joli sentiment ! témoin, *La Nuit de Jeanne* :

> Minuit frappait à la grande pendule
> Et la grand'mère avait les yeux fermés;
> Mais l'ombre est chère au cœur tendre et crédule,
> Et vous veillez, Jeanne, car vous aimez!

A vrai dire, tous les genres sont également nobles à la condition d'être traités avec la même noblesse d'impression et d'expression. Voici maintenant une véritable élégie : *La Lampe;* un délicieux conte en vers : *La Chasse enchantée.*

Mais soudain le poète enfle sa voix au souffle grandissant de sa pensée. Dans *Malheur aux victorieux*, Emile Deschamps console magnifiquement Lamartine, humilié, des outrages de la foule :

> Oh! comme aux fronts marqués d'une grandeur future,
> Le sort fait mal payer les dons de la nature!

Dans les beaux vers sur les *Filles du mal*, voilà qu'il glorifie Charles Baudelaire et le venge des fureurs de la censure. Mais où un Deschamps, vraiment inconnu apparaît, c'est dans ces admirables *Terza Rima*, qui nous révèlent, dans le poète aimable, une amertume inattendue, hautaine, vibrante d'émotion :

> Comme un poison subtil redoutant la pensée,
> Moi, si j'avais vingt fils, ils auraient vingt chevaux,
> Qui, sous les grands soleils et la bise glacée,
>
> Les emportant, joyeux, et par monts et par vaux,
> Devanceraient la flèche et l'oiseau dans leur course;
> Ils n'entendraient jamais parler de leurs cerveaux.

La nature partout leur créerait des ressources.
Tout leur serait projet : leur soif, à tout moment,
Boirait le malvoisie ou l'eau froide des sources.

. . . .

Un livre ! ils y pourraient trouver une parole
Qui desséchât leur sang, épouvantât leurs nuits,
Bouleversât leurs nerfs, rendît leur raison folle...

Ils pourraient devenir un jour ce que je suis !

On ne sait que louer davantage, dans ces vers : l'habileté avec laquelle un des rythmes les plus difficiles est traité, où l'intensité du sentiment désespéré qui les a dictés ? J'en ignore la date. Ce qu'Emile Deschamps était devenu ! Théophile Gauthier l'a dit : Ce qu'avaient été Milton et Homère. La dernière fois que je le vis, c'était à l'enterrement de son frère Antony, à Passy. Hélas ! si ses yeux avaient perdu les rayons, ils n'avaient pas oublié les larmes, et ce me fut un indicible serrement de cœur que la vue de cet auguste vieillard courbé sous une telle affliction. Devant ce débris vivant d'Emile Deschamps, ma pensée courut bien vite au souvenir du poète brillant de Versailles qui m'avait accueilli avec un si bon et si large sourire aux lèvres. Une douleur affreuse me vint de ce contraste et du peu de pitié qu'a la destinée des meilleurs d'entre nous !

Par les chemins obscurs de la cécité, il s'avançait ainsi doucement vers la mort. Le deuil de celle-ci devait, pour ainsi parler, s'éteindre dans le grand deuil de la France. C'était en 1871, et la Patrie n'en était plus à compter les funérailles même de ses plus nobles enfants. « Nous avons suivi, dit Gautier, au cimetière de Versailles, où il semble que le dernier sommeil doive être plus doux et plus profond qu'ailleurs, la dépouille de cet esprit charmant, nous, un des plus humbles survivants de la grande école littéraire dont il fut l'une des gloires et dont il conserva si pieusement la tradition ! »

Et Gautier ajoute : « Parmi ses anciens amis, combien d'eux sont couchés aux tombeaux ! »

Et, deux ans après, Théophile Gautier le suivait dans cette dernière demeure où Théodore de Banville les rejoignait, il y a moins de trois mois.

Mais les poètes ne meurent pas tout entiers. L'an dernier Tarbes s'est souvenu de Gautier et nous y avons inauguré son buste. Moulins se souviendra de Théodore de Banville. Bourges va donner à Emile Deschamps un monument. Certes, ces grandes ombres n'erraient pas sans patrie. L'admiration fidèle des hommes en faisait comme les astres d'un même ciel. Mais qui sait si ces âmes ne reviennent pas, avec quelque douceur, à leur berceau, comme l'ancien nid rappelle encore, au printemps, le vol des colombes. Nul ne sait de quoi est faite notre immortalité, mais tous les rêves nous sont permis, et je n'en sais pas de plus doux que ce retour possible de nos esprits vers le foyer où s'est allumée leur flamme. Que ceux-là donc soient fiers qui se souviennent, fiers du bien qu'ils font aux vivants en fortifiant leur vertu par d'immortels exemples, fiers du bien qu'ils font peut-être aux morts en leur rappelant les tendresses fidèles de la terre. Nous porterons des fleurs à ton image, Emile Deschamps, à ton image qu'aura sculptée, pour ta ville reconnaissante, un des vaillants fils de ton pays, de ce noble Berry sur lequel la grande figure de George Sand plane encore, et dont une filiale admiration pour son génie m'a fait aussi quelque peu l'enfant !

IX

EUGÈNE DELAPLANCHE

Ce n'est pas dans l'aristocratique salon d'un vieux gentilhomme que j'avais rencontré Delaplanche, bien longtemps avant de connaître Aimé Millet, mais dans une de ces auberges d'artistes où, jeunes, nous allions tous les deux, rendez-vous alors obscur de plusieurs qui, depuis, ont connu la renommée. Celle-là était sise au 23 de la rue Jacob et s'appelait *Buffet germanique* avant la guerre. Je ne puis y reporter ma pensée sans un serrement de cœur. Nous y étions plus de vingt vivant d'une bonne et loyale amitié. Nous y retrouverions-nous dix maintenant? Disparu Feyen-Perrin, le beau peintre des *Cancalaises* et des femmes nues, le plus cher ami de ma jeunesse. Disparu Gustave Doré, qui avait la verve bruyante d'un gavroche ; Disparu Jundt dont la fantaisie de peintre était doublée d'une si belle humeur ! Et Achard, le maître d'Harpignies ! Et Hereau, ce vrai maître du paysage ! Monselet, Gambetta, Pierre Dupont, Baudelaire, autant d'ombres ! Que d'illustrations s'étaient assises devant cette petite table de bois où les choppes se succédaient sous la mousse, dans un grand effarement de paroles et de chansons ! Les deux Breton, Dalou, Français, Aubé... que sais-je ! Tous les âges s'y confondaient dans une affectueuse promiscuité de sentiments et de goûts. Il y avait, pendues aux murailles, des merveilles. — Deux grands panneaux à la colle de Feyen-Perrin ; des fruits merveilleux de Nazon qui promettait alors un Claude Lorrain. Et quelle belle humeur dans ce monde plein de souvenirs et plus encore, en ce temps-là, d'espérances !

Eugène Delaplanche, déjà retour de Rome, en était. C'était, au physique, un garçon déjà corpulent, avec une figure aux traits très fins, avec une physionomie très ouverte. Il était de ceux dont on a dit :

Rien qu'à le regarder on lui devient ami.

gai avec cela, et très porté aux farces d'atelier. Massenet qui avait été, en même temps que lui, hôte de la villa Médicis, ne tarissait pas sur les plaisanteries de Delaplanche. Tous ses camarades l'adoraient. C'était tout à fait le contraire de Préault. Il ne parlait que fort peu d'esthétique, mais il était infiniment préoccupé de son art. Seulement cette haute préoccupation, il l'exhalait en œuvres, non pas en discours. Delaplanche vient de mourir en pleine force de l'âge. Il laisse un des œuvres les plus considérables qu'ait mis au jour un artiste contemporain. Appartenant essentiellement à l'École, par son éducation, il est cependant de ceux qu'un besoin de renouveau tourmentait, et il a donné des gages sérieux au mouvement naturaliste lequel est la caractéristique de la sculpture de ces vingt dernières années. Dès le début, ses aspirations mêmes étaient certainement de ce côté comme le prouvait son buste de jeune fille exposé en 1861 et son *Petit Pâtre* très remarqué au salon de 1863. Son départ pour Rome en 1864 le détourna de cette première voie et l'influence de l'art antique se manifesta bien nette, sur lui, par l'envoi de l'*Enfant à la tortue*, fantaisie absolument renouvelée de la statuaire grecque, et dans le *Secoraro* qui lui valut sa première médaille.

Il redevint nettement lui-même dans sa figure d'*Ève avant le péché*, qu'il exécuta en se retrouvant à Paris, et que le Luxembourg possède actuellement. Je n'hésite pas à dire que c'est un morceau de maître. Jamais la splendeur féminine, dans son développement majestueusement charnel, n'a été traitée avec une telle générosité de moyens. On pense à certaines figures de Michel-Ange, mais enveloppées d'un sentiment d'élégance française incontestable cependant. C'est assurément l'interprétation servile du modèle, mais avec une impression des puissantes Vénus antiques où le secret des races est demeuré comme la source de la beauté éternelle. Volontiers, par le sentiment virilement sensuel, comparerai-je cette belle figure à cette Vénus de Vienne, laquelle est pour moi le chef-d'œuvre du Louvre, si puissamment maternelle et amante tout ensemble, aux seins

> Où s'abreuvent, ainsi qu'à des sources jumelles,
> La bouche des petits et celle des amants.

Un des plus beaux morceaux de la statuaire contemporaine que celui-là.

C'est en 1873 que s'affirma sa première tentative de sculpture moderne — par le choix du sujet — dans le groupe de l'*Education maternelle* actuellement au square Sainte-Clotilde, et qui représente une jeune mère apprenant à lire à son enfant. Il y avait encore de l'audace, en ce temps-là, à montrer des figures mesquinement ou pauvrement vêtues. Millet n'avait fait son œuvre qu'en peinture. A vrai dire, dans ce bel essai, Delaplanche se tint plus près de Jules Breton. On sent un peu de timidité encore dans cette tentative heureuse, mais timidité bien compensée par l'attrait d'un goût toujours pur et un sentiment réel du style qui n'est pas seulement que pour les images des héros. Avant que Jean Baffier et le sculpteur belge Meunier aient abordé, avec une franchise sans arrière pensée, la vie du paysan ou de l'ouvrier, dans le bronze, aujourd'hui et demain dans le marbre, on peut dire que le groupe d'Eugène Delaplanche est certainement le plus sincère et le plus avancé de tous ceux qu'ait tentés un homme de sa génération ayant la même éducation classique que lui.

Il montra la flexibilité exquise de son talent et le beau sens florentin qui était en lui, par cette figure de *la Musique* exposée en 1877, et qui est certainement un petit chef-d'œuvre. Vous connaissez tous cette jolie figure de femme penchée sur un violon. Elle a eu le rare mérite de savoir devenir populaire sans rien perdre de son charme distingué pour l'œil des délicats. Elle est juste symbolique autant qu'il faut, avec des grâces bien vivantes.

Cette série de figures souvent considérables était comme ponctuée de bustes où cette même facilité, laborieusement acquise par l'étude, se retrouvait. Citons celui du poète Coppée dont Delaplanche a bien rendu la physionomie à la fois railleuse et mélancolique.

Les images allégoriques qui accompagnaient le *Tombeau de Mgr Donnet* avaient été justement admirées au dernier Salon.

Carrière courte, mais bien noblement remplie. Ce n'est pas sans émotion que nous avons revu, le jour des funérailles, l'atelier où nous avons retrouvé l'ébauche d'œuvres de la jeunesse que nous avions, nous aussi, juvénilement admirées. Il y avait des peintures parmi les plâtres où le temps avait mis des patines. Car Delaplanche, comme Falguière, plus heureusement que Mercié, avait quitté quelquefois, pour le pinceau, le ciseau et l'ébauchoir. Devant la toile, comme devant le bloc inerte, il se retrouvait avec les mêmes qualités viriles d'exécution, je ne sais quelle santé si rare aujourd'hui et qui aurait dû faire de l'auteur de ces œuvres un centenaire. Pourquoi ne vivent-ils pas ceux qui sont si bien faits pour vivre ? De quelles larmes sera pleuré celui-là par la compagne qu'il avait si librement et si noblement choisie, si digne de vivre aux côtés d'un grand artiste comme lui !

Une tristesse de plus maintenant, quand je passerai devant ce mausolée qu'est devenu, pour moi, ce temple des anciens rires et de la chanson de vingt ans ! Il paraît que Paris est tout plein de gens qui, pour éviter des créanciers, n'abordent jamais certains côtés de rues. Mes souvenirs, endoloris par toutes ces morts des amis d'autrefois, deviennent aussi comme de méchantes sentinelles qui m'interdisent certains chemins. Je ne marche plus que comme dans un cimetière dont je crains d'éveiller les ombres au bruit de mes pas.

X

CHARLES FURNE

Une façon de ferme en miniature à vingt mètres d'un coin de Seine délicieux entre tous. Une maison et un jardin tout remplis de bêtes, comme si l'arche de Noë eût échoué là, et, pour compléter l'illusion, sur le fleuve, amarré à la rive, un chaland transformé en serre, tapissé à l'intérieur de plantes grimpantes, un second logis parfaitement habitable, dominant les têtes tremblantes des roseaux.

Cette installation d'artiste était tout proche du pont de Valvins, à quelques kilomètres de Fontainebleau. J'ai vu là les plus admirables matins que j'aie contemplés, des matins descendant dans la brume comme une poussière argentée, envahissant l'espace au chant victorieux des coqs ; des matins en robe blanche bordée de rose tendre et semblant traîner des fleurs à l'horizon dans leurs plis. Des frissons couraient sur la rivière au toucher de cet invisible vêtement des cieux, et l'eau se moirait comme une soie aux lumières.

Et les magnifiques couchants aussi ! L'œil sanglant du jour s'encaissant sous l'arche du pont

comme dans une paupière sombre, avec une
grande irradiation de rayons perdus pareils à des
cils où tremble une larme. Au-dessus, le firmament clair et mat, calme comme un front qui
pense et que couronne déjà le premier scintillement des étoiles ; au bord opposé de la rive, les
masses noires du bois, semblant une chevelure
de ténèbres. Le gosier de cristal des crapauds
psalmodiait des défis au grand silence des choses.
C'était un paysage sans grand accident, mais
d'un charme profond, comme ceux que le Lorrain
aimait à peindre, d'un recueillement où s'ouvraient toutes larges les ailes du rêve, un ensemble de nature où se complaisait la méditation.

Celui qui l'avait choisi était un vieux nomade
de tempérament qui, après avoir couru deci delà,
n'avait cru qu'y planter sa tente et n'avait plus
eu le courage de partir. Ce bon et doux Charles
Furne, qui portait toute une légende glorieuse
d'éditeurs dans son nom, si mal fait d'ailleurs
pour le commerce des livres auquel l'avait condamné sa naissance, mais si digne d'être aimé
par tous ceux qui prisent la liberté plus haut
que la fortune !

Une ménagerie, je l'ai dit : des chiens de toutes
les tailles, tyrannisés par une pie domestique réprimant à grands coups de becs leurs plus légitimes fantaisies. Cette damnée bête en fit mourir
un grand nombre de mystérieuses maladies ; dans
un enclos, un chevreuil apprivoisé et gourmand

accourant aux carresses; une basse-cour où se mêlaient tous les plumages, et où se confondaient tous les piaillements. C'était la vie touffue, débordante, patriarcale, emprisonnée et éclatante dans mille révoltes joyeuses.

Quand j'emmenai là pour la première fois le peintre Nazon, il s'y trouva si bien chez lui que, venu à Valvins pour passer un dimanche, il y demeura trois années. Il fit tout de suite partie intégrante de ce jardin d'acclimatation aussi hospitalier à notre espèce qu'à toutes les autres, et renonça très follement à son art, après de magnifiques succès au Salon, pour figurer parmi les animaux de marque de la maison. Notez que Nazon était alors fort justement regardé comme un des jeunes maîtres du paysage moderne, après les grands qui s'appelaient Corot, Rousseau, Dupré et Millet, ayant exposé des vues du Tarn dignes, par la sérénité des eaux et la transparence de la lumière, d'avoir leur place au Louvre, parmi nos belles toiles françaises.

Mais chez Furne, Annibal lui-même n'eût pas résisté à la tentation d'inguérissables paresses. La vie y était si facile, si douce, si pleine d'impressions charmantes! Et puis qu'elle hospitalité vraiment affectueuse! Était qui voulait de la famille, dans cette étrange maison, pourvu qu'on eût un peu d'esprit et beaucoup de fantaisie.

Or, ni l'un ni l'autre ne manquait à Nazon.

Très lettré et sachant Ronsard par cœur, il rimait de fort aimables drôleries sur ses confrères. Témoin une chanson sur le pauvre Hanoteau grand paysagiste aussi, qui vient de mourir, et dont le refrain, très populaire immédiatement dans les ateliers, était :

Hanoteau, vole ! vole ! vole !

Nazon avait été destiné au sacerdoce. Il avait fait ses études complètes au séminaire protestant de Montauban, encore renommé aujourd'hui. Quel singulier pasteur il eût donné à son Église ! Comment il avait été noblement exclu de cette sainte pépinière de prêtres, au moment même de recevoir la charge sacrée des âmes, c'est ce qu'il aimait surtout à raconter.

La dernière épreuve à subir par le candidat pasteur était une homélie où devait avant tout se manifester la charité du nouvel apôtre. Nazon sut composer la sienne d'épigrammes effroyables contre tous ses professeurs, lesquels durent écouter jusqu'au bout cet œuvre d'un panégyrique. Ils s'en vengèrent, bien entendu, en conspuant le néophyte, qui alla rebondir dans la peinture, où, du premier coup, il se fit un nom.

Mais une fois dans ce jardin d'Armide de Valvins, Renaud Nazon oublia aussi bien la palette que les œuvres du grand Jurieu, pour se livrer exclusivement à l'éducation des oiseaux, excellant, comme un pâtre de Virgile, à toutes les rustiques besognes. Détail exquis : mal pourvu d'argent de poche pendant cette longue villégiature imprévue, et trop délicat de tempérament pour en emprunter à son hôte, il avait proscrit de sa vie toute dépense inutile et avait renoncé à se faire couper les cheveux. Pourvu, par la nature, d'une toison abondante et frisée, il devint pareil d'abord à un balai enmêlé, puis à une énorme touffe de gui pendue au bout d'une longue branche. Car il était grand et mince avec cela, portant respectueusement, comme un saint sacrement, un nez qui le rendait parent du poète Ovide aussi bien que son nom. Sa toilette était à l'avenant de sa coiffure, et il est certain que, ses habits complètement usés, il eût donné aux environs de Paris le spectacle paradisiaque d'un homme primitif à qui la feuille de vigne tient lieu de complet.

Autre silhouette de la maisonnée, Valvins étant un phalanstère en miniature :

Chapeau gris sur l'oreille, œil toujours émerillonné, barbe déjà blanche et fleur à la boutonnière ; un peu capitan et un peu commissionnaire en vin, — exquis au demeurant, — poète à son heure, hâbleur toujours, voici Gustave Mathieu, un autre habitant de ce petit Paradis terrestre qui a laissé un beau volume à la bibliothèque Charpentier : *Parfums, sons et couleurs,* et dont tout le monde sait le refrain si bien placé dans la jolie chanson du Gascon :

> Mon grand-père était rossignol,
> Ma grand'mère était hirondelle.

Mathieu, qui avait navigué et se croyait fermement pirate, avait des histoires de sa vie de corsaire, qui eussent stupéfié des navigateurs ordinaires. Jamais Provençal n'a menti avec un plus effroyable toupet, racheté par une verve vraiment poétique et admirable. Il vous contait les plus effroyables invraisemblances avec un ton de conviction sans réplique, presque menaçante, les yeux dans les yeux, semblant faire un appel désespéré à toutes les loyautés de son âme. Doué d'une imagination vive qu'il avait entretenue par un mépris professionnel de la vérité, il concevait sa profession de capitaine à bord comme ressemblant beaucoup à celle de conducteur d'omnibus. Il s'accusait très sérieusement, pour avoir rencontré deux ou trois fois Cochinat dans les brasseries où se tenaient des conseils d'amirauté, d'avoir fait la traite des nègres. Il chantait volontiers ses œuvres, et celles-ci n'y perdaient rien. Il s'en faut cependant qu'on le puisse comparer, comme chansonnier de la nature et poète bucolique, à Pierre Dupont qui a vraiment donné, dans l'art contemporain, une note impérissable dans le souvenir, mélodieusement virgilienne avec un sentiment naïf des êtres et des choses que je ne trouve avant lui que dans notre Lafontaine.

Mais je ne parle pas critique, ici. La silhouette de Gustave Mathieu s'encadrait à merveille dans ce décor de vie rustique, et son image avait, dans la rivière, des frémissements de spadassin prêt à dégaîner, dont la gent timide des grenouilles devait être certainement épouvantée. D'autant que, républicain enragé, il ne faisait pas bon demander devant lui des rois.

Mais l'orgueil de ce petit cénacle, disparu comme Mathieu, comme Dupont, le vrai philosophe de cette hospitalière maison, et son grand causeur était Toussenel qui, lui, vraiment, laissa une œuvre défiant le temps, une œuvre admirable de psychologue naturaliste. Merveilleux observateur des bêtes — comparable aussi à Jean Lafontaine par cela — il les connaissait par leurs vices et par leurs vertus, poursuivant leurs tâtonnements dans le monde obscur des pensées, incorruptible à la casuistique cartésienne qui prétend définir les bornes où l'instinct devient intelligence simple artifice de nomenclature, reste du mépris orthodoxe pour tout ce qui n'est pas l'homme.

Toussenel a écrit des merveilles sur l'état social des oiseaux ; moins poète que Michelet, certainement mais avec une invention et une pénétration mieux appuyées de faits, relativement plus scientifiques. Il avait gardé, de son passage dans le Fouriérisme, des locutions qu'il affectionnait et ne manquait jamais, par exemple, de caractériser mon goût pour la fantaisie en déclarant que « j'étais fortement titré en papillonne ! » Mais quel causeur merveilleux que ce Toussenel !

O cher coin de paysage ! Repli tranquille du fleuve bordé de joncs, près du pont désert, enfermant dans sa voûte la profondeur des horizons, les coulées d'argent de l'eau vers le gouffre rougissant du ciel ! Balancement rythmique des peupliers dans l'air, qui passe tout chargé des senteurs de la forêt voisine ! Là, les matins apportent encore la fraîcheur duvetée des brouillards, où l'esprit à peine réveillé cherche des formes comme dans un chaos prêt à se résoudre en splendeurs. Là s'effeuillent et roulent dans le fleuve les dernières roses du jour sous les doigts ensanglantés du couchant, et de blanches clartés stellaires se croisent dans le recueillement des infinis. Je veux croire que ces lieux ont cependant perdu un peu de leur âme avec les amis qui les ont quittés pour jamais, tant il nous est dur de penser que rien de nos joies et de nos douleurs n'a troublé, même un instant, l'impitoyable sérénité des choses.

XI

TIN TUN LING.

Ce cerait une grande erreur de croire que je ne m'intéresse pas aux choses de mon pays. J'ai même, tant sur la politique intérieure que sur l'extérieure, des idées tout à fait personnelles et réfléchies. Deux réformes principales constituent le fond de mon système : Au dedans, la substitution, aux bacheliers qui envahissent les charges publiques, de malfaiteurs à qui la remise de leur peine serait assurée s'ils s'occupaient sérieusement des affaires. Ce serait un moyen certain de relever le fonctionnariat. — Au dehors, le remplacement de la politique dite coloniale par des conquêtes imaginaires, dans des contrées n'existant pas, d'où nos soldats seraient censés revenir couverts de lauriers, tandis qu'ils auraient été simplement prendre les eaux, en bourgeois, dans quelque station balnéaire. Cela améliorerait certainement l'état de la santé des troupes, tout en donnant une satisfaction légitime aux goûts militaires de ce pays. Ainsi aurions-nous, à la fois, une bureaucratie studieuse et un journal officiel invariablement rempli de victoires, ce qui me paraît les deux conditions de bonheur essentielles à une grande nation. J'indique sommairement ces deux points pour prouver que je ne suis pas un impassible figé, comme on le pourrait croire, dans la poésie et les Laripétarades. Je suis, au contraire, un passionné de relations internationales. Ainsi la nouvelle qu'une paix définitive est signée avec la Chine m'a comblé positivement de joie. J'étais furieux d'être en mauvais termes, patriotiquement parlant, avec un peuple de l'Extrême-Orient dont la civilisation décadente m'est tout à fait sympathique. Si vous avez lu le *livre de Jade* ou simplement les traductions de *Li Taïpé*, vous estimez certainement comme moi qu'un pays où ont fleuri d'aussi aimables penseurs ne saurait être implacablement ennemi du nôtre. Car il y a infiniment d'esprit et de grâce mélancolique dans ces courts poèmes dont Judith Gautier nous a donné une si admirable impression.

Ainsi voilà qui est entendu. Nous ne sommes plus même en état de représailles (un état non prédit par les prophètes) avec ces excellents marchands de thé. Comme gage de nos intentions amicales et de notre confiance dans leur parole, nous avons établi de sérieuses garnisons là-bas. Nous y renvoyons même le colonel Herbinger, pour ne pas diminuer d'un seul homme.

l'effectif figurant sur les papiers ministériels. Nous pouvons répondre du nombre des boutons de guêtres, ce qui était, pour M. Lebœuf, le comble de la sécurité. Nous continuons, n'est-ce pas, à occuper des îles? Je sais mal la géographie, sauf celle des environs d'Asnières, pour laquelle je n'ai pas mon égal, sans excepter Cortambert ou Malte-Brun. Mais je suis logique dans mon ignorance volontaire, parce que, si j'étais le gouvernement je n'occuperais jamais militairement que des terrains fictifs.

Je me suis pourtant laissé dire que notre flotte continuait à bloquer un archipel, toujours pour affirmer à la Chine notre attachement distingué. Tout cela est bien, fort bien! Car je tiens, moi, à une paix durable et assise sur de sérieuses garanties. J'ajouterai donc mon idée personnelle à ces mesures préventives de tout retour offensif, en proposant la constitution d'un otage à Paris, choisi dans la colonie chinoise qui nous honore de sa présence, et je réclame cet honneur pour mon ami Tin-Tun-Ling, sur qui le gouvernement devrait mettre affectueusement la main. Alors nous n'aurions plus rien à craindre de la perfidie des Carthaginois de Pékin. Car la vie de Tin-Tun-Ling doit être d'autant plus précieuse aux hommes d'Etat de son pays que, si j'en crois la légende, il en a été mis à la porte avec tous les honneurs dus à un lettré de seconde classe ayant failli dans l'auguste carrière de pharmacien.

Mais pour justifier cette extrémité qui menace dans sa fleur de guimauve (un peu de couleur locale morbleu !) une aussi chère existence, — car, vous savez, malgré mon affection pour cet apothicairedéclassé, si le Fils du Ciel nous faisait quelque nouvelle canaillerie, je m'opposerais à toute mesure de clémence, et la mort de notre otage dans les plus cruels supplices serait un fait accompli (torturé par l'eau, le feu, les tenailles et la lecture des articles de M. Brunetière) — je veux esquisser cette physionomie à la fois exotique et boulevardière, crayonner ce curieux type, montrer l'étendue de la perte qui menace sa patrie et la nôtre.

Quel fumiste du pays des lacs bleus où nagent des poissons d'or avait adressé Tin-Tun-Ling, à un habitant de la rue Monsieur-le-Prince, n'ayant jamais existé? Peu importe! C'est bien le moins que des gens, aussi fantaisistes en diplomatie, le soient aussi dans la vie privée. Toujours est-il qu'il y a quelque dix-huit ans, et par une belle matinée de printemps, un homme portant une robe bariolée de fleurs et de chimères, une longue queue dans le dos et un parasol à la main, errait aux abords solitaires de l'Odéon, à la grande joie des jeunes polissons, arrêtant tous les passants, pour leur montrer une lettre sur laquelle un nom avait été écrit. — Encore un sourd-muet! Est-ce qu'ils vont porter un uniforme, maintenant? disaient avec humeur les passants, et aucun ne prenait seulement la peine de lire. Un seul, plus charitable, comprit que le malheureux demandait qu'on le conduisît à la demeure indiquée sur l'enveloppe. C'est là qu'éclata l'excellente plaisanterie du fumiste du pays des lacs bleus que traverse le vol blanc des cigognes! La rue Monsieur-le-Prince a une trentaine de numéros, soit dit sans offenser l'amour-propre citadin de Saint-Saëns, qui l'habite, et la lettre envoyait Tin-Tun-Ling au 169. On interrogea néanmoins tous les concierges, et il fut bientôt acquis que le nom du quidam, à qui le chinois était adressé, était aussi chimérique que son domicile.

Que faire du vagabond de l'Extrême-Orient? Le passant charitable, qui dînait, ce soir-là, chez Théophile Gautier, eut l'idée géniale d'y amener l'abandonné. Le grand poète adorait tous les animaux, comme le savent ceux qui l'ont connu, et aussi les lecteurs de ce chef-d'œuvre un peu méconnu qui s'appelle: *la Ménagerie Intime*. Il trouva immédiatement une place pour le proscrit, entre son chat Enjolras et sa chatte Eponine, celle-là qui le veilla dans sa dernière maladie et ne le voulut quitter que mort. Tin-Tun-Ling se trouva subitement adopté, et, comme l'auteur d'*Emaux et Camées* ne pouvait pas lui demander décemment des leçons de pharmacie, il le chargea d'apprendre le Chinois à l'aînée de ses filles. Ainsi les lettres lui doivent-elles ce beau livre du *Dragon impérial* que Flaubert estimait pour une des merveilles de ce temps.

Consacré professeur, après avoir été droguiste, Tin-Tun-Ling se répandit comme grammairien. J'eus moi-même l'honneur d'être son élève. De tout ce qu'il m'apprit je ne me rappelle que deux choses : « Je vous aime » se dit dans sa langue : « *Yo roan si* » et pour obtenir des pommes de terre à table il faut dire « *Rolinch ou* ». Je crois d'ailleurs que je ne tins pas à en savoir davantage. Mes goûts personnels trouvaient une satisfaction complète dans ces deux formules. Elles m'assuraient le vivre et... le reste, comme dit pudiquement La Fontaine. — « *Yo roan si!* » répétais-je, et déjà je voyais en rêve de délicieuses petites magotes aux pieds de naines, aux sourcils circonflexes, aux lèvres peintes de carmins violents, enveloppées dans des robes à ramages aux cassures soyeuses, me sourire en jouant de l'éventail et m'appeler dans les jonques qu'emporte le fleuve où se mirent les toits retroussés des pagodes. De grands courlis battaient l'air autour de nos tendresses et de monstrueux carpillons, dorés et à babines de chimères, se détendaient comme des arcs à la surface de l'eau ensanglantée par le couchant. — « *Yo roan si!* » je vous aime ! Et comme mon esprit, toujours battu de tempêtes, aspire à un port que ne lui ont pas donné nos institutions européennes, je me voyais entouré d'une postérité de magotins exquis, enfouis dans de grandes culottes, gais comme de jeunes canards, babillards comme des pies, qui me regardaient, étonnés, dire à la mère de mes futurs enfants : « *Yo roan si!* » je vous aime ! — Et morbleu ! Celui qui sait dire cela dans toutes les langues est le plus grand savant de l'humanité, n'en déplaise à la vaine érudition des décrotteurs de dictionnaires ! Quant à celui qui le prouve, chapeau bas, messeigneurs !

Un des incidents remarquables qui traversèrent la vie de Tin-Tun-Ling à Paris fut son procès en adultère. Si j'ai bonne mémoire, ce fut la femme d'un fruitier qu'il enleva, et avec laquelle il s'en fut vivre dans un autre quartier. Le fruitier, qui avait le cantaloup rancunier, et, de plus, besoin de sa femme pour l'aider à voler ses clients, alla conter sa peine au parquet. Bien lui en prit ! M. le Substitut qui n'avait rien à faire, l'autorisa à aller déranger M. le Commissaire. Bien que fort occupé, M. le Commissaire consentit à aller en personne déranger les deux amants. En vain, Tin-Tun-Ling embrassa les genoux du magistrat en lui caressant le nez du bout de sa longue queue, ce qui est vraisemblablement, en Chine, le comble de la supplication. En vain, la coupable marchande des quatre saisons tenta de corrompre le représentant de l'autorité par l'offre d'un cent de pêches de Montreuil. La justice suivit inexorablement son cours. Mais à l'audience, M. le Substitut, qui ne s'attendait pas à pareille besogne, trouva à qui parler en la personne d'un jeune avocat qui l'accabla positivement de sa parfaite connaissance des mœurs chinoises. Quand on en vint à la description du mobilier emplissant la chambre commune des deux prévenus, on y constata la présence d'un excellent lit pour deux. Sourire de triomphe de M. le Substitut. — Mais y avait-il une natte de paille mise à terre demanda impérieusement le jeune avocat. — Non! dut avouer le substitut. — Eh bien, répondit victorieusement son adversaire, « tout le monde » sait que les Chinois ne couchent que sur des nattes.

M. le Président qui ne voulait pas passer pour plus ignorant, à lui tout seul, que *tout le monde*, opina de la toque, et ses deux voisins l'imitèrent sans se réveiller, tant est grande l'entente de la justice en France et son sentiment parfait de la hiérarchie. Le fruitier lui-même, abasourdi d'apprendre qu'en Chine les cocus ne poussaient, comme les melons, que sur la paille, ouvrit ses deux mains d'un geste désarmé. L'innocence de

Tin-Tun-Ling et de la fruitière fut proclamée par un arrêt motivé. Le public leur fit une ovation sympathique à la sortie, tandis qu'il conspuait le mari débouté. Quand ils passèrent, rue de l'Echelle, devant la statue de Jeanne d'Arc, la foule entonna pour eux un hymne où la chasteté était exaltée par dessus toutes les autres vertus.

Gautier mourut (*nec sit mihi credere tantum!*) et la vie de Tin-Tun-Ling devint errante à travers la grande cité.

Mais ceux qui l'avaient rencontré dans la demeure du poète lui gardèrent, sinon une amitié, un souvenir affectueux comme à tout ce qui a touché à une vie regrettée, comme aux moindres reliques vivantes d'une existence à jamais pleurée. La véritable raison d'être de ce Chinois curieux avait disparu avec le grand artiste qui en avait fait, un moment, sa chose, un meuble de sa maison, un lambeau du décor où rayonnait son génie. C'est ce rayon de gloire tombé sur la tête de Tin-Tun-Ling que je ferais valoir à l'empereur de Chine pour lui montrer le prix de l'otage que nous gardons en gage de sa fidélité à la paix qu'il vient de signer. A la moindre trahison, les plus abominables supplices! Je proposerai d'asseoir Tin-Tun-Ling sur le paratonnerre des Invalides. Ça sera suffisamment cruel tout en lui rappelant, avec une pointe d'ironie et d'acier, sa première profession. Car notez que Tin-Tun-Ling, comme l'a fait observer judicieusement son avocat, est habitué à reposer sur des nattes.

Je donne mon idée pour ce qu'elle vaut. J'en ai comme ça trois cent soixante-six par an, même quand les années ne sont pas bissextiles. Une de plus que feu M. de Girardin. Et je ne parle que de mes idées de jour !... Enfin le gouvernement fera ce qu'il voudra. L'essentiel est que la paix demeure entre gens faits pour se comprendre. Nous devrions un peu croire sur les deux races, comme les gens d'Albe et de Rome. Qu'on nous expédie quelques Chinoises aux pieds de naines. — « *Yo roan si!* » je vous aime! Et nous aussi, nous ferons quelques sacrifices. Nous expédierons là-bas un bon lot de vieilles actrices dont Paris a vraiment assez.

XII

RUGGIERI.

Je n'ai jamais rencontré Ruggieri, bien qu'il ait été presque constamment mon voisin sur les hauteurs de la place Blanche. Mais son nom seul m'était, dans l'esprit, comme un rayonnement de joies anciennes, comme une évocation d'impressions lumineuses et douces. Ruggieri ! C'était comme un flamboiement de lettres mystérieuses dans mon cerveau. Je revoyais les fêtes d'antan terminées par l'éblouissement sonore des feux d'artifice, les gerbes d'étincelles montant dans la nuit à la rencontre des astres, les faux soleils s'éparpillant en poussière d'or, les pluies d'étoiles rouges et bleues balayées dans l'air par d'invisibles courants, les bouquets s'élargissant en lis enflammés, tout ce spectacle magnifique pareil à l'envolée d'une constellation prisonnière. Car un homme symbolisait pour moi toutes ces splendeurs, celui dont les journaux viennent de me dire la mort et pour qui vibre, en moi, un éclair de reconnaissances lointaines, lointaines et vagues. Car, avant d'aimer si passionnément les choses de la nature que les plus beaux spectacles ne

valent plus, pour moi, le moindre coin de paysage
tranquille, nulle musique, la chanson de l'eau
qui passe entre les joncs comme un souffle entre
les cordes d'une lyre, nul dialogue celui des
arbres chuchotant dans le vent du soir, je con-
sacrai mon enfance et une bonne partie de ma
jeunesse aux badauderies les plus effrénées, ne
manquant aucune solennité foraine, me grisant
aux concerts de cuivre des saltimbanques, atome
nécessaire de toutes les foules, enragé de plaisirs
populaires et bruyants. Les ai-je tous assez connus, les héros du roman comique que le retour
des dates patronales promène dans la banlieue,
derniers fils de Thespis emportés par les chariots
aux essieux gémissants, hôtes des maisons rou-
lantes dont un bouvreuil en cage égaie les petites
fenêtres, mélancolique dans un enchevêtrement
de capucines, ceux que Rabelais appelait « les
crieurs de saulce verte » et dont j'ai longtemps
poursuivi la vie errante d'un rêve obstiné. En
plongeant, comme dans un brouillard d'aube,
dans les limbes innocents et comme crépuscu-
laires de mes premières tendresses, j'y trouve
l'image d'une écuyère du cirque Loyal pour qui
je fis mes premiers vers entre deux pages de l'*Epi-
tomé*. Moins entreprenant que le malheureux
Brisebard, je réfléchissais au moyen de les faire
parvenir ingénieusement à leur adresse, quand
mon père, qui était aussi mon maître, les décou-
vrit. En fait de bonne fortune, ils me valurent

deux cents vers à copier, des vers de Virgile. Ce succès me voua pour jamais au culte des muses et de l'amour.

Oh ! les magnifiques journées de flânerie, sur les grandes places ou sous les quinquonces municipaux, dans le brouhaha des chevaux de bois, des manèges en plein vent, des acrobates paradant, des somnambules extra-lucides et des escamoteurs aux manches relevées, dans l'arome nourrissant des beignets et dans la musique des mirlitons ! C'était une griserie complète de tous les sens, un papillottement de maillots constellés de clinquant dans les yeux, une escalade de plaisirs furieux dans l'esprit. Mais tout cela se ralentissait vers sept heures, saluant d'une dernière et charivarique fanfare le déclin rouge et tranquille du soleil descendant les marches pourprées de l'horizon. Un immense regret de tant de joies précipitées, d'un seul coup, dans leur abîme annuel, me prenait, en même temps qu'une fatigue considérable faite du piétinement obstiné dans la cohue, de l'ascension des planches cédant sous le poids des foules, des efforts pour fendre ce flot vivant et se délivrer de son innombrable étreinte. Ce n'était pas la mélancolie douce qui suit les ivresses sereines, mais quelque chose comme l'abattement qui succède aux fièvres. Cependant le soir massait ses ombres dans les carrefours comme pour une embuscade silencieuse ; des brises balayaient l'haleine tiède des fritures : seuls, quelques orgues gémissaient encore sous les croisées s'illuminant une à une. Cette impression de nuit prochaine me réveillait. Elle me rappelait que je n'avais pas tout vu. Le nom de Ruggieri n'était-il pas sur les affiches ? Et j'attendais, anxieux, j'attendais la première bombe rompant le faux recueillement des hommes et des choses, montant et crevant dans les ténèbres et saluée par une explosion de hurrahs ! La première bombe se reflétant le plus souvent dans les eaux de la Seine et de la Marne et semblant y descendre, un imperceptible clapotement indiquant seul la place où se refermait, dans l'ombre, ce double arc lumineux dont un des bouts posait sur le rivage. Et puis, c'était un crépitement de poudre scandé par de lourdes détonations, un effarement de bruits se croisant et de feux se heurtant, et des panaches d'étincelles pendant au bout de panaches de fumée, et des tournoiements éperdus de poussières embrasées ; enfin la majesté des édifices symboliques s'éclairant, architectures fragiles s'effondrant dans le rapide embrassement des ombres.

Ce spectacle est d'une solennité singulière et

je ne sais pas de contraste plus vif que celui qu'il présente avec les banalités diurnes qui ont coutume de le précéder. Il m'a toujours rempli d'une rêverie à la fois inquiète et douce. Un mystère éternel ne gît-il pas dans le feu, cette conquête des antiques Prométhées ? Nous le retrouvons, si haut que nos regards se lèvent, rayonnants dans les monotomes infinis. Immatériel, il jaillit, comme l'âme, des accidents de la matière. C'est le dangereux compagnon de nos pensées. En lui est une part du secret de la vie, impossible sans sa chaleur, inacceptable sans sa clarté. Les peuples qui l'ont adoré me semblent les plus raisonnables des idolâtres. Dans la grâce même de ses jeux est je ne sais quoi de redoutable. J'en ai souvent senti l'émotion devant les merveilles des artificiers, dont quelques-uns — celui entre tous, qui m'inspire ces lignes — ont été de grands artistes. Il est certains états de l'âme où cet effet grandit jusqu'à une exaltation douloureuse... Il y a longtemps de cela, car c'était pour un 15 août et en l'honneur d'un Napoléon que chantait la poudre ! Au sommet de l'Arc de Triomphe, c'était comme un incendie furibond dans une fumée rouge que traversaient des éclairs. O bras aimé qui t'appuyais sur le mien, n'en as-tu pas senti les tressaillements ? Il me semblait que chaque coup de canon secouait mon cœur dans ma poitrine, comme un arbre auquel pend un fruit lourd et tenace. Car tel je sentais mon amour, si fortement attaché au plus haut et au meilleur de mon être, si bien fait de toutes mes sèves, qu'il me semblait que rien ne l'en pût faire tomber jamais, inerte et desséché. O chère et déjà lointaine amie, c'est de mon cœur que montaient, de mon cœur douloureux et déchiré, brûlant et s'ouvrant, que s'élevaient vers les lieux inconnus de ton Rêve, dans la nuit profonde de la Pensée, toutes ces gerbes de lumière se brisant aux voûtes d'un invisible firmament et retombant comme un vol d'oiseaux blessés !

Ainsi, la nouvelle de la mort de Ruggieri m'induisit en souvenirs d'autrefois et en méditations inattendues souvenirs et méditations pleins de gratitude pour l'ami inconnu dont les belles inventions pyrotechniques avaient éveillé en moi des mondes d'impressions et de pensées. Et, comme je m'abîmais dans les routes obscures du passé, la nuit vint, cette nuit d'avril que traversèrent les premiers souffles printaniers après le baiser de neige des pruniers en fleurs. Le ciel était d'un bleu limpide et profond où le regard plongeait. Un scintillement d'étoile cligna comme d'une paupière d'argent dont les cils tremblent dans une larme. Bientôt un à un s'ouvrirent tous les yeux que l'infini nocturne, comme une bête monstrueuse, darde sur nous, regards chargés d'amour ou chargés de colère, mais impassibles devant nos désirs et devant nos détresses. Les constellations se groupèrent suivant les rites éternels, dessinant d'immuables formes sur l'azur sombre. Quelques feux rayèrent la nue de leur chute. Quel feu d'artifice là-haut, où vont peut-être les âmes, quand le soir les délivre de ce vacarme de saltimbanques, de charlatans, de chienlits politiques, de paradeurs en plein vent et d'académiciens de basse-cour qui font de ce monde une foire abominable aux yeux et aux oreilles des honnêtes gens !

XIII

SARAH LA DOMPTEUSE.

I

A Eumène Queillé.

C'est un fait certain que le théâtre se meurt, que le théâtre est mort en France. Qui se passionne aujourd'hui pour les drames des plus habiles ? La Comédie-Française elle-même ne sait où donner de la subvention, tourmentée tout ensemble de rajeunir son répertoire et de demeurer fidèle au grand art. L'ombre empoisonnée de Wagner, le mancenillier teuton, étouffe notre musique nationale. L'opérette agonise, Dieu merci ! Rien ne nous annonce d'ailleurs ni un Molière ni un Corneille.

En revanche, une grande curiosité s'obstine à ce qui touche au spectacle sans être précisément du théâtre. Le temps est beau pour les montreurs de bêtes, dans la vie comme dans la politique, et pour les acrobates et pour tous les « crieurs de sauce verte », comme les appelait Rabelais en son temps joyeux. Un vrai poète a fort habilement exploité, il y a quelques mois, ce dégoût du public pour les acteurs véritables et les comédiens en chair et en os. Il a confié à de simples marionnettes l'interprétation d'un drame en vers magnifiques. Georges Sand avait donné la formule audacieuse, en confiant aussi à des poupées l'épreuve de ses plus nobles pièces, sur la minuscule scène de Nohant. Un esprit charmant, Duranty, un critique d'art exquis, avait composé autrefois pour le grand Guignol des Tuileries une série d'ouvrages pleins d'humour. Enfin, avant Mme Sand, avant Duranty, avant le noble poète Maurice Bouchor, dont le Tobie a été le plus grand succès de cet hiver, Nodier avait hautement avoué son goût pour le théâtre des marionnettes, et les Champs-Élysées l'ont vu souvent assis, parmi les bambins, devant l'estrade où Polichinelle assommait le commissaire, exemple dont la morale publique ne saurait que profiter.

Moi, c'est les saltimbanques qui m'attirent, et les cirques en plein vent n'ont pas eu de plus grands fervents que moi. Tout enfant, j'avais fui la maison paternelle pour suivre une délicieuse écuyère du cirque Loyal. J'avais bien dix ans et elle en avait peut-être douze. Paul n'aimait pas plus virginalement Virginie. J'ai conté cette aventure dans une de mes chroniques, et cette fantaisie m'a valu d'apprendre trente-cinq ans après, ce qu'était devenue celle qui demeurait, dans mon imagination une princesse de féerie. Devenue directrice du plus grand établissement hippique provincial, elle vient de marier son fils avec la fille du dompteur Bidel, et j'ai été invité au mariage. Il y avait des centaines de mille francs dans les corbeilles. La « banque » — le mot est consacré — a son aristocratie d'argent et de noblesse.

Mais pour un de ceux-là qui fait fortune combien demeurent les derniers fils du Juif errant! C'est à ceux-là que je m'intéresse avec une passion et une fantaisie vraiment extraordinaires. Je ne sais quoi de paternel bat en mon cœur pour ces nomades, pour ces chevaliers errants du dernier rêve, pour ces coucheurs à la belle étoile, lutteurs qui ont gardé le culte sacré d'Hercule parmi mes rachitiques contemporains, filles en maillot qu'un reflet de l'antique nudité me fait pareilles aux nymphes fuyant sous les saules, race de nécromans et de faux magiciens dont le sang noir des races tziganes bronze le visage éclairé de deux yeux diaboliques, fils de bohême qui vivent sous un lambeau de ciel et meurent au bord du chemin. Et le fantôme de Bobèche qui poursuit un papillon de papier s'acharnant à sa perruque! Tout ce petit monde misérable et bruyant, autour duquel frémit le cuivre et mugit la peau d'âne, a pour moi un charme que je n'ai jamais pu définir, manie de collectionneur en même temps que caprice d'artiste, et qui a meublé ma mémoire d'un tas d'aventures suburbaines dont une des plus tragiques revivra dans le souvenir que je vais lui donner.

II

Comme tous les ans, cette année-là, la fête de Neuilly s'étalait dans toute la longueur de l'avenue bordée de maisons qui commence aux nuptiaux ombrages de Gillet pour se terminer à la rue de Longchamps, qu'illustre la dernière demeure de notre grand Théophile Gautier, et dont Arsène Houssaye, mon maître, comme moi fidèle aux anciennes tendresses, n'a pas oublié le chemin. Je n'y manque jamais mon pélerinage à l'époque où l'âme des premières frondaisons et des premiers chants d'oiseaux semble faite de l'âme même du poète. Pour un explorateur vulgaire, cette solennité foraine présente le même caractère depuis son institution, laquelle remonte très haut dans les glorieuses annales des artistes en plein vent. Mais pour un passionné comme moi, l'impression n'est pas la même. Je compare et je me souviens. Je suis les oscillations de ce mobile métier. Ainsi certaines industries se meurent et d'autres pullulent, comme je l'ai curieusement constaté. La femme colosse, objet de mes encens adolescents, n'est plus qu'un mythe, un rêve d'Orient envolé dans la fumée d'une cigarette. Un vrai sultan, un pacha consciencieux ne donnerait pas quatre sous des pauvres efflanquées qu'on nous montre sous ce nom. Ces dames ont certainement obtenu leur menteur brevet avec des poids de carton. Fi! la fâcheuse supercherie !

En revanche, les ménageries font florès. C'est un long rugissement de lions entre la barrière et la Seine, et dont s'épouvante les pauvres rosses des fiacres traînant des demoiselles qui se consolent en jouant du mirliton, de ne pas avoir eu de prix de piano au Conservatoire. Je commence à me convaincre qu'après une longue hésitation les lions se sont décidés à se reproduire en captivité. Ça leur passe le temps, et peut-être un jour, grâce à ces boutures animales, pourrons-nous repeupler le désert, qui a perdu tout caractère depuis les scandaleux travaux de Gérard, de Bombonnel et de Pertuiset? Car c'est un crime d'avoir tenté de supprimer de la création cette noble bête pour quelques méchants Arabes qu'elle grignote, du bout des crocs, et qui ne sont nullement nécessaires à l'harmonie plastique des mondes, ce à quoi il faut penser avant tout. Car le jour où la beauté aura disparu de nos regards, l'homme ne sera plus que le bacille misérable d'une planète qui n'est elle-même qu'un atome, mais un atome pensant, dans le torrent des infinis sans cesse transformés. *Di avertant omen!* En attendant, qu'on nous garde le lion, qui porta jadis sur ces flancs le corps de neige d'Ariadne.

A moins cependant que le roi des animaux n'entre décidément dans la domesticité bourgeoise ce qui ne me paraît pas impossible, étant donné le degré de docilité où l'amènent les dompteur d'aujourd'hui. Faire ouvrir la porte à un huissier par une de ces bêtes africaines me semble une fantaisie digne d'un bon gentilhomme, et qu'Aristide Froissart, d'ailleurs, de joyeuse mémoire, eut avant moi. Le dompteur, à de rares exceptions près, reste cependant pour moi un être inutile et même pénible. Je suis de l'avis de Sully-Prud'homme qui, dans un des beaux sonnets qu'il faisait quand il était du bon côté de la porte de l'Académie, celui du plein air et non celui du dôme, s'est plaint :

Qu'on osât outrager la majesté des bêtes,

en faisant toutefois une exception en faveur des bêtes humaines, auxquelles je ne trouve vraiment aucune majesté.

III

J'avais donc, tout à mes observations professionnelles de chroniqueur par amour, parcouru deux fois, dans toute leur longueur et de chaque côté du trottoir, les rangées de baraques qu'interrompent seuls les tournoiements de chevaux de bois, m'arrêtant aux stations obligées de tout badaud consciencieux, devant les arènes athlétiques de Marseille jeune (en voilà un dont la jeunesse dure longtemps !), devant le théâtre Cocherie, qui a l'importance d'un ministère et qui aurait le droit de réclamer un secrétaire d'État ; devant le théâtre actuellement dirigé par Becker, qui a eu tort de renoncer à la pantomime dans laquelle il était en passe de devenir un petit Debureau. Je cherchais, je l'avoue, quelque chose. Quelque chose ? Non. Quelqu'un ! Une dompteuse de serpents dont les façons originales et l'allure étrange m'avaient intéressé depuis deux ans. Brune, élancée, avec des jambes de Diane et je ne sais quoi de farouche dans l'irrégularité charmante des traits, la belle Sarah n'avait pas sa pareille pour enrouler, autour de son cou, d'énormes reptiles et pour amener leurs petites têtes plates et sifflantes jusqu'à ses lèvres, que ne contractait aucun frisson de dégoût et qui continuaient à sourire. Peut-être les gourmandes bêtes prenaient-elles les dents de leur maîtresse pour des gouttes de lait.

Bien, au contraire, la belle Sarah semblait effectuer ses exercices avec un certain plaisir, prenant des poses plastiques, et pleine de sérénité pour les accomplir, et composant de vrais groupes à la Laocoon avec ses monstrueux élèves dont les lourdes écailles d'argent glissaient, le long de son corps, avec un frémissement d'armure Telle Jeanne d'Arc dépouillant la cotte de mailles qu'une flèche avait déchirée, laissant un sillon de sang sur sa route.

Elle avait aussi, dans sa collection, des singes, et l'un de ces drôles était si amoureux d'elle qu'il lançait des assiettes à la tête des imprudents venus trop près de sa platonique maîtresse. Ce singe, gardien vigilant de la vertu d'une femme, m'avait souvent fait rêver. Voilà un animal utile à propager dans notre société, même de préférence au lion. Donc je cherchais et je désespérais, car j'avais bien vu le nom de la belle Sarah prostitué sur bien des enseignes, mais non pas porté par la créature troublante dont le souvenir me hantait encore. Ceux qui aiment vraiment les femmes — et je les plains de tout mon cœur — se trompent rarement dans l'instinctive tendresse qui les porte vers quelques-unes. La vérité est que les destinées se lisent, non pas dans les mains, mais sur les visages. Je n'en veux pour preuve que la dramatique histoire qui me fut contée, sur Sarah, par une façon de vieux pitre connaissant à merveille tout ce monde forain et que j'ai élevé à la dignité d'ami. Découragé, je finis, en effet, par l'interroger sur l'absente qui me tenait presque au cœur, et voilà ce qu'il me narra dans un français pittoresque auquel je ne me crois pas obligé de demeurer absolument fidèle.

IV

J'avais deviné juste : cette Sarah n'était pas une fille comme une autre, ou, du moins, comme les autres filles du même métier. Élevée, comme toutes ses pareilles, dans une certaine promiscuité crapuleuse, elle n'en avait pas paru souillée. Mieux encore que le macaque épris de ses charmes, une certaine fierté d'âme l'avait défendue, une certaine fierté et le mépris des brutes parmi lesquelles elle était condamnée à vivre. Exploitée par un vieil impresario de carrefour, qui ne faisait pas grande attention à elle, pourvu qu'elle fît consciencieusement recette, elle avait rebuté tous les goujats qui lui avaient fait une manière de cour et ri au nez de quelques messieurs qui lui avaient offert un ou deux louis pour dix minutes de rendez-vous.

Elle n'avait pas seize ans d'ailleurs, et il était visible que les sens dormaient encore, en elle, leur lilial sommeil. Il y avait — pour ne la pas rehausser plus qu'il ne convient — beaucoup d'enfantillage dans son inconsciente vertu ; car ne vous imaginez pas, au moins, une vierge farouche ! Elle riait, comme une autre, d'une grossièreté jetée dans l'air et aimait trinquer avec un verre de vin bleu. Quand on porte toute la journée un maillot qui simule la nudité paradisiaque jusqu'au ventre et que peuvent pincer, en gravissant l'estrade qui crie, tous les malotrus, à l'heure du spectacle, on serait mal en droit d'avoir l'air d'une demoiselle élevée sur les genoux austères de Mme Campan. Elle avait ce rire voyou des demoiselles de barrière ; mais ce rire, presque bestial ne lui montait pas jusqu'au front qu'éclairait une fleur presque aristocratique de rêverie. Étrange créature comme je vous ai dit, et qui faisait prévoir mille bizarreries du Destin.

Ce qui demeure typique, dans sa légende, c'est qu'elle n'avait jamais eu d'amant et ne paraissait pas en souhaiter. Ce fut, du moins, ainsi jusqu'à l'hiver dernier, où elle rencontra, à Toulouse, en pleine floraison grisante des violettes, l'homme qui devait lui apprendre ces douloureuses joies dont on vit toujours et dont on meurt quelquefois.

Inutile d'ajouter qu'elle était là en représentation foraine, achevant sa tournée d'hirondelle, avant que le printemps la ramenât sous les ombrages à peine verdoyants du cours de Vincennes, première étape des artistes en plein vent dans leur promenade autour de Paris, et ne se doutant guère que c'était là que l'attendait la fatalité.

. C'était un soldat du génie, un simple soldat de vingt ans, qui n'avait rien de bien héroïque dans l'aspect, mais dont les yeux d'un bleu clair reflétaient un mélange de douceur et de fermeté, un petit soldat, pareil à tous les autres, pour qui ne l'eût pas bien regardé. Il possédait quelque éducation et était empreint de cette timidité avec les femmes qui est le privilége incommode de ceux qui les aiment le mieux. Sans avoir d'expérience, celles-ci devinent cependant souvent ce que cette jobarderie apparente cache de vraie passion. Ç'avait été le cas de la belle Sarah. Leurs doigts s'étaient rencontrés seulement quand, fidèle à toutes les séances, il déposait, en sortant, ses six sous dans la main de la charmeuse. Leurs yeux s'étaient rencontrés et ç'avait été dit. Un jour, avant l'heure de la représentation, elle en désordre et les cheveux sur les épaules, ils s'étaient rencontrés comme par hasard, sur la promenade, et ils avaient marché longtemps, à côté l'un de l'autre, sans se parler.

Ce n'est pas pour les pauvres clercs que sont faites les idylles. Ils avaient tout de suite parlé de l'avenir, comme ceux qui savent leur amour immortel. Quand il quitterait le service, son congé fini, elle abandonnerait ses reptiles, et ils vivraient ensemble, bien loin, dans son pays à lui, où il y avait de quoi manger pour deux en travaillant. Ils avaient, l'un et l'autre, les larmes aux yeux en se séparant, mais elle lui promit de le revoir, le spectacle fini, à onze heures. Le patron se couchait sans s'inquiéter d'elle, et ils auraient un bon bout de temps à eux pour se répéter toutes ces douces choses. Il emporta le ciel dans son cœur en la quittant, marchant, comme un homme ivre, dans la senteur des premiers bourgeons crevant l'écorce mouillée et dans la chanson des moineaux s'abattant à terre pour y boire le soleil.

De son côté, la pauvre enfant ne trouva jamais la représentation si longue. C'est avec une sorte de colère impatiente qu'elle fit tous ses exercices, brutalisant pour la première fois ses boas étonnés et les tordant autour d'elle avec une sorte de rage fiévreuse. Les petits yeux de ceux-ci jetaient des flammes, et leurs langues fourchues dardaient, dans l'air, des petites flèches noires. Le singe qui avait coutume de la défendre la regardait, anxieux, le poil du dos hérissé, et faisant claquer ses dents sous ses babines pendantes, comme des noisettes qu'on casse. Enfin la dernière séance s'acheva ; l'heure sonna, tant attendue, et l'impresario, après avoir compté deux fois l'argent, pour ne se pas tromper, se retira en grognant, comme tous les soirs, dans la grande voiture verte à laquelle la tente était appuyée, et que fleurissait un serpentement emblématique de volubilis fermés par la nuit. Elle demeura dans la baraque, comme pour y ranger quelque chose.

V

Roméo fut bientôt près de Juliette. Il entra même avec tant d'impétuosité qu'il fit choir la lampe posée encore sur la grande caisse où le maître venait de compter ses deniers et où les reptiles dormaient déjà sous des couvertures. Mais que leur importait l'obscurité ! Ils portaient dans leurs yeux des étoiles aux lumières aimantées. Ils furent bien vite dans les bras l'un de l'autre, et après cette première étreinte où se confondirent un instant leurs âmes, elle le repoussa très doucement, et tous deux s'assirent côte à côte sur un banc, tournant le dos à la boîte des serpents.

Faut-il répéter les mots qui leur vinrent aux lèvres ? Malheureux qui ne les retrouve dans sa propre mémoire ! Faut-il redire les caresses timides et brûlantes qu'ils échangèrent dans le silence ? Plus malheureux celui qui n'en sent le frisson sur sa propre bouche ! Leurs bras s'étaient de nouveau enlacés ; ils étaient poitrine contre poitrine, haletants, éperdus, mêlés.

— Ah ! que ne pouvons-nous mourir ainsi ! dit-elle dans un soupir.

Un étouffement la prit, et elle sentit, contre son cœur, un râle. Leurs deux têtes se renversèrent subitement en arrière, tandis qu'un même nœud serrait leurs deux cous et qu'une chair lourde et flexible, écrasant leurs échines, enveloppant leurs jambes enlacées, faisait claquer leurs os et broyait leurs chairs confondues. Leur dernier soupir s'exhala dans le même souffle, comme elle venait de le souhaiter, et ce fut une masse inerte, sans nom, sans forme, qui demeura à terre, toujours pressée par d'inflexibles anneaux.

Tout cela s'expliquait d'ailleurs le plus simplement du monde.

La lampe, en tombant sur la caisse, y avait mis le feu avant de s'éteindre elle-même, et sans qu'ils s'en fussent aperçus. Le bois avait brûlé lentement, noircissant, et s'étoilant seulement çà et là de points rouges s'élargissant ; puis les couvertures avaient commencé aussi à se consumer sans flamme, sans crépitement, en tisonnant sous de muettes étincelles. Cette chaleur inattendue avait rendu aux reptiles délivrés toute leur vigueur, et c'était le boa constrictor, le plus gros de la ménagerie, celui que la belle Sarah avait maltraité une heure auparavant, qui se vengeait en l'étouffant dans les bras de son amant et sans se douter qu'il réalisait, pour elle, le plus admirable des rêves.

Une forte odeur de roussi finit par réveiller le patron, qui accourut en maugréant. Il ne vit rien tout d'abord, dans la tente obscure et pleine de fumée, qu'un prisonnier enchaîné, qui s'agitait en poussant des petits cris douloureux.

C'était le singe qui pleurait. La belle Sarah n'eut pas d'autres larmes.

XIV

JASMIN.

Le dernier troubadour

S'il est vrai que la Touraine soit le jardin de la France, l'Agenais en est certainement le verger, verger plein de roses aussi bien que de fruits savoureux. Car si les prunes d'Agen sont célèbres pour leur chair ferme et parfumée, ses pêches aux beaux reflets d'ambre velouté et ses raisins d'un sang presque noir ne méritent pas une moindre renommée. C'est un pays aimé du soleil, un des coins les plus charmants de notre admirable France, un des points les plus intéressants du beau paysage qui sépare l'Anglaise Bordeaux de la Romaine Toulouse. Avec son beau ciel, ses arbres éclatants, son abondante et gracieuse nature, Agen eût pu certainement se passer de gloire. La gloire lui est venue cependant par surcroît, puisque Agen fut la patrie d'un grand poète.

Un des compatriotes de Jasmin, habile poète lui-même, M. Boyer, vient de donner, chez Havard, une superbe édition en quatre volumes des œuvres de Jacques Jasmin. Avec une piété digne d'éloge il a classé ses poèmes, a recherché les plus obscurs et leur a fait une place, et, dans une préface très intéressante, a présenté à nouveau cette physionomie attrayante de véritable enfant du Midi. Ce beau livre m'est une occasion naturelle de réveiller la mémoire d'un artiste vraiment considérable et dont l'indifférence, sinon l'oubli, menaçait le nom, avant cette restauration éclatante. Jasmin mérite qu'on se souvienne de lui ailleurs que dans le pays où les vieux l'appellent encore « Moussu Jassémin ». Il est vraiment grand par l'invention, d'un instinct dramatique admirable; et puis, avant Mistral et Roumanille en Provence, il a fièrement parlé la langue natale, l'assouplissant aux grâces de sa fantaisie bucolique, la faisant virgilienne au besoin, quand il ne lui donnait pas l'ampleur héroïque nécessaire aux beaux élans de l'épopée. J'estime fort cette fidélité à un idiome qui n'est nullement, comme les sots affectent de le croire, une révolte contre l'immortelle langue de Bossuet et de Corneille, mais où s'affirme un beau sentiment de patriotisme local. Or, chez ceux qui aiment vraiment la terre maternelle, le grand patriotisme, celui qui pousse les fils d'une même race aux frontières envahies, est fait de tous ces patriotismes-là. Je ne connais pas assez la langue de *Mireille* pour la rapprocher de celle de *l'Aveugle*. Mais j'ai pu juger des ressources merveilleuses de cette dernière et ne puis que louer Jasmin de lui avoir élevé un monument.

En son temps cependant déjà l'Université despotique faisait une guerre méprisante aux patois. Elle rêvait l'unification des idiomes provinciaux en un seul langage bien imprégné de latin et de grec. Elle avait raison si ce beau sceau d'origine antique eût dû être indélébile. Mais on sait ce que les jeunes maîtres, même ceux qui sont sortis d'elle, ont fait de ce qui faisait la grâce de Racine et la clarté de Voltaire. Le plomb germanique semble avoir alourdi nos belles phrases ailées, qui volaient, légères et sonores, comme des oiseaux. La pensée française se débat aujourd'hui dans une pâte littéraire qui l'étouffe. Et dans peu de temps sans doute, après l'œuvre mauvais de tant d'écrivains ayant d'ailleurs du talent, il faudra recourir aux patois originaux pour trouver un peu de saveur gauloise, un goût de terroir, le souvenir de nos vignes et de nos chênes, dans l'œuvre contemporain.

Victor Hugo naquit quand ce siècle avait deux ans et ne nous l'a pas laissé ignorer dans une pièce d'ailleurs admirable. Le siècle dernier n'avait plus que deux ans à vivre quand naquit Jasmin, et lui aussi éprouva le besoin de nous le conter ; rien de plus curieux à rapprocher d'ailleurs que ces deux actes de naissance autobiographiés. Tout le monde connaît celui de Victor Hugo. Écoutez maintenant celui de Jasmin :

« Eh bien, puisque tu le veux, puisque je te le

promis, — je vais te raconter tout, même comment je naquis.

« Vieux et cassé, l'autre siècle n'avait — qu'un couple d'ans à passer sur la terre, — quand, au recoin d'une vieille ruelle, — dans une maison où plus d'un rat vivait, — le jeudi gras, derrière la porte, — à l'heure où l'on fait sauter la crêpe, — d'un père bossu, d'une mère boîteuse, — naquit un enfant. Cet enfant, c'est moi !

« Si un prince naît, le canon le salue : — ce salut annonce le bonheur ; — mais moi, pauvrasse, fils d'un pauvre tailleur, aucun pétard n'annonce ma venue. — Le piaulement seul d'un grand charivari — que mes voisins faisaient à mon voisin — assourdit mes oreilles viergettes — d'un bruit affreux de cornes, de chaudrons, — et que ne venaiént que faire retentir de plus — trente couplets composés par mon père.

« Mais sans canon, sans tambour, sans trompette, — aussi bien grandit l'enfant du peuple au berceau ; — bien emmaillotté dans des langes grossiers, — tout rapiécés ; couché sur ma petite couette — toute farcie de plumes d'alouettes ; — maigre, menu, mais nourri de bon lait, — autant je grandissais que fils de roi.

« Ainsi longtemps, longtemps on me dorlota ; — ainsi l'on m'a dit que mes sept ans passèrent.

« Pour moi maintenant tout devient intéressant. — Pour bien peindre, il faut peindre ce qu'on sent, — et moi je sentais déjà, tu peux me croire. — Car à sept ans, il me semble me voir, — la corne en main, coiffé de papier gris, — suivant mon père dans les charivaris ; — que j'étais content quand la corne ronflait ! — Mais de plaisir que mon cœur se gonflait — lorsque, dans les îlots, portant mon goûter, — pieds nus, tête nue, j'allais broussailler. — Je n'étais pas seul ; nous étions vingt, nous étions trente ! — Oh ! que mon âme était joyeuse — quand nous partions tous sitôt midi sonné — en entonnant : *l'Agneau que tu m'as donné !* — de ce plaisir le souvenir m'exalte.

« Riches enfants, petits mignards, vous autres — qui, accroupis dans un salon bien chaud, — vous endormez sur les capucins de cartes, — ou qui suez rien qu'à faire un petit saut, — si vous nous voyiez, nous vous ferions envie — vous jetteriez bientôt capucins et raquettes ; — vous préféreriez le soleil au coin du feu. — Car la santé à nul coin de feu ne demeure. — Vêtus, vous autres, vous vous enrhumez dedans ; — demi-nus, nous autres, nous nous portons bien dehors.

« Aussi de près regardez-nous, regardez-nous — escarpiner le velours si sablonneux ! *A l'Ile, amis !* le plus vaillant nous crie. — *A l'Ile, amis !* répétons-nous tous à la fois. — Et aussitôt, dans l'île éclaircie, — nous nous dépêchons de faire notre fagot. — Ecorce, copeaux, branchettes, souchettes mortes, — sont arrangés entre deux oseraies. — Gloire à nous autres ! notre fagot est fait — et lié une heure avant la nuit.

« Nous en profitons : des branches nous balancent, — et nous ne rentrons qu'à la fuite du jour. — Mais qu'il est joli le tableau du retour ! — Sur trente têtes, trente fagots sautillent — et trente voix forment comme en partant, — même concert avec même refrain.

« Ainsi chaque an je passais mes journées — depuis les Rois jusqu'aux moissons. — Mais quand saint Jean, dieu guerrier des enfants, — pour faire son feu levait ses armées, — je prenais mon rang parmi les diablotins. Malheur à moi, lorsque, dans une rue, — deux régiments se battaient, je me battais. — Mais coups de poing, coups de sabre de bois, — sur tout mon corps claquaient de manière — que moi, pauvrasse, moi, dans chaque combat, — le moins hardi, j'étais le plus criblé.

« La paix faite, nous désarmions, — et de soldats nous devenions picoreurs. — Oh ! que j'ai franchi de haies et de murs ! — Que de cerises et de prunes nous volions ! — Des verts rameaux tombaient à la fois la poire blette et le vert abricot. — J'étais partout : il me faudrait cent trompettes — pour proclamer toutes mes escapades. — Combien de fois la pêche, le brugnon, m'ont fait grimper comme un rat écureuil ! — Combien de fois du paysan qui hersait — j'ai égrené le raisin qui se colorait ! — Bref, des jardins on m'appelait le fléau. — Et j'en étais fier ! Mais que veux-tu ! la Nature — laisse toujours une ombre à son tableau. — Heureux, au moins, celui qui se l'éclaircit !

« Il est vrai pourtant qu'à travers tout cela — j'étais rêveur ; que le seul mot d'école — me rendait muet et faisait sur mon cœur — le même effet que le son d'une vielle ! — Mais ce mot, d'ordinaire si doux, — me faisait mal quand ma mère, qui filait — en me regardant d'un air apitoyé, à mon grand-père tout bas le prononçait. — J'aurais pleuré. Pourquoi ? je n'en sais rien. — Mais j'étais triste un grand moment près d'eux.

« Quelque chose de plus me rendait triste encore, — et voici quoi : d'ordinaire, chaque foire — venait remplir mon petit boursicot. — Or, quand j'avais porté quelque paquet, — vite à ma mère je donnais ma boursette ; — il y avait des sous, souvent une piécette. — Eh bien, toujours en soupirant un peu, — elle disait : Pauvret, tu viens bien à propos ! — Dieu ! sur le moment, cela me poignardait ! — Mais sur mes lèvres bientôt revenait un sourire, et, léger comme un papillon, — plus que jamais je redevenais folâtre.

« Oh ! je me faisais, dans cet âge tendre, — un grand plaisir du plaisir le plus mince. — Les vendanges venaient, j'allais grapiller. — L'hiver venait, gelant à pierre fendre. — Faute de bois, je m'allais soleiller — en attendant l'heure d'aller veiller.

« Car de l'hiver si laid que la veillée est belle !

— Dans une chambre, nous étions quarante assis ;
— suspendu au bout d'un morceau de roseau, —
un vieux carcel nous prêtait sa lumière. — A
vingt quenouilles, vingt fuseaux raboteux — faisaient du fil gros comme de la ficelle. — Un long
silence aussitôt se faisait ; — et, dévidant les
bouts que nous rattachions, — nous autres, assis
sur l'escabeau, nous écoutions — les contes vieux
qu'une vieille disait. — Oh ! que je ressentais de
plaisirs et de peines ! — quand elle disait l'*Ogre
et le Petit Poucet;* — mais quand elle peignait,
au bruit de cent chaînes, — cent revenants dans
une vieille masure, — quand elle nous disait *le
Sorcier, Barbe bleue,* — *le Loup-Garou* qui hurlait
dans la rue, demi-mort de peur, je n'osais plus
souffler ; — et quand je sortais, que minuit sonnait, — sorciers et loups-garous, à ce qu'il me
semblait, — étaient toujours derrière prêts à me
poursuivre.

« Eh bien, pourtant, cela devient un plaisir !
Au jour, ma peur fuyait comme un éclair ; et
chaque soir, pelotonné de froid, — j'étais toujours
le premier sur la chaise.

« Mais, un hiver, ma chaise resta vide. — Oh !
c'est qu'alors un triste évènement — m'avait
frappé d'une si grande affliction — que depuis je
sens mon œil humide.

« Douce ignorance ! ah ! pourquoi ton bandeau
— se déchira-t-il brusquement et sitôt !

« C'était un lundi, mes dix ans s'achevaient.

— Nous faisions aux jeux. J'étais roi, on m'intronisait. — Mais, tout à coup, qui vient me troubler? — un vieux assis sur un fauteuil de saule, — que sur deux pals deux charretiers portaient ! — Le vieux s'approche, s'approche encore plus. — Dieu ! qu'ai-je vu ! qu'ai-je vu ! Mon grand-père... — Mon vieux grand-père que ma famille entoure ! Dans ma douleur je ne vois que lui ; déjà — je saute sur lui pour le couvrir de baisers... — Pour la première fois, en m'embrassant, lui, il pleure ! — Qu'as-tu à pleurer ? Pourquoi quitter la maison? Pourquoi laisser des enfants qui t'adorent ? — Où vas-tu, parrain ? — Mon fils à l'hôpital. — C'est là que les Jasmin meurent... — Il m'embrasse et part, en fermant des yeux bleus. — Cinq jours après, mon grand-père n'était plus. — Et moi, chagrin, hélas! ce lundi, — pour la première fois, je sus que nous étions pauvres... »

Ne pouvant me permettre qu'un nombre très restreint de citations dans une étude de dimensions restreintes elle-même, j'ai voulu donner à celle-ci toute son étendue. N'est-ce pas là un morceau d'une sincérité, d'une émotion exquise? Ne dirait-on pas une des plus jolies pages de Daudet, quand il parlait si bien de son enfance dans les livres qui le feront immortel ? Avec plus d'attendrissement toutefois. Comme la gaieté se mêle à la rêverie, dans ce long et riant souvenir que mouillent enfin quelques larmes !

Le nombre des vers blancs, véritablement beaux, qui émergent de cette traduction littérale montrent bien la parenté qui existe entre la poésie patoise et la nôtre, dans le Languedoc au moins.

Dans cette traduction encore pourrait-on constater la souplesse du rythme qu'on ne saurait comparer qu'à celle du vers libre dans Lafontaine et dans Voltaire quelquefois. L'emploi du rejet, indiquant bien la liberté du mouvement poétique, s'y fait aussi constamment sentir. Ceci me semble, en vérité, un morceau accompli et justifiant bien ces lignes de Nodier parlant de Jasmin, et disant : « La France possède aujourd'hui un de ces poètes incomparables dont le génie jette un éclat immortel sur leur pays. » Un autre mot charmant de Sainte-Beuve est celui-ci : « M. *Jasmin* (ou plutôt qu'il nous permette de l'appeler *Jasmin* tout court, comme nous disons *Béranger*). » Oui, Lafontaine, Béranger, voilà les souvenirs qu'évoque cette mémoire de poète bonhomme et philosophe tout ensemble, tendre et railleur à la fois.

Dans l'œuvre considérable de Jasmin, comme Sainte-Beuve, c'est peut-être le poème ayant pour titre : *L'Aveugle de Castel Cuiller* que nous préférons, et c'est au grand critique que nous emprunterons la remarquable analyse qu'il en a faite.

Comme il le dit fort bien, la poésie franche y embaume à l'ouverture du premier chant.

« Du pied de cette haute montagne où se dresse Castel Cuiller, dans la saison où le prunier, le pommier et l'amandier blanchissaient dans la campagne, voici le chant qu'on entendit un mercredi matin, veille de Saint-Joseph :

> Les chemins devraient fleurir,
> Tant belle épousée va sortir ;
> Devraient fleurir, devraient grener,
> Tant belle épousée va passer.

« Et le vieux *Te Deum* des humbles mariages semblait descendre du mur, quand, tout à coup une grande troupe de jeunes filles au teint frais, propres comme l'œil, chacune avec son fringant, viennent sur le bord du rocher entonner le même air ; et là, semblables, tant elles sont voisines du ciel, à des anges riants qu'un dieu aimable envoie pour faire leurs gambades et nous apporter l'allégresse, elles prennent leur élan, et bientôt, dévalant par la route étroite de la côte rapide, elles vont en zigzag vers Saint-Amant, et ces volages, par les sentiers, comme des folles, vont en criant :

> Les chemins devraient fleurir,
> Tant belle épousée va sortir...

« C'est Baptiste et sa fiancée qui allaient chercher la jonchée...

« Jamais gaieté nuptiale de jeunes garçons et de jeunes filles n'a été exprimée dans un rythme plus dansant, dans une langue plus vive, plus claire de sons et d'images, plus fringante elle-même, et plus guillerette, pour ainsi dire. Mais continuons, en supprimant à regret bien des détails exquis dont aucun n'est cependant superflu.

« Quand on voit blanchir les haies que l'hiver avait noircies, une noce du peuple, ah ! que c'est joli !... Cependant d'où vient qu'au milieu de ces filles si vives, si légères, Baptiste, muet, soupire ? L'épousée est pourtant jolie ! Est-ce que saint Joseph voudrait nous faire entendre le bon saint ! qu'à l'amour trop pressé il ne reste rien à prendre ? Oh ! non ! fille qui est en faute ne porte pas le front si haut ! Qu'as-tu donc, fiancé ? Ils ne se font aucune caresse : à les voir si indifférents, si froids, on les croirait de grandes gens. »

« C'est qu'au bas de la colline, dans une chaumière, habite la pauvre Marguerite, orpheline, aveugle, seulement aveugle depuis le dernier été, que la petite vérole ou la rougeole lui a donné sur les yeux. Baptiste devait l'épouser, et il le lui a promis, et elle y croit encore : elle l'attend. Mais, après une absence, il revient, et, cédant aux ordres d'un père avare, il épouse Angèle ; il l'épouse, pensant toujours à Marguerite.

« La bonne vieille Jeanne, diseuse de bonne aventure, que la noce rencontre, jette un moment quelque nuage à ces fronts sereins, par des paroles obscures et funèbres (telle Taven dans le poème de *Mireille*) ; mais « sur un petit ruisseau clair comme de l'argent, que peuvent deux gouttes d'eau trouble? » La noce a vite secoué le présage, et les folâtres volages recommencent de bondir et de chanter :

Les chemins devraient fleurir...

Ainsi se termine le premier chant. Le second petit tableau nous montre la pauvre Marguerite seulette dans sa maison, ignorant encore son malheur et se disant à elle-même ses espérances et ses craintes. Le discours simple et naïf où se déroule son tendre ennui finit en ces mots : « On dit qu'on aime mieux quand on est dans la peine ; et quand on est aveugle, donc ! » Son petit frère entre là-dessus ; il a vu la noce, il s'écrie, il raconte. — « Quoi ! dit Marguerite, Angèle se marie. Paul, tu l'as vue ? Quel secret ! Personne n'en a parlé. Oh ! dis ! quel est son fiancé ? — Eh ! ma sœur, ton ami Baptiste ! » L'aveugle pousse un cri et ne répond plus. La blancheur du lait s'étend sur son visage ; un froid, pesant comme le plomb, tombant, à la voix de l'enfant, sur son cœur, bientôt sans battement, suspend assez longtemps sa vie ; et la voilà pareille, près du petit qui pleure, à une vierge de cire habillée en bergère.

Jeanne, la diseuse de bonne aventure, survient ; mais Marguerite, qui veut s'assurer de son malheur, dissimule : elle a l'air d'attendre encore

Baptiste. La vieille lui dit : « Ma fille, tu l'aimes trop ; je te blâme. A croire au bonheur, il ne faut pas tant s'accoutumer. Va, crois-moi, prie Dieu de ne pas tant l'aimer. — Jeanne, répond l'aveugle, plus je prie Dieu, plus je l'aime. Mais ce n'est pas un péché. Il est bien toujours pour moi ? » Jeanne n'a rien répondu. Tout est dit. C'est assez.

La troisième scène commence avec l'Angelus du matin des noces :

De la cloche, à la fin, neuf petits coups s'entendent,
Et l'aube blanchissante, arrivant lentement,
Trouve dans deux maisons deux filles qui l'attendent,
    Combien différemment !

Le poète passe, tour à tour, d'Angèle, la jolie et la légère, qui ne voit que sa croix d'or et sa couronne, à la pauvre Marguerite, qui, à son tour, va chercher au fond d'un tiroir quelque chose qu'elle cache en pleurant dans son sein. Angèle, au bruit des baisers et des chansons, oublie de faire sa prière ; Marguerite, le front couvert d'une sueur froide, agenouillée, dit tout bas, pendant que son frère ôte le verrou : « O mon Dieu ! pardonne-le-moi ! » Et elle se met en marche vers l'église, appuyée sur l'enfant ; pas de soleil encore, il bruine ; l'odeur du laurier qui jonche le chemin lui arrive parfois et la fait frissonner. Ils avancent du côté du château, vers la petite église à la façade noircie et pointue où chante l'orfraie. — « Paul, dit la jeune fille, finis

avec ta crécelle. Où sommes-nous ? Il me semble
que nous montons. — Eh ! ne vois-tu pas que
nous arrivons ? dit l'enfant ; n'entends-tu pas
chanter l'orfraie sur le clocher ? Oh ! le vilain oiseau ! Il porte malheur, n'est-ce pas ? T'en souviens-tu, ma sœur ? quand notre pauvre père, la
nuit que nous étions à veiller, disait : « Tiens !
petite, je suis plus malade ; garde bien Paul, au
moins, car « je sens que je m'en vais ! » tu pleurais, lui aussi, moi aussi, tous nous pleurions !
Eh bien ! sur le toit alors l'orfraie chanta, et notre père mort, ici tiens, même ! on l'a porté. Voilà
sa tombe. Aïe ! tu m'embrasses trop fort, tu m'étouffes, Marguerite ! » Ceci n'est qu'une traduction
fidèle des mots. Qu'on juge du charme de ces
parole vraies, et trempées dans des vers purs,
concis, auxquels pas un mot de trop, pas un ornement inutile n'est accordé.

Enfin, on est à l'église ; le temps s'est levé : il
fait soleil, et cependant il pleut ; la noce arrive :
Angèle, toujours étourdie et ne pensant qu'à sa
croix d'or ; Baptiste, muet, triste comme la veille.
La cérémonie commence, l'anneau est béni, et
Baptiste le tient. Mais, avant de le mettre au doigt
qui l'attend, il faut qu'il prononce une parole...
Elle est dite ; aussitôt, du côté du garçon d'honneur, une voix s'élève ; Marguerite qui, peut-être, au fond de son cœur, doutait encore, a crié :
c'est lui ! Et elle tire un couteau pour s'en frapper.
Mais, sans doute, son ange était là pour la se-

courir; car si forte fut sa douleur, qu'au moment même et avant de se frapper, elle tomba morte. Et le soir un cercueil avec des fleurs passait au même chemin. Le *De Profundis* avait remplacé les chansons joyeuses; et, dans la double rangée de jeunes filles en blanc, chacune maintenant semblait dire :

> Les chemins devraient gémir,
> Tant belle morte va sortir ;
> Devraient gémir, devraient pleurer,
> Tant belle morte va passer.

Peut-on mieux rencontrer que dans ce poème attendri le sentiment populaire, l'âme même des vieilles légendes qui, toutes, ont pour éléments ceux de la poésie immortelle elle-même, l'Amour et la Mort? Peut-on voir aussi mieux, et plus intimement associée la Nature aux joies et aux douleurs humaines, ce qui est encore une caractéristique constante de la franche poésie ? Comme le décor est bien ému autour de cette sombre idylle ! Comme le paysage y mêle bien, au murmure des sanglots et à l'eau des larmes, le souffle de ses brises et la chanson de ses ruisseaux? C'est ce panthéisme inconscient, cet appel de l'âme obscure des choses, dans les frissons de l'âme humaine, qui rehausse singulièrement la poésie de Jasmin, et l'élève, pour ainsi parler, au dessus de ses propres sujets. D'autres, après lui, ont chanté les joies et les douleurs des humbles ; quelques-uns, comme François Coppée, en vrais poètes. Mais personne n'y a mis une vibration aussi parfaite de ses propres souvenirs et autant de soi-même.

Marthe la folle, les *Deux Frères jumeaux, la Semaine d'un fils,* qui continuèrent, après l'*Aveugle,* la glorieuse carrière poétique de notre poète Agenais, sont marqués au même caractère. Le sujet est toujours une idée naturelle et touchante ; c'est une histoire ou de son invention ou empruntée à la tradition d'alentour. Mais Jasmin ne s'abandonne pas à sa verve improvisatrice et à sa fantaisie de conteur. Chacun de ses poèmes est composé avec infiniment d'art ; le cadre en est précis, le canevas dessiné avec sûreté. Comme l'a très bien dit encore de lui Sainte-Beuve, Jasmin poète du peuple, écrivant dans un patois populaire, et pour les solennités publiques qui rappellent celles du moyen-âge et de la Grèce, se trouve être, en définitive, plus qu'aucun de nos contemporains, de l'école d'Horace, de l'école de Théocrite, de celle de Gray et de tous les charmants génies studieux qui visent, dans chaque œuvre, à la perfection.

C'est par là que la publication superbe que vient de faire M. Boyer de l'œuvre de son illustre compatriote ne saurait manquer d'intéresser aucun lettré véritable. La figure de Jasmin coiffeur, de « Moussu Jassémin », dans son propre pays, encadrée dans sa barbe à la Louis-Philippe, est demeurée légendaire, presque comique pour quelques-uns, pour les superficiels, à force de bonhomie. Il convient que le poète s'en dégage dans la sérénité marmoréenne que mérite son souvenir, et que le laurier descende sur ce front vraiment digne de le porter.

XV

TOUMY

A Jean Béraud

Léon Cladel a fort agréablement conté l'histoire de sa Kirielle de chiens. Et moi aussi j'ai eu des bêtes, j'en ai encore et j'en aurai toujours ; leur compagnie m'a souvent consolé de celle des hommes, et je ne vois pas de meilleur moyen de leur exprimer ma reconnaissance que de vous conter, à mon tour, quelques traits du plus merveilleux de mes camarades à quatre pattes, de mon caniche noir Toumy, qui mourut en 1873, après m'avoir donné cinq années de bonheur parfait, ce qu'aucune femme n'a jamais fait pour moi. Mais il va sans dire qu'aucune fantaisie n'entre dans ce récit, dont le titre seul est menteur. Les notes que je vous livre n'ont pour mérite que leur absolue véracité et je m'en voudrais mortellement de mentir dans un chapitre de mon œuvre, lequel servira, je l'espère, un jour, à la glorification des animaux. Car c'est un caractère véritable que je vais retracer devant vous, une âme douce et vaillante, dont je vais analyser les aspirations mâles et les rares faiblesses, un fruit des générations dont je vais disséquer les chairs originelles et déterminer les pulpes dues au raffinement des civilisations.

Toumy demeurera toujours pour moi le type du gentilhomme que d'instinctives générosités entraînent vers les idées démocratiques, et tel qu'on en vit plusieurs à l'origine de la Révolution. D'excellente noblesse — j'entends d'une pureté de race absolue — avec un palais noir comme les Montmorency eux-mêmes n'en ont pas, il avait sucé, dans les chenils du baron Yvert qui me le donna, le lait des plus aristocratiques préjugés. Aussi quand il m'arriva, à l'âge de deux mois, une longue lettre de son premier maître l'accompagnait-elle, me prescrivant pour lui un système d'éducation à la fois austère et distingué, tel que les jeunes gens de famille le trouvaient autrefois chez les Jésuites. Rien que du lait non écrémé pendant six semaines encore; on pourrait essayer après d'un peu de cervelle ou d'un blanc de chapon (bien écrémé celui-là) ou encore d'œufs à la neige, mais sans fleur d'oranger, parce que c'est un peu capiteux.

Or, tandis que je lisais attentivement ce nouveau traité, sur l'éducation des princes, par le plus aimable des Machiavels, j'étais dans mon lit où me retenait une blessure au genou reçue dans un assaut, et un vulgaire miroton, un ragoût affreusement canaille fumait, en attendant mon premier coup de fourchette, sur un plateau à côté de moi. Quand, le programme achevé, je voulus embrasser mon élève, je trouvai qu'il avait dévoré mon déjeûner sans s'arrêter, un seul instant, à la grossièreté des mets dont se contentait ma sobriété de bourgeois peu aisé. J'en conclus que la nature avait rectifié, chez lui, les premiers travers de la naissance, et nous tombâmes dans les pattes l'un de l'autre, pleins d'un indicible attendrissement fait de fraternité. Cette simplicité dans les goûts ne l'abandonna jamais, même quand ma fortune me permit un meilleur ordinaire. Je ne pouvais manger du gibier sans encourir un regard de reproche de mon commensal qui, d'ailleurs, ne pouvait pas le souffrir.

Autre indice de son tempérament de panthéiste et de philanthrope. Toumy avait horreur des carnages où d'autres animaux sont iniquement sacrifiés pour de stupides plaisirs. Il abominait la chasse, d'autant que les coups de fusil lui faisaient une peur épouvantable. Car il étendait volontiers à lui-même ce sentiment sublime de la conservation de tous les êtres, et je ne connus jamais un naturel moins belliqueux. En revanche, il avait un grand goût pour les sciences calmes et, en particulier, pour l'astronomie. J'habitais alors

Saint-Cloud et, quand les nuits étaient belles, il manquait rarement de me faire lever, sous prétexte d'un besoin à satisfaire. Mais à peine sur la grand'route, il s'asseyait gravement sur son derrière, contemplait les astres avec une émotion indicible et, tournant vers moi ses grandes prunelles étoilées comme le ciel, semblait me dire : Que l'Etre suprême est grand !

Il s'en fallait bien que son affectueuse sincérité fût comprise de tous ceux à qui elle s'adressait. Une des douleurs de son enfance fut que les moineaux ne voulurent jamais jouer avec lui. Quand il les voyait sur le chemin, groupés en chapitre provincial autour de quelque galette d'avoine déjà digérée, il s'approchait d'eux tout doucement, comme une boule de laine noire qui roule sur un tapis rugueux et, quand ces oiseaux imbéciles s'envolaient, il geignait douloureusement à l'idée que des êtres qu'il aimait tant avaient pu le soupçonner, un seul instant, de leur vouloir faire du mal. Telle était sa tendresse de Brahme, pour les moindres bêtes que, plutôt que de mordre lui-même ses puces, par un sentiment cependant légitime de représailles, il avait l'habitude de me les envoyer, se fiant à ma douceur naturelle pour ne les pas traiter trop cruellement.

Les plus nobles qualités ont leurs excès. Toumy

eut, dans sa jeunesse, une période qui ne fut pas particulièrement agréable. Pour protester encore plus vivement, sans doute, contre les habitudes de gourmandise qu'on lui avait voulu donner dès le principe, il se mit à manger furieusement tout ce qu'il rencontrait aux pieds des murailles, ne faisant que répéter, en cela, les bibliques et gastronomiques expériences du saint prophète Élie. Je n'aurais pas mentionné cette défaillance sans un incident plus que comique auquel elle donna lieu et qui d'ailleurs le corrigea parfaitement. Car c'était à son cœur et non à ses fesses qu'il fallait toujours parler (heureusement qu'il n'en est pas de même en amour). Une de nos promenades accoutumées était le magnifique bois de Saint-Cucufa (un nom prédestiné pour une aventure de ce genre). Tout auprès était alors un hospice de vieux soldats, l'hospice Brézin, je crois, et c'était merveille de voir tous ces anciens débris serrés sur un banc, les uns contre les autres, dans un même rayon de soleil que buvaient leurs membres décrépits. O caresse menteuses de la gloire! Ceux-ci avaient des manches sans bras dedans et ceux-là des culottes où ballottaient des quilles de bois. Toumy adorait ces bons invalides et ne manquait jamais de les égayer par quelque plaisanterie dont leurs mâchoires étaient secouées comme des castagnettes. Un jour, l'un d'eux avait posé à terre, entre ses chaussons épais, sa casquette de toile cirée à cocarde tricolore et, dans sa casquette, son grand mouchoir à carreaux tout moucheté de tabac. Saisir délicatement ledit mouchoir et l'emporter en le secouant fut, pour mon ami, l'affaire d'un instant, et tous les camarades du priseur de rire avec un grand bruit de crécelles qu'on fait tourner. Mais le propriétaire de ce fâcheux morceau de lingerie prit moins bien la chose et, d'un pas boiteux, jurant, s'essoufflant, suant à grosses gouttes, se mit à poursuivre le voleur parmi les genêts qui secouaient autour d'eux leurs belles têtes d'or. Enfin le militaire put ressaisir l'objet ravi, et son premier soin fut de s'en essuyer le front en soufflant comme une forge.

Pour le coup, ce fut une tempête d'hilarité, un effondrement du banc sous tous les vieux derrières secoués par un accès de gaieté folle. On entendait les côtes grincer les unes contre les autres, soulevées et heurtées par des joies de sénilité enfantine. La grande armée se tenait le ventre. Et le priseur exaspéré faisait : Pouah ! pouah ! les cheveux et la moustache, sa vieille moustache blanche, affreusement englués. C'est, qu'avant de jouer avec le mouchoir, Toumy avait, comme l'ours de la pantomime, déjeuné d'une sentinelle ou que plutôt, il n'avait cherché dans tout cela qu'une serviette pour s'essuyer congrument les babouines, comme font les gens bien élevés après certains plats.

Peu de mots me suffirent pour lui faire comprendre que le respect de la vieillesse est une vertu des Sociétés vraiment fortes, et il ne recommença jamais.

*
* *

Tout cela se passait avant la guerre. Quand celle-ci éclata, sans enthousiasme mais sans crainte puérile, Toumy fit avec moi la campagne de Paris. C'est dire qu'il eut beaucoup moins peur des Prussiens que des gardes nationaux qui mangeaient du chien à toutes les sauces. Il déploya autant de stratégie à défendre ses gigots que M. Trochu à consommer ce qu'il appelait, dès le début, une héroïque folie. Son air préoccupé (j'entends celui de Toumy, car M. Trochu prenait gaillardement les choses) me frappa plus d'une fois, pendant ces temps douloureux où nos espoirs mouraient un à un sous la neige, comme les soldats de la grande déroute impériale. J'arrive, en effet, au plus curieux moment de l'existence de ce chien dont je ne suis qu'un tendre et fidèle historiographe. Après l'armistice il disparut et ce me fut une terrible inquiétude de le chercher dans Paris où cependant les vivres abondaient enfin, et qui n'en était plus réduit à se nourrir de caniches. Le grand souffle insurrectionnel s'était levé sur la cité déçue dans ses enthousiasmes virils. Les drapeaux rouges sillonnaient les rues, et c'était partout de continuelles allées et venues de tambour et des roulements cahotés de lourdes pièces sur le pavé. Ces canons repris à Montmartre étaient descendus chargés de rancunes jusqu'à la gueule. J'errais donc plein d'angoisse au cœur. Car outre mon fidèle compagnon perdu, je comptais, dans les deux camps aux prises, des amitiés. En traversant la place de l'Hôtel-de-Ville, houleuse et brillante de baïonnettes, je poussai un cri de joie. J'avais reconnu Toumy dans un groupe de chiens du plus déplorable aspect, molosses aux yeux sanglants, roquets aux grognements sournois, loulous hérissés comme des balais. C'était bien lui ! A mon appel, en effet, il se retourna vivement, mais pour une seconde seulement. Car, comme honteux d'avoir été surpris et de me connaître, il s'en alla au petit galop, en emmenant tout son club avec lui. Le doute n'était plus permis. Encore entraîné par sa généreuse nature, Toumy était entré dans le mouvement. Tout me porte même à croire que, reniant son aristocratique origine, il cachait son vrai nom, avec le plus grand soin, à ses compagnons de démocratie ; car l'ayant rencontré une seconde fois, toujours dans la même société, au coin de la rue Montmartre, il secoua les oreilles au lieu de se retourner quand je l'appelai une seconde fois.

Quand l'apaisement fut venu, — est-il permis

de nommer ainsi la plus effroyable des boucheries? — Toumy me fit oublier, par un redoublement de tendresse, un abandon dont mon cœur l'avait depuis longtemps absous. Mais il avait pris, dans la vie militaire et politique, des façons de flânerie qui séparèrent quelquefois nos deux existences. C'est ainsi que, tandis que je m'étais remis au travail sous la lampe studieuse, Toumy avait pris une habitude tellement incurable du café, que j'étais obligé de l'y laisser aller seul, tous les soirs. Celui de la place Blanche n'avait pas de plus fidèle habitué. Il y restait régulièrement de huit heures et demie à minuit. Alors il se faisait ramener chez moi, soit par mon ami Jean Béraud, dont l'atelier était alors rue Coustou, soit par mon ami Métra. Quand il était en retard, c'était toujours à ce dernier qu'il s'adressait. La chevelure, très noire alors et abondamment frisée d'Olivier Métra n'était pas sans rapport avec son propre pelage. Il espérait, sans doute, que, dans la demi-obscurité de l'escalier, je les prendrais l'un pour l'autre et gronderais son guide au lieu de lui. O trop rapides années de vie calme! De sa carrière insurrectionnelle, Toumy n'avait gardé qu'une haine épouvantable contre les sergents de ville. Son plus grand plaisir était de les faire enrager. C'est ainsi que, tous les matins, durant notre promenade à deux, sur le boulevard extérieur, il ne manquait jamais de prendre un bain dans la fontaine de la place Pigalle, rien que pour se faire poursuivre par l'agent de service et l'éclabousser en se moquant de lui. Il attrapa ainsi une fluxion de poitrine dont il mourut. Tel en fut mon chagrin, mon cher Béraud, que je ne pus rentrer dans l'appartement que nous occupions ensemble et que je m'exilai à Asnières, où j'eus d'autres caniches, mais dont aucun ne me fera oublier ce parfait gentilhomme de chien qui eût été digne de porter, comme un de nos amis le disait l'autre jour, bonnet rouge sur champ d'azur !

LES PÈLERINAGES

XVI

A NOHANT

I

Si j'avais pu oublier jamais qu'un morceau vivant de mon cœur était resté à Nohant, le retentissement douloureux qu'y a mis la première pelletée de terre jetée sur la tombe de Maurice Sand m'en eût fait souvenir. J'ai subi à distance cette impression douloureuse, comme un écho vous apporte une plainte. Le Fils est auprès de la Mère maintenant et ce nom glorieux s'éteindra. L'injustice des hommes ne s'en est pas fort émue. Avons-nous donc le temps aujourd'hui de penser à ceux qui s'en vont ?

Il était demeuré fidèle, une partie de l'année au moins, à ce beau domaine de Nohant, pour qui je me sens aujourd'hui l'âme pleine d'adieux et de déchirements. Tous ceux qui ont vécu comprendront cette tristesse. Je n'y étais jamais revenu depuis la triste journée des grandes funérailles, quand tout le Berry était venu s'agenouiller autour du cercueil de « la bonne Dame » et que la Nature elle-même avait semblé vouloir mêler ses larmes aux nôtres. Mais j'en avais encore reçu des lettres, et ce m'était comme un foyer de chers souvenirs dont la dernière étincelle vient de s'envoler au vent. Je comptais toujours y faire un pèlerinage, revoir la chère tombe sur laquelle un grand arbre s'éplore, m'asseoir dans le grand salon demeuré intact, y revivre enfin quelques-unes des heures délicieuses d'autrefois. C'est un coin d'azur qui s'effondre à l'horizon, un de ces vagues projets qui nous aident à vivre et qui laissent une place vide en s'envolant.

Ma première visite à Nohant est fraîche dans mon esprit comme si elle était d'hier, et remonte cependant à une vingtaine d'années. Un beau matin clair de juillet avec des brumes où s'estompait délicieusement le paysage, cette belle vallée avec des cours d'eau au fond, qui semblent de longues flèches d'acier cachées à demi sous les hautes herbes. Il ne faisait pas grand jour encore et le monde mystérieux des esprits, qui suit le vol des nuits, laissait encore traîner des blancheurs d'ailes dans l'infini des cieux. Un voyage très prosaïque d'ailleurs dans cette atmosphère de poésie. On partait alors de Châteauroux, à l'aube, dans une façon de diligence : trois bêtes efflanquées devant et un rustre au sommet, ayant relevé ses manches sales et attaché ses guides au siège pour pouvoir fouailler plus vigoureusement des deux bras ; une casserole derrière une agonie de chevaux et une grande poussière tout autour. Comme un grand poète fait sienne la terre que foulent ses pas ! Je reconnaissais tout dans ce décor que je n'avais jamais vu, et le charme des descriptions autrefois amoureusement lues s'y réveillait tout entier. Les idylles se dressaient, pour moi, tout le long du voyage. Tout paysan était un Champi et toute mendiante une Fadette. J'étais vraiment hanté par le monde charmant qui vivra dans l'immortalité des récits de Georges Sand, comme celui des époques de Théocrite, le glorieux Syracusain.

A cela près, plutôt uniforme que varié, ce grand chemin, bien que bordé par des horizons d'un grand aspect. Rien n'y annonçait l'approche de Nohant dissimulé dans un haut bouquet de feuillage. A peine descendu pourtant, et encore sous le coup du rêve, j'étais au seuil de la maison... du château, comme on disait là-bas.

Rien des antiques bastilles dans ce manoir tranquille ; au parfum seigneurial cependant, et tout conçu pour le recueillement et l'étude. Une façon de grande maison sans caractère précis, avec de larges pièces, très hautes et dominant le parc de toute la hauteur d'un perron quasi monumental. L'intimité de la vie permise s'y dessinait dès l'arrivée, et il n'était pas d'endroit au monde où l'hospitalité vous mît plus rapidement à l'aise. Après l'accueil affectueux des maîtres, on vous conduisait à votre chambre et on vous disait les heures où vous les retrouveriez au salon. Une liberté absolue vous était laissée d'ailleurs, à la condition de respecter les heures de travail et de repos de George Sand, qui écrivait fort avant la nuit et quittait ses hôtes vers onze heures du soir. On ne la voyait donc guère le matin, mais seulement au moment du déjeûner. Maurice avait pris des habitudes pareilles, et le seul promeneur, que me fissent rencontrer mes mœurs matinales, était alors Calamatta, le graveur célèbre, dont Maurice avait épousé la fille et qui vivait à Nohant une partie de l'année.

En dehors de ces haltes dans l'étude, la vie était gaie et mouvementée là-bas. De ses longs séjours de jeunesse dans les ateliers, chez Delacroix entre autres, Maurice Sand avait gardé de bruyantes gaietés de rapin et le goût des charges. Il n'avait pas son pareil pour simuler une attaque de brigands dans une nuit paisible. Dans ce séjour du génie, l'enfantillage divin avait gardé sa place. On s'amusait sans vergogne, avec la simplicité d'esprit des bonnes gens. Je parlerai un peu plus loin du théâtre des marionnettes qui était un véritable objet d'art et sur lequel des chefs-d'œuvre furent très sérieusement joués. Il constituait une façon de solénnité dans ces plaisirs. Mais les moindres distractions étaient prisées à Nohant. On y cultivait le jeu de boules, et Mme Sand adorait les rébus et les casse-têtes chinois. Un des premiers visiteurs qu'on reçût dans sa chambre était alors le chien Fadet à qui je vais donner un mot de souvenir. Cet animal, élevé comme les chats de Théophile Gautier, à la « dignité de personne », occupait une place importante dans l'existence des habitants de Nohant. Tel maître, tel chien ! oserais-je dire, d'après mes observations personnelles et souvent répétées.

Ce n'est pas du tout que les chiens, comme les singes, se préoccupent de nous imiter dans nos faits et gestes. Leur façon de s'inspirer de nous est autrement profonde et intime que cette mimique tout extérieure. Ils s'associent vraiment à nos sentiments. Ne vous fiez jamais au chien d'un méchant homme ; il est, pour le moins, aussi méchant que lui. Tout au contraire, le chien qui n'aura sous les yeux que des exemples de douceur sera certainement doux. Dans la maison la plus hospitalière qui fût au monde, Fadet était tout simplement devenu, comme les bêtes familières égyptiennes, compagnes posthumes des momies, le génie de l'hospitalité. A peine l'hôte, attendu par tous et prévu par lui, était-il arrivé, que Fadet s'en emparait pour lui faire les honneurs de la propriété. Après avoir assisté, avec un intérêt poli, au débouclage de ses malles, il l'emmenait dans le parc et le promenait, suivant une route inexorablement définie, dans toutes les allées, sans omettre la moindre, s'arrêtant, comme un véritable cicerone, aux carrefours de verdure pour lui laisser le temps de contempler les points de vue. Mieux élevé que la plupart des cicerones, il n'était ni obséquieux ni bas ; il allait avec le sérieux d'une personne qui accomplit un devoir grave, ne se retournant que quand il le fallait, soufflant de temps à autre ou tirant sa langue, d'où montait une fine buée, pour bien montrer le mal qu'il se donnait dans l'espoir, désintéressé d'ailleurs, de contenter son client.

Sa tâche accomplie, celui-ci n'était plus d'ailleurs, pour lui, que l'objet d'une intimité vague, et c'est à peine s'il y faisait attention. Il redevenait tout entier à ses maîtres, attendant une occasion nouvelle de leur prêter son utile concours. Il rentrait, fort de sa conscience, dans le courant des occupations quotidiennes, assistant, en témoin bénévole, à tous les actes d'une existence bien remplie. George Sand faisait-elle, après déjeuner, sa partie de boules ? Fadet, assis derrière une bordure de buis ou dans le sable, suivait des yeux les coups sans jamais rien déranger aux places acquises par les joueurs. Il aurait bien donné, on le sentait, par-ci, par-là, un conseil. Mais, comme on ne le lui demandait pas, il se taisait. Au fond, je n'ai jamais su s'il approuvait ou s'il blâmait ces délassements, puérils en apparence, d'un grand esprit. Contraire, en cela, à beaucoup de chiens, il préférait le silence au vacarme. Riait-on trop fort autour de la grande table du salon ? Fadet demandait immédiatement qu'on lui ouvrît la porte. Il ne pouvait supporter des plaisanteries dont il soupçonnait vaguement être l'objet. Je n'ai jamais vu une bête aussi susceptible dans toute la création.

Comment nous nous brouillâmes et demeurâmes fâchés, comme s'il y avait eu un Wagram entre nous, je ne m'en souviens guère. Toujours est-il que nos relations furent longtemps interrompues par un manque de respect involontaire que j'avais eu, sans doute, à son endroit. Par une exception tout à fait injurieuse, il ne me reconduisit pas le jour de mon départ.

Cela dura jusqu'au triste voyage que je fis à Nohant, pour les obsèques de George Sand. Oh ! la mélancolique journée ! La grande maison était pleine de mouvement et me semblait cependant vide. On s'agitait tout en parlant à voix basse. Dans la grande allée sablée, devant le perron, Flaubert, les yeux rouges de larmes, marchait fiévreux auprès d'Alexandre Dumas, calme, mais étrangement sombre. Porterait-on à l'église le corps de George Sand ?... On prit un terme moyen qui lui fit traverser seulement le temple, mais les prières ne manquèrent pas à cette grande âme éprise d'immortalité. Moi je m'étais enfoncé dans les plus lointaines avenues du parc, ne trouvant aucun silence assez grand pour ma pensée. J'y avais emporté mon souvenir saignant que berçait la douloureuse pitié des cloches sonnant le glas à toutes volées, et je m'y croyais bien seul, pleurant à mon aise, quand un bruit, sur le sable, à côté de moi, me fit baisser mes yeux perdus dans un vide humide, et quand je me sentis frôler d'une caresse. C'était Fadet à qui le courage aussi avait manqué de tout voir et qui s'isolait pour mieux penser à l'absente. Nous nous étions rencontrés dans la même impression et dans le même désir de solitude. Il était déjà loin d'ailleurs, marchant tête basse, sans rien regarder, comme une bête qui souffre et ne sait plus que devenir. Je ne me suis pas senti humilié par cette parenté d'une âme obscure. Pauvre Fadet ! Le chien de saint Roch, lui-même, n'était pas meilleur que lui, et j'imagine que tous deux ont retrouvé leur maître dans le séjour où les braves gens ne doivent pas être privés des braves bêtes qu'ils ont aimées !

A Fadet près, qui s'était conquis une place d'honneur, les animaux n'étaient pas l'objet, à Nohant, des sensibleries qui transforment certaines maisons en dangereuses ménageries. Les marionnettes y avaient pris une influence exclusive. Elles aussi étaient élevées à la dignité de « personnes ». Leur système était cependant le plus simple et le plus primitif du monde, celui que Guignol a popularisé. Car il n'eût pas fallu parler à Maurice de ces odieuses petites poupées en bois dont une série de fils de fer, tenus par en haut, secoue automatiquement les membres grossièrement accolés aux jointures. Rien d'humain et de réellement vivant dans cette danse de Saint-Guy. Les poupées, au contraire, que dirige intérieurement un doigt plongé presque dans la tête, participent à toutes les intentions intellectuelles de celui qui les fait mouvoir ; et, de si loin que leur vienne cette secrète poussée de l'âme, elle suffit à les animer et à les faire vivre vraiment. Certains animaux, le chat, par exemple, exécutent, aux yeux des observateurs consciencieux, les pantomimes les plus compliquées avec les simples ondulations de leur queue. Ainsi l'âne avec les frémissements de ses oreilles. De même l'homme peut exprimer bien plus de choses qu'on ne le croirait tout d'abord avec des mouvements cependant restreints de la main. On en a eu une preuve dans ces curieuses danses exécutées à l'Exposition universelle par les danseuses de Java. Cette pyrrhique hiératique est tout un poème où la main parle et chante, exprime et décrit. Nous en comprenons mal le langage, mais nous le devinons précis, clair et lyrique pour ceux qui y sont initiés. Les gens habiles à manier les petits acteurs d'un guignol en font des petits êtres parfaitement dociles à leur pensée. De là le goût de plusieurs esprits fort distingués pour ce genre de spectacle qui charma longtemps les après-midi de Charles Nodier et pour qui Duranty, le romancier justement vengé par Émile Zola, a écrit des ouvrages aussi spéciaux que réellement amusants.

Les figurines de Maurice Sand n'étaient pas d'ailleurs de vulgaires marionnettes. Comme autrefois Dieu fit la femme d'une côte d'Adam, il les avait taillées lui-mêmes dans un bois très dur, semblable aux pasteurs antiques coupant eux-mêmes leurs pipaux dans les grands taillis où l'âme de Pan se recueillait avant de passer dans leur souffle harmonieux. C'était de vrais ouvrages d'art faits vraiment demain d'artiste, aussi expressifs et vibrants que des dessins de Daumier, ou que les statuettes retrouvées à Pompéi, avec des têtes expressives qu'éclairaient deux yeux luisants, en fer, et où la lumière s'accrochait comme à de vivantes prunelles. Restait le costume. Eh bien ! celui-ci était traité avec une conscience qu'on n'a jamais égalée qu'à la Comédie française. L'auteur de *Masques et Bouffons* s'y retrouvait avec son érudition profonde et passionnée. Aucun détail n'était laissé à la fantaisie. Je me rappelle une pièce romaine, dont j'avais eu l'honneur d'écrire les vers pour les marionnettes de Nohant et qui fut, depuis, reprise à Passy, dans la jolie villa de la chaussée de la Muette. Maurice ne se contenta pas de la tunique classique pour en habiller les personnages. Mais il travailla plusieurs jours afin de costumer nos gens à la mode spéciale de leur époque, suivant les pures traditions de l'élégance latine sous le règne où se passait cette tragédie. A ces recherches, il apportait autant de sérieux que s'il se fût agi d'écrire un mémoire pour l'Académie des inscriptions et belles lettres. Une fois les maquettes dessinées, c'est Mme Sand et sa belle-fille qui réalisaient, l'aiguille à la main, les choses résolues, avec autant de coquetterie, et même infiniment plus, que s'il se fût agi de leur propre toilette.

De ces enfantillages que George Sand savait rendre touchants, presque sublimes, se dégageait un des côtés les plus remarquables de son caractère : une sérénité d'âme absolument sans défaillance. C'est dans un repos absolu de sa conscience que, du faîte moral où elle s'était élevée, elle dominait et jugeait sans terreur, comme sans faiblesse, la vie écoulée déjà longue pour elle. Ceux qui l'ont connue seulement, dans cette période, calme de son existence, ont été frappés de cette tranquillité de lionne couchée dans la lumière penchante du soleil à son déclin. Ce couchant des jours, si rude pour quelques-uns, n'avait pour elle que des caresses. Rien ne dira jamais la majesté douce de cette aïeule dans la famille reconstituée autour d'elle, entre ses enfants et ses petites-filles, à qui elle-même apprenait à lire suivant une méthode ingénieuse et rapide dont elle a sans doute emporté le secret, sainte figure du foyer que ne trouble aucun bruit du dehors et pour qui rien du passé ne parle plus que par échos ! C'était un tableau à tenter le pinceau de Louis David, qui, si bien, savait grouper les visages.

La grande simplicité, exempte de tout embarras, avec laquelle George Sand parlait, dans l'intimité, de tous ceux qu'elle avait approchés, disait bien qu'elle ne se sentait de reproches envers aucune mémoire. Ses jugements, très bienveillants à l'ordinaire, n'étaient rigoureux que pour quelques-uns, Musset et Liszt par exemple ; mais dénués de toute passion, de toute rancune, ils semblaient frappés au loin d'une inexorable justice. Elle avait de grands enthousiasmes comme de grands mépris. Ses arrêts étaient plus hauts que le pardon banal dont la générosité posthume est si facile. Elle parlait avec cruauté de tout ce qui lui avait été une offense morale ou un dégoût. La vérité est que sa clairvoyance était grande, qu'elle n'avait eu d'illusions que celles qu'elle avait voulu avoir et que la lucidité naturelle, qui faisait la santé de son esprit, n'avait jamais cessé de s'exercer à travers les élans les plus généreux de son cœur.

C'est ce que l'on devinait surtout en elle : une nature supérieure, complète et d'une incomparable puissance. Les âmes débiles — ainsi était celle de Musset — devaient se briser à ce roc. Les âmes tortueuse, y laissaient, comme à un buisson de fer, un peu de leur menteuse laine. Mais il n'y a pas à demander compte au torrent des roseaux qu'il ploie et des cailloux qu'il rejette sur la rive. En descend-il moins, pour cela, des cimes pures où s'effondre la blancheur des neiges immaculées ? En reflète-t-il moins les transparences azurées du ciel ? George Sand avait certainement, en elle, quelque chose de ces forces inconscientes qu'il faut admirer même parmi les ruines qu'elles laissent après elles. Ceux qui ont parlé légèrement de sa vie ont eu le grand tort de la mesurer à la toise commune. Le cœur était si haut, en elle, qu'on n'y pouvait atteindre que lorsqu'elle daignait le baisser.

Sa fidélité en amitié était vraiment admirable. Je n'oublierai jamais avec quel attendrissement elle ouvrit les bras à Eugène Fromentin que des susceptibilités de famille avaient longtemps tenu éloigné d'elle. Fromentin, qui était un nerveux et un sensible, pleurait aussi. Elle comptait encore de grandes affections devenues, à distance, inaltérables. Car George Sand ne venait plus guère à Paris, en ce temps-là, qu'en voyageuse : rue des Feuillantines d'abord, où je la vis pour la première fois, par un triste jour d'hiver qu'elle semblait éclairer seule, dans la pénombre d'une chambre où je ne voyais guère que l'extraordinaire rayonnement de ses yeux; — puis rue Gay-Lussac, tout près des ombrages du Luxembourg, pour lesquels elle avait toujours eu une prédilection. Mais ce qui était absolument touchant, c'était ses amitiés de terroir, pour ainsi parler, ses liaisons berrichonnes avec d'excellentes gens ne tenant en rien au monde des arts et des lettres. Elle avait été une protectrice pour tout le monde dans ce pays. Elle y a laissé une mémoire qui tourne à la légende aujourd'hui. J'ai vu, autrefois, à

Hall, près de Bruxelles, les bonnes commères belges s'agenouiller et dire des *Oremus* devant la statue de Servais, jouant du violoncelle, qu'elles prenaient pour le patron de la contrée. L'image de George Sand, à la Châtre, est devenue aussi un objet de pèlerinage. Quand les *gars du Berry*, que le bon sculpteur Baffier commande, violoneux et joueurs de vielle et joueurs de biniou, sont venus se faire entendre à Paris, il y a deux mois, à l'aller et au retour sont-ils allés saluer d'une sérénade cette noble image.

J'imagine que l'âme de George Sand, qui méritait de se survivre, ayant été spiritualiste toute sa vie, n'a pas été insensible à ce rustique hommage des petits-enfants du Champi. Aussi bien la critique, comme autour de Lamartine, fait-elle un silence oublieux autour de son œuvre, que le temps remettra à sa place. Il est bon que ceux de là-bas se souviennent, et vous voyez qu'ils n'y manquent pas.

Avec beaucoup de raison, Maurice avait dû faire une façon de police autour de sa mère, dont le temps et l'argent n'auraient pas suffi à désintéresser tous ceux qui s'adressaient à elle. Le cercle avait donc été diminuant des curieux et des mendiants dont Nohant était devenu un instant le rendez-vous. Mais en même temps les intimités s'étaient resserrées, et ceux qui avaient été définitivement admis dans cet affectueux patronage y pouvaient recourir en toute occasion. Ils étaient de la famille, et, pour eux, Maurice devenait aussi cordial que sa mère. Il fallait entendre George Sand causer avec les cultivateurs et s'intéresser à leurs moindres déboires. Elle connaissait la nature dans tous ses secrets, la campagne dans tous ses travaux. Elle aimait la terre et ceux qui la servent avec une passion douce et recueillie. Pour le paysan berrichon, qui ne vaut pas mieux que les autres, elle a fait ce que le génie pouvait seul accomplir. Elle l'a poétisé en le laissant vrai. Elle l'a fait du troupeau des bergers de Virgile, immortels comme les héros.

Merveilleusement botaniste, elle connaissait les noms des fleurs les plus sauvages. Elle aurait voulu qu'on les chantât, et je retrouvai, il y a quelque temps, dans le reliquaire où j'ai mis ses lettres, une liste de celles dont les noms lui semblaient harmonieux en poésie et qu'elle me priait de mettre dans des vers. Le malheur est que l'ignorance générale en eût fait seulement des mots sonores et sans pensée. Les langueurs d'un pantoume s'accomoderaient seules de cette musique et j'ai reculé devant la difficulté du rythme. Mais comme elle les aimait, ces moindres fleurettes et jusqu'aux brins de fougère qu'elle étalait religieusement dans des herbiers, et qui semblaient le paraphe de quelque sorcier ayant acheté une âme au détour de quelque chemin nocturne, par une mauvaise lune à laquelle les loups aboyaient de loin !

Sa collection de papillons n'était pas moins curieuse et complète. Elle ne sortait guère, par les nuits d'été, sans rapporter quelque phalène au corsage de velours traversé d'une épingle. Je serai franc, et toute mon admiration pour elle ne me défendait pas d'un peu d'horreur pour ce délassement de bourreau scientifique. Un jour j'osai le lui reprocher. Il ne me sembla pas qu'elle se fût bien défendue. Mais je ne pus lui faire partager ma révolte contre elle-même. Elle était cependant d'une nature panthéiste naturellement ouverte à des sensibilités que les imbéciles raillent seuls. Je lui récitai à ce propos les plus exquises choses dont Victor Hugo a fait l'immortelle *Chanson des rues et des bois*. Elle souriait en m'écoutant, mais son maudit amour de la science n'était pas converti. Maurice se livrait aux mêmes chasses et avait l'excuse d'un beau livre. Et puis un homme n'est pas tenu aux mêmes délicatesses de pitié que la femme.

Mme Lina Sand étant excellente musicienne, la musique jouait un rôle considérable à Nohant. Les antiques menuets et les délicates choses du siècle dernier y montaient, autour du portrait silencieux du maréchal de Saxe dont la familiale image semblait présider aux plaisirs du salon. Mme Sand était absolument éclectique en matière musicale, éclectique et enthousiaste. On le vit bien quand elle décida son fils à laisser tirer un opéra de son roman de *Callirhoë* au profit d'un

compositeur inconnu alors et qui avait fait, comme
moi, son Conservatoire à l'Ecole polytechnique. Il
y avait beaucoup de talent, en effet, dans les par-
titions d'Alexandre Bazile, qui, plus rapidement
découragé que moi, est revenu aux mathématiques, nos premières et nos plus innocentes
amours. Nous eûmes en commun l'honneur d'être
bernés par un certain nombre de directeurs qui
ne nous traitaient encore avec autant de politesse
que parce que George Sand patronnait l'ouvrage.
De tout cela, il ne me reste qu'un manuscrit avec
annotations d'elle, et auquel je tiens plus qu'à
tous les autres, et le souvenir d'une collaboration
à Nohant tout à fait exquise. Ah! si du moins
toutes les autres pièces pour lesquelles je n'ai
pas eu plus de bonheur m'avaient été aussi
agréables à écrire ! Et quelle foi nous avions dans
l'œuvre, foi que, pour ma part, je n'ai pas encore
perdue ! George Sand était la plus jeune de nous
tous et la plus folle dans ses espérances.

C'est par ce souvenir que je veux finir cette
dernière et douloureuse promenade au séjour où
j'ai connu l'auguste familiarité du génie, où j'ai
appris qu'un grand talent n'allait jamais sans un
grand cœur, où je n'ai rien aimé que de beau et
de juste. Que deviendra ce coin abandonné du
Paradis dont l'ange de la Mort garde maintenant
deux fois la porte ? Les petites filles de George
Sand, dont l'une s'appelle Aurore comme elle;
pourront-elles garder, comme lieu sacré de

pèlerinage, ce qui fut la vie de leur grande mère au temps le plus noble et le plus pur de sa vie? Sur un des murs de la maison qu'habitait Théophile Gautier, rue de Longchamps, à Neuilly, son buste en terre cuite s'élève. Mais le château de Nohant tenait autrement au cœur de George Sand qu'à celui du poète la demeure dont il n'avait été que l'hôte en passant, et un hôte y payant l'hospitalité. Ce ne serait pas sans sacrilège que le domaine, où toute une vie comme celle de George Sand s'est écoulée, fût abandonné par les hasards de la vente à d'irrespectueuses mains. Ce serait en tout cas une grande tristesse pour ceux qui y ont vécu et qui y vivent encore à l'ombre de tant de souvenirs.

II

Pour une fois, je serai triste tout mon saoûl et j'irai jusqu'au bout de la mélancolie qui, souvent, me repose de rire, quand les autres ne me regardent pas. Aussi bien, chercherais-je vainement aujourd'hui, dans mon esprit, quelqu'une de ces fantaisies joyeuses dont je fais métier. Du court voyage, dont je reviens à peine, j'ai gardé l'obsession amère et douce, mais surtout exclusive et tyrannique d'un souvenir. Mes yeux ne se peuvent détacher de certaines images et mon cœur ne sait plus se taire. Il est comme le fleuve

dont, tout à coup, le murmure domine les bruits
joyeux de la rive.

Après quatorze ans — jour pour jour et j'avais
bien choisi ma date — j'ai revu Nohant et la maison où je fis le meilleur apprentissage des virilités saines de la vie et de la pensée, où, comme
dans celle et avant celle de Théophile Gautier,
j'ai pris cette fois consolante de croire que la
Bonté n'est qu'une des formes du Génie. J'ai
revu la maison dont l'hospitalité m'avait été une
gloire et un exemple, et tout près de la maison,
cette tombe où dort celle dont le nom seul met
des larmes dans mes yeux.

Cette fidélité de la mémoire et de la douleur
n'est pas pour étonner aucun de ceux qui ont
connu George Sand, et je la sais partagée par
quiconque a vécu dans l'intimité sublime de cette
grande âme. C'était comme un rayonnement qui
se faisait, autour d'Elle, de tout ce qui était en
Elle, et qui allait plus loin que son sourire et que
son regard. Elle était comme le foyer dont on
sent encore la tiédeur bienfaisante après que la
flamme n'en luit plus aux yeux. Elle faisait surgir de l'esprit une floraison d'idées hautes et
sereines. Ainsi l'ai-je connue au temps où s'argentait déjà son admirable chevelure qui semblait moins, sur la jeunesse persistante de son
visage, le dernier éclair de givre du printemps
que le premier frisson de neige de l'automne,
dans cette calme demeure de Nohant où, malgré

moi, je l'ai cherchée hier encore, épiant le son de sa voix ou le bruit de ses pas dans la solitude sonore de l'abandon. Hélas ! pas même le glissement d'une ombre sur la froide monotonie des murs ! J'ai trouvé le néant où j'avais connu la vie et je secoue mal de mon front les ténèbres de ce réveil abominable dans la nuit. Je n'ai pu me familiariser encore avec les impiétés de la Mort. Elle m'emplit de révoltes et de blasphèmes. Je crains de mourir moi-même sans avoir pardonné à Dieu.

*
* *

La journée de la veille avait été cependant la plus gaie du monde. J'avais rejoint à Châteauroux quelques amis qui me veulent pour compatriote parce que je pense comme eux et parce que le culte d'une même mémoire est une façon de Patrie. Sans être Berrichon je suis, de par leur choix, « gas du Berry », aimant la rustique chanson des musettes et des vielles, frère aîné, de Champi et encore amoureux de la Fadette. C'est George Sand qui m'a initié à cette champêtre et vivante poésie, dans l'odeur des foins où passe le bruit des baisers. Tout le long du dimanche, précédés des maîtres sonneurs, nous avions promené par les rues, devant l'enthousiasme des fillettes et l'étonnement des petits soldats étirant leurs gants blancs de filoselle, un char ressemblant fort à celui de Cérès et tout un appareil d'objets campagnards, comme on les honorait publiquement aux jours sacrés de Panathénées. Rien n'avait manqué à l'éclat ensoleillé de ces belles idolâtries ressuscitées, pas même l'anathème imbécile d'un clergé qui ne se demande pas où il en serait si nous autres, poètes, nous ne sauvions le peu de paganisme qui reste encore dans les âmes! Il n'y a pas de milieu entre le culte éperdu des choses et leur analyse impitoyable, entre le Panthéisme sage où tous les dieux se sont réfugiés comme dans un asile et la négation scientifique de l'Idéal. Pauvres prêtres, vous nous devez le peu que vous êtes encore, à nous qui, devant la moquerie des hommes, osons parler encore d'immortalité!

Et jusqu'au bout, notre fête fut païenne. Car nous avons dansé le soir, comme les bergers de Théocrite et de Virgile, à la clarté des étoiles; nous avons dansé des pyrrhiques anciennes dans l'air fouetté par les sifflements de l'antique chalumeau. Le bal fut ouvert par deux savants en bourrée faisant vis-à-vis, celui-ci à une jeune Berrichonne d'une élégance un peu parisienne, et celui-là à une vieille fileuse de lin.

Quand le lendemain matin nous avons dit aux vieux sonneurs que nous allions partir en pèlerinage pour Nohant, un grand attendrissement leur est soudain venu de cette pensée. Presque tous avaient fait danser à Nohant, autrefois, chez la bonne Dame. Le plus ancien, le père Moreau, qui a passé quatre-vingts ans et dont le visage hâlé est comme l'écorce, bourgeonnante encore en mars, d'un vieux chêne, passa sa lourde main sur ses yeux qui se mouillaient. On s'en fut au chemin de fer en musique, mais avec des airs bien moins gais que la veille, des airs de complainte qui ont des paroles et où pleurent les jeunes filles abandonnées par les galants. C'est le thème commun de toutes les poésies populaires en France. Malgré la beauté rapide du paysage qui fuyait en sens inverse, de notre propre course, découvrant un à un les sites que Georges Sand a immortalisés, je regrettai l'ancienne route qui se faisait par la voiture de Châteauroux à La Châtre, un fantôme de diligence, une immense casserole faisant un bruit d'enfer sur le pavé, derrière une torture de chevaux apocalyptiques secoués par une diabolique fouaillée. On était cahoté ferme là-haut, mais quelle odeur puissante de nature mouillée, de sèves réveillées, de fleurs sauvages éplorées dans les gazons, on respirait à pleins poumons, à l'heure matinale où se faisait ce voyage dont Nohant était presque toujours la station la plus achalandée. On entrait dans le parc par une petite porte qui donnait sur cette route et par une façon de pavillon. Quelques pas sur le sable tout luisant de rosée, une allée étroite dont les bordures hautes mettaient la fraîcheur jusqu'à hauteur des genoux, et qu'emplissait des battements joyeux de sa queue, le chien Fadet, introducteur patenté de toutes les ambassades familières, et la cloche vous annonçait. Et George Sand venait à vous les mains tendues, radieuse parmi les siens, grand'mère déjà, avec des tendresses infinies et inquiètes de jeune mère. Et la vie commençait pour les hôtes, faite de soins affectueux et de liberté, réglée par le travail de George Sand qui prolongeait les veilles sous la lampe meurtrière pour donner plus de la journée à ses invités. Tous les enfantillages exquis de cette existence vraiment campagnarde, les belles parties de boules où nul n'était plus adroit qu'elle, et, le soir venu, les représentations des marionnettes qu'elle avait habillées, elle-même, de ses mains de fée.

Je me demande si tout cela n'a pas été un rêve. Le nouveau chemin qui se fait par le village de Vicq où est la station amène au cœur même du bourg de Nohant, sur la grande place où donne l'entrée principale du château. Nous le parcourons silencieusement, en cueillant des aubépines, des scabieuses, des anthémis, des pavots, tout un bouquet sauvage que nous ajouterons au bouquet de roses rouges et blanches apporté de la ville. Les vielleux s'arrêtent sous les hauts arbres qui font face à l'église, une église basse dont les pierres vermoulues semblent les dents gâtées d'un énorme fossile. Seul je sonne à la porte avec un terrible serrement de cœur et je parlemente avec la gardienne de Nohant abandonné, Juliette que j'ai connue autrefois, toute petite fille dans la maison où elle a été élevée, et qui ne me reconnaît pas, non plus qu'Henri, le vieux domestique de Maurice qui a pris dix ans de plus depuis que son maître est mort. Je fais appel à leurs souvenirs, ayant honte qu'on nous prit, moi et les trois amis qui m'accompagnaient, pour des acheteurs. Car Nohant est à vendre. Le temple est à l'encan ! Il y a des gens qui le viennent voir, qui se demandent où ils mettront leurs meubles à la place de nos reliques ! reliques absentes d'ailleurs, on a tout emporté. Rien que les murs, les murs vides, mortuairement nus. Ou bien, çà et là, quelque lambeau de vie plus terrible que la mort, au coin de tenture par exemple, devant lequel se balance le ruban de la sonnette qui appelait, la nuit, au chevet du dernier mort de la maison. Je ne me sens pas le courage de monter à la chambre où George Sand est morte et d'y relire, sur le mur, quelques vers anglais qu'elle y avait écrits et que la piété des siens n'a pas permis d'effacer. Mais il sera loisible au propriétaire à venir de coller dessus du papier. C'est comme un air de profanation que je respire et qui m'étouffe dans ces pièces cependant larges et fraîches, étroitement fermées qu'elles sont au rez-de-chaussée. J'ai hâte de sortir. J'ai peur qu'on ne me croie du sacrilège qui se prépare. Et, dans le jardin où je pénètre par la salle à manger, j'ai grand peine encore à arriver au rassérénement. La splendeur même des verdures dont aucune main laborieuse ne maintient plus les épanouissements désordonnés est comme un stigmate nouveau de la solitude et de l'abandon. Les allées sont débordées par les hautes herbes, des cascades de lierre s'épanchent du front lassé des arbres, les voûtes se referment sur les sentiers où la lumière ne pique même plus ses flèches d'or sur le sol gazonneux. Sans descendre dans les avenues, nous tournons brusquement sur la gauche et, par un verger mieux cultivé, entre une double haie basse d'œillets blancs, nous allons, plus muets encore et plus recueillis, à la petite porte qui donne sur le cimetière.

Car c'est dans un coin même de la propriété que George Sand et les siens reposent, et qui, je le suppose, échappera, du moins, aux enchères. Le mur à peine franchi, tout contre la porte, sous l'ombre même, surplombant le mur, des tilleuls du jardin, la pierre polyédrique, très simple, un peu massive, avec le nom écrit en lettres d'or, se dresse en longueur. C'est au-dessus, un bouquet de fleurs très fraîches dans l'eau limpide de vases en verre. Allons, il y en a qui se souviennent là-bas ! Toutes ces petites fleurs ont l'air de regarder avec les yeux très doux de la grande Morte. Un vent léger me caresse qui y cueille comme un souffle d'âme. Je me sens pénétré de je ne sais quoi qui m'apprend que l'anéantissement dans la mort est très doux. C'est la dernière leçon sans doute et celle que j'emporte. C'est comme un cassement de cristal dans mes yeux à travers lequel je vois à peine cette grande pierre qui tremblotte avec ses fleurs qui regardent toujours. Je ne sais où j'ai posé mes deux bouquets. Mes compagnons sont presque aussi émus que moi. Ils se détournent vers la tombe plus récente de Maurice dont le monument n'est que provisoire encore, mais est également comme un parterre.

Je n'ai pas osé regarder derrière moi en m'en allant. Me voici déjà sur la place. Sous les grands arbres, les cornemuseux et les vielleux jouent très doucement, comme pour bercer, sans la réveiller, l'endormie, et les petits enfants qui ne l'ont pas connue, accourus de tous côtés, hébétés, regardent, pendant que les vieux tirent lentement de leur poche un grand mouchoir à carreaux.

XVII

A TRIANON

A Firmin Javel.

J'étais bien sûr cependant d'avoir quitté Paris depuis une heure et demie à peine. Le train qui m'en avait amené était un train de banlieue, un de ces bons express de famille qui vous conduiraient à Marseille en trois jours et qu'emplissent de tranquilles citoyens ayant, en général, un petit paquet de comestibles à la main. La voiture dont je venais de descendre était certainement un fiacre et je voyais encore le numéro inscrit sur sa lanterne. Enfin mes compagnons étaient vêtus de jaquettes de fantaisie, avec des chapeaux très modernes sur la tête, et portaient, dans leurs poches, des journaux du soir.

Et je n'en étais pas moins dans une invraisemblable solitude, comme perdu dans une forêt vierge, loin des mondes habités et plus surpris que si le poids d'un siècle tout entier me fût descendu sur les épaules, lourd de splendeurs et de misères, d'ingratitudes et de gloires. Sur les gazons drus et inégaux que foulaient mes pas, les premières feuilles tombées du présent automne couraient, poussées par un vent tiède, s'accrochant aux feuilles plus sombres des automnes anciens. Tels les souvenirs se réveillent les uns les autres dans l'âme plongeant plus avant dans la nuit du passé. Par places, ce parterre roux semblait s'effondrer circulairement. La vasque nettement dessinée d'un bassin apparaissait, veloutée par des mousses qui avaient lentement mangé la pierre. Mais pas d'eau dans ces étranges réservoirs, que de hautes herbes fleuries mettaient de niveau avec le sol. Au centre, des groupes mystologiques étaient suspendus, soulevés par des conduits de plomb affaissés et sinueux comme les veines exsangues des cadavres d'hôpital. Et des amours souriaient, enlacés à des dauphins et à des cygnes, au-dessus de ces métalliques échafaudages, immortelles images de ce que la mort attend. On sentait une ordonnance savante dans la silhouette des hauts massifs d'arbres séculaires, mais incertaine déjà par l'envahissement des verdures parasites et donnant l'effet d'un dessin qu'une main maladroite a estompé en la frôlant. Les points de vue s'ouvraient moins larges qu'ils n'avaient été conçus, offrant comme horizon la nappe argentée d'un lac ou quelque ruine monumentale, chef-d'œuvre abandonné dont la flèche vivace des arbrisseaux déchirait la pierre, où mordait l'innombrable racine des broussailles, où le lierre et la ronce traînaient leurs mortelles caresses, serpentins et envahissants. Un soleil très doux baignait ce décor inattendu, et les ombres obliques qu'il projetait semblaient mesurer à chacune de ces choses l'espace de son futur effondrement, quelque chose comme sa tombe. Ah ! quelle mélancolie octobre jetait sur ces magnificences désolées ! Un peuple de statues mutilées semblaient me regarder avec ses yeux de pierre, un peuple muet de dieux et de héros et je sentais, en moi, une vague impression de sacrilège.

*
* *

Trianon ! J'étais à Trianon ! Ces merveilles abandonnées, ces splendeurs livrées à l'œuvre rapide et meurtrière du temps, c'était Trianon. C'est une propriété nationale qui m'apparaissait dans cet état de délabrement absolu, de volontaire destruction ! Est-ce donc les souvenirs de cette royale demeure qu'on proscrit ? Et qui songe à les évoquer, sinon quelque amoureux attardé et inoffensif de cette charmante duchesse de Bourgogne qui fut une des plus rares fleurs de la galanterie française ? Y a-t-il l'ombre d'un symbole dans tout cela ? Qu'importe ceux dont les pas ont foulé, avant les nôtres, ces allées que de sublimes frondaisons protègent, et poursuivrons-nous la Nature et l'Art au nom des principes immortels ? Là s'exerça le génie humain, français, plébéïen d'artistes sans nombre, et c'est leur œuvre qu'il s'agit de défendre. Au moment où l'on reconstitue partout des musées historiques, c'est bien l'heure de laisser périr ce musée vivant et la tradition, non pas politique, mais purement esthétique qu'il fait revivre! Que vous ont fait, de grâce, messieurs les immaculés de la démocratie, ces marbres qui se nomment, — non pas Louis XIV ou Louis XVI, — mais Apollon, le divin joueur de lyre ; ou Hercule, le farouche redresseur des torts? Que vous ont fait ces jolis amours inspirés de Boucher et dont les collectionneurs anglais emportent chaque jour des morceaux ? Et ces merveilleuses naïades qui dansaient, comme les libellules, à fleur d'eau, vous ont-elles offensés davantage? Avec leur rire immortel aux lèvres, elles ne daignent même pas se moquer de vous. C'est pour les Dieux, non pour les Rois, que je réclame. Pour ces Dieux qui furent l'image du Beau à travers les âges, et qu'invoquaient jadis, rajeunis par la tradition païenne, ceux qui mouraient pour la Liberté! Ce que je vous adjure de sauver, c'est la trace sacrée du génie antique dans le génie national, c'est un vestige de cette parenté latine et grecque qui demeure encore, croyez-le bien, l'honneur le plus pur de notre sang! Trianon l'acclame partout, cette noble filiation qui nous fait l'envie des races teutonnes; il l'acclame dans le mélancolique murmure de ses arbres au vent du soir, dans la plainte de ses fontaines lentement taries, par la silencieuse voix de ses hôtes de gra-

nit, par la chanson divine de ses rossignols que
Théocrite ou Virgile se fussent arrêtés pour entendre. Comme Fontainebleau, Trianon est fidèle
à ce grand sentiment de renaissance par l'art
mythologique où s'épura, dans la conception
d'immortels chefs-d'œuvre, la verve vivace, mais
sauvage, des artistes que notre sol enfantait !

*
* *

Est-ce donc parce qu'on n'a pas trouvé d'affectation pratique à Trianon qu'on l'abandonne? Ce
serait simplement monstrueux, et de là à chercher le moyen d'utiliser la Vénus de Milo comme
candélabre, il n'y a qu'un pas. Et pourquoi, d'ailleurs, ce merveilleux domaine demeurerait-il
fatalement sans habitants ?

Une idée fit grand bruit, il y a quelques années:
celle d'une école de Rome pour les littérateurs.
Elle n'était pas, s'il vous plaît, aussi absurde
qu'on le pourrait croire ; elle le devient beaucoup
moins aujourd'hui que le journalisme tend, de
plus en plus, à absorber et à disséminer toutes
les virilités du talent. On a coutume de dire que
la Villa Médicis rend de grands services, en gar-
dant quelques jeunes peintres bien doués de l'a-
vidité des marchands, et quelques compositeurs
d'élite des tentations de l'opérette. Mais il me
semble que l'art décrire a sa plastique comme
les autres et sa part glorieuse d'un métier qu'il

faut apprendre. Et, comme la France reçut, pour le moins, de ses prosateurs et de ses poètes, autant d'honneur que de ses sculpteurs et de ses musiciens, je ne vois pas en somme, pourquoi elle serait plus tutélaire à ces derniers qu'aux gens de plume. Quelques années de vie matérielle et de tranquillité d'esprit, assurées à des auteurs ayant l'ambition d'une grande œuvre, ne seraient pas déjà un si sot placement de sa gloire et nous entretenons chèrement des résidents qui ne rendront peut-être pas à la patrie autant de service devant la postérité. Comme l'homme de l'Ecriture une grande nation ne vit pas seulement de pain et d'annexions lointaines. Oui certes, cette idée devient plus juste que jamais, pour défendre enfin notre glorieux idiome contre le pathos politique des feuilles, et contre tous les volapücks dont Cambronne demeure, en somme, le Bossuet.

Ah ! que Trianon serait un admirable séjour pour les studieux élus, pour cette *cara soboles* d'une renaissance littéraire nécessaire ! O poètes que la solitude inspire, quelle merveilleuse et sonore mélancolie descendrait, dans vos âmes, de ces grands arbres qui ont vu tant de splendeurs et de délices ! Vous n'évoqueriez pas les fantômes charmants mais fugitifs des grandes dames écoutant les musiques galantes que balançaient, sur le lac argenté par la lune, des barques pavoisées ; mais, vous attachant à l'éternité des choses vous rediriez, en belles rimes chantantes, les soleils se levant et se couchant, impassibles, dans ce beau paysage, ses hôtes olympiens rêvant sous l'épaisseur fraîche des ombres, la Nature et l'Art laissant fuir à leurs pieds les hommes et les jours comme des torrents...

*
* *

Pour les Dieux ! Pour les Dieux ! Pour la Nature qui est comme leur corps vivant : Pour l'art qui est comme leur âme vivante ! L'indifférence des hommes d'aujourd'hui aux grandeurs du Passé est ce qui m'épouvante le plus. Je crains qu'elle ne soit sévèrement jugée par l'avenir. La postérité saura certainement, en dépit de ceux qui placent en 1789 l'origine du monde, sous quels surintendants des beaux-arts cette merveille qui s'appelle Trianon fut élevée. Il serait naturel qu'elle se demandât aussi sous quel ministre ce chef-d'œuvre d'art acheva de tomber en ruines. La fin des choses est aussi intéressante que leur commencement et le vandalisme a ses annales comme le génie créateur.

Mais je ne veux pas m'attarder à ces douloureuses réflexions. J'aime mieux relire, dans le beau livre du savant Dussieux sur le château de Versailles, si magnifiquement édité par Bernard, ce que fut Trianon, que de penser à ce qu'il est aujourd'hui. Si les choses continuent d'aller ce train, les rouges-gorges et les rossignols, ces derniers hôtes, n'auront plus à chanter bientôt que l'ombre effacée de ses beautés croulantes, et les automnes à venir, en même temps que les feuilles tombées, emporteront dans le vent la poussière de ses Dieux et de ses pierres : les oiseaux se souviendront encore que l'homme aura déjà oublié.

XVIII

DANS LES FLANDRES

I

A Franz Servais.

Comme tout Français soucieux des destinées de l'art national et justement ému de la détresse où notre musique est mise par le mercantilisme des directeurs et l'incurie des gouvernants, j'ai été entendre *Salammbô* à Bruxelles. N'ayant abordé qu'incidemment la critique musicale, je ne me permettrai pas de donner mon opinion sur la nouvelle œuvre de Reyer, si impatiemment et si curieusement attendue. J'en puis cependant louer sans réserve, et comme simple auditeur, le beau souffle, comme il suffit d'avoir des idées d'esthétique générale pour parler de la peinture de Puvis de Chavannes. Au fait, la ressemblance entre les deux maîtres, dans deux modes différents de l'art, ne saurait échapper qu'aux superficiels. Tous les deux procèdent de Gluck et entendent l'art lyrique — j'entends le peintre comme le musicien — de la même façon, dans une vérité sobre et sans sacrifice aux vanités du pittoresque. Tous les deux évoquent l'âme antique dans sa sérénité ; car la tragédie eschylienne elle-même, dans toute son horreur, demeure empreinte d'une majesté marmoréenne. Reyer est de cette grande école, et sa muse est certainement une de celles du Bois sacré. Il fait penser à l'*Orphée* et à l'*Alceste*, que le génie de la Viardot avait si noblement ressuscités. La belle ordonnance des lignes y prévaut peut-être sur la couleur. Il n'a pas les tons chatoyants qui font, de la musique de Massenet, une griserie. C'est un fleuve très large, très pur et plein de ciel que son talent, et qui, comme les fleuves vers la mer, marche constamment vers l'au-delà des infinis. Bien que contemporain de Wagner et novateur comme lui, il n'y a pas à les comparer. L'âme latine est au fond de toutes les inspirations de Reyer.

Quel sort aura *Salammbô* devant l'avenir ? Bien présomptueux qui oserait, après une audition ou deux, lui promettre ou lui nier l'immortalité. Une telle synthèse échappe au premier coup d'œil. L'épreuve paraît faite pour *Sigurd*, qui demeure décidément au répertoire. Il faut qu'elle se fasse également sur *Salammbô*. L'évocation d'une des plus admirables figures de la poésie contemporaine — car Flaubert fut avant tout un grand poète — lui sera, j'en suis sûr favorable, au point de vue de la longévité. L'immortalité peut être contagieuse, et le livre est certainement immortel. Jusqu'à quel point ses beautés reviennent-elles dans la partition? C'est un point délicat à juger.

Il est certain, toutefois, que la *Salammbô* de
Reyer est moins mystérieuse, moins enveloppée
de mysticisme que celle du roman. Elle est plus
uniquement amante. J'avoue assez volontiers cependant que la musique était favorable à cette
atmosphère du rêve surhumain où Flaubert
l'avait enfermée. Mais tout cela est affaire de tempérament. Celui de Reyer est, avant tout, fait de
vigueur, de virilité, de puissance. Il traite l'amour
en mâle, non pas en raffiné de passion. Ce n'est
pas moi qui lui en fera un reproche, dans un
temps où le féminisme règne aussi despotiquement dans l'art musical français et où l'on nous
promet un Werther! Foin de ce platonisme voulu
dans un art absolument sensuel! Il est doux d'entendre soupirer l'espérance ; mais le cri du triomphe brutal et de la chair assouvie a bien aussi
son prix, et tous les jolis airs de flûte ont besoin
d'une fanfare pour conclure.

Mais, encore une fois, je ne me permets pas
de donner mon avis sur un ouvrage dont je si-
gnale seulement les tendances à la fois vigoureuses et élevées. Je passe à une remarque du domaine commun, pour ainsi parler. Après *Hérodiade* de Massenet, *Sigurd* de Reyer, les *Templiers*
de Litolff, *Jocelyn* de Benjamin Godard, *Salammbô*, œuvre de compositeur français comme toutes
les précédentes, vient de recevoir sur la scène de
la Monnaie, subventionnée par la ville de Bruxelles
et par la cassette royale, une hospitalité qui

24.

doit nous emplir de reconnaissance. On accuse de wagnérisme les musiciens belges. Je ferai remarquer qu'ils n'en ont jamais fait autant pour Wagner — qui fut un contesté aussi, même en Allemagne — que pour notre jeune école française. Jamais procédé international à l'égard de voisins ne fut plus délicat et plus constant. Est-ce que tant de courtoisie ne mériterait pas un peu de simple politesse? Est-ce que les compositeurs belges ne devraient pas trouver aussi parmi nous la porte ouverte? Il n'en manque pas qui ont du talent. Peter Benoît, à Anvers, est un compositeur justement admiré, et Franz Servais, héritier d'un nom illustre, a écrit, sur un admirable poème de Lecomte de Lille, une *Apollonide* pleine de sérieuses beautés. Qu'on ne me réponde pas que nos jeunes compositeurs ne trouvent pas eux-mêmes à se faire jouer en France. C'est précisément le mal que je signalais tout d'abord. Mais ils y ont trouvé le remède en s'allant faire entendre de l'autre côté de la Meuse, où ils sont traités comme des nationaux et comme des amis. Il est assez humiliant pour nous qu'à six heures de Paris une scène étrangère soit devenue la première scène lyrique du monde incontestablement. Il est inutile d'ajouter à cette honte une pointe d'ingratitude.

Je n'ai jamais pu mettre le pied en Belgique sans y demeurer plus longtemps que je ne l'avais projeté tout d'abord. Ce pays de si petite étendue et d'une richesse artistique si considérable a pour moi des attirances que je ne saurais dire. On y voisine de grande ville en grande ville, à travers des chefs-d'œuvre qui ne sont séparés les uns des autres que par un espace de temps insignifiant. Jamais tant de merveilles ne furent entassées dans un si médiocre territoire. On pense là à ces cités grecques voisines aussi, et dont chacune avait cependant sa personnalité artistique, même celles de la Béotie, injustement décriées, comme le prouvent les choses admirables qu'on a découvertes dans leurs ruines. Aller à Bruxelles sans aller à Anvers, à Bruges, à Malines! c'est un acte de stoïcisme dont je n'ai jamais été capable et cette fois-ci pas davantage que les précédentes. Et les impressions que je rapporte, une fois de plus, de ce pèlerinage circulaire, je vous les transcris ici dans leur franchise et dans leur sincérité.

II

Je ne veux faire revivre de Bruxelles que le souvenir de son admirable Hôtel-de-Ville.

Tout un âge passé revit sur cette place, un âge plein de révoltes augustes et traversé de grands cris de liberté, un âge où le génie national, opprimé par l'invasion, prenait déjà ses revanches. Rien n'est changé de ce que fut ce décor où le drame d'*Egmont* — qu'une adaptation française merveilleusement entourée dans une partition de Beethoven fait revivre en ce moment à l'Odéon — semble encore tout prêt à être joué. Les deux palais, que séparait un échafaud, sont encore face à face et se contemplent dans la solitude d'une nuit qu'argentent des feux électriques. Les maisons où les corporations avaient sculpté leur seau professionnel, inégales, d'une architecture pleine de fantaisie, se pressent toujours, comme curieuses de quelque horreur nouvelle où se révèle le génie espagnol, le plus savant à la torture qui fut jamais.

Toute âme citoyenne, à quelque patrie qu'elle appartienne, boit dans ce lieu un souffle de virilité et de rajeunissement. Moins sujet que personne à ces impressions infectées de politique, je les ai toujours subies en traversant cette place, et la haine du tyran comme l'amour des opprimés m'y ont gonflé le cœur. Je me sentais fraternel au peuple qui a souffert pour le maintien de ses droits et rougi de son sang, le joug étranger.

Quel calme immense aujourd'hui ! Ces belles pierres tranquilles où le Temps a traîné des patines de bronze sont comme le squelette de ce qui fut la guerre vivante, la conspiration incessante, l'âme exaspérée des combats. On dirait que la poudre des âges a noirci ces minces colonnettes de granit entourant les croisées vides de faisceaux harmonieux. J'ai vu un jour l'hôtel-de-ville de Bruxelles sous la neige, et jamais spectacle ne m'a laissé une impression plus durable dans l'esprit et dans les yeux. On eût dit un monument sortant de la main des ouvriers, la restitution savante d'un antique beffroi d'après de consciencieuses recherches. C'est que la neige nous apporte d'étranges renouveaux, la menteuse floraison d'un printemps tout épanoui d'espérances, le retour rapide et perfide de toutes les candeurs oubliées. C'est la robe de fiancée dont un pieux caprice de mourant revêt encore quelquefois un corps couché dans un cercueil.

III

Il faisait une des bourrasques qui ont signalé le milieu de ce mois quand je suis arrivé à Anvers cette fois-ci. Tandis que, fouetté par l'averse, l'Escaut secouait l'innombrable crinière de ses vagues fauves, pareilles à des cavales toujours sous le frein, — l'Escaut profond et révolté, qui pendant les mois d'hiver, ne reflète plus l'image riante des rives, j'ai regagné la vieille ville et fait mon pèlerinage accoutumé au musée Plantin, cette merveille de piété archéologique faite pour humilier nos œuvres de vandales. J'ai revu la grande cour quadrangulaire aux murailles trouées de fenêtres symétriques étroites avec des carreaux quadrillés de plomb, encadrées par les affolements jaunis et languissants d'une vigne dont le pied noueux a la vigueur du tronc des chênes ; et j'ai passé sous le regard tranquille, sous le regard de pierre du premier Plantin, dont le buste débonnaire surmonte cette agreste tapisserie que paraissent accrocher aux corniches les larges feuilles recroquevillées comme des griffes d'or. J'ai grimpé le petit escalier qui mène — par les chambres désertes où de vieux lits semblent s'être affaissés lentement sous le poids seul du Temps, ce muet compagnon de nos rêves, — mélancoliques et vides avec un effrangement de courtines aux couleurs pâlies, — jusqu'aux ateliers anciens où les rudimentaires outils des imprimeurs de ce temps attendent les ouvriers que n'appelle plus la cloche dont le bruit ne va pas jusqu'au cimetière.

Rien de plus curieux, de plus artistique et de plus noblement religieux que le soin pris pour conserver, à ces longues pièces, leur physionomie laborieuse d'antan. Dans les casiers, les caractères sont classés comm· pour une œuvre prochaine, ces admirables caractères qui firent de la bible d'Alcala le plus beau monument de l'art typographique au XVIe siècle et la gloire du savant Arias Montanus. La petite allée de briques est bordée, d'un côté, par les pupitres des compositeurs, et, de l'autre, par les presses à bras, vermoulues et massives, amas de bois lourds et déchiquetés par les vers, ridicule et terrible à la fois, comme ces armes de sauvages dont la simplicité nous étonne, tandis que nous en mesurons avec effroi les terribles coups. Là fut le berceau de l'imprimerie, c'est-à-dire de la plus formidable invention qui ait jamais servi la haine humaine.

Certes, devant ce spectacle recueilli, dans ce tombeau demeuré ouvert aux caprices des fantômes, sous le toit que les cendres invisibles du passé recouvrent comme autrefois les maisons d'Herculanum, vous êtes hanté tout d'abord par l'évocation douce de ces hôtes tranquilles et disparus. Trois siècles se remontent vite par la pensée, et puis les portraits des anciens maîtres sont là, portraits vivants qui vous regardent avec des yeux amis, bonnes figures encadrées de larges collerettes à la flamande, et rien n'est plus simple que de vivre une heure au milieu de ce monde aux passions mortes. Je vois les fondeurs de plomb à leurs fourneaux et les graveurs sur bois poussant méthodiquement leur stylet dans le pavé de chêne, éclairés en hiver par des chandelles souvent avivées par les morsures de lourdes mouchettes en fer. Il ne faut pas grande imagination pour repeupler les bancs déserts encore luisants des usures d'autrefois. C'est une vision où l'esprit s'endort volontiers. Il se réveille à la pensée que ces hommes n'étaient pas de simples machines, mais des âmes comme nous, déchirés de mille désirs, impatients comme nous de la destinée. Là, dans ce paisible décor, se nouèrent de solides amitiés et naquirent d'effroyables rancunes ; la jalousie y poussa ses souffles empoisonnés et l'orgueil y sentit l'aiguillon des révoltes inutiles. Derrière le vitrage sombre, tamisant comme à regret la lumière captive de la cour, l'amour aussi a rêvé, l'amour immortel comme le monde, et plus d'un apprenti, tandis que ses doigts seuls continuaient sa tâche, a vu passer, dans un nimbe de soleil, la blonde bien-aimée aux nattes battant les épaules, — comme dans les figures de vitrail, — dont le bras, à la promenade du dernier dimanche, s'appuyait si doucement sur le sien, tandis que mai faisait jaillir du faîte des haies, comme un ruissellement de lait, la blancheur des aubépines !

Je n'ai jamais pu visiter une maison abandonnée sans me sentir une sorte de piété absurde pour tout ce qu'elle gardait des traces de ses anciens habitants. J'y vois partout des reliques inconnues et incomprises, des riens dont un souvenir anonyme avait fait, sans doute, des choses sacrées. Comme les moutons aux broussailles, ne laissons-nous pas un peu de nous à tout ce que nous avons touché ? Ceux-ci leur laine seulement, le grossier habit de la matière ; mais ceux-là le duvet aérien, comme celui des cygnes qui s'envolent, de leurs pensées, le pollen qui faisait de leur cœur une fleur, la poussière fragile, — comme celle qui revêt les ailes des papillons, — de leurs rêves!

Le jour tombait et la rafale battait les vitres, s'argentant à chaque brisure, éclaboussant les fenêtres des clartés blanches d'un couchant sans soleil. Et mes impressions s'assombrissant en même temps que les pièces, où sonnaient, plus rares, les pas des promeneurs attardés, cette grande enfilade de chambres où les ombres elles-mêmes s'estompaient, chaque chose perdant son relief, s'emplit du tumulte mystérieux d'une foule.

Au lieu des battements méthodiques et cadencés des presses rudimentaires qu'un homme faisait mouvoir, j'entendis la clameur sifflante des machines contemporaines, le fracas qu'on entendait à l'Exposition universelle, dans la galerie qui en faisait la plus grande gloire. Une buée de vapeur chaude me souffleta au visage, et le roulement des balanciers énormes, les grimaces d'acier des bielles, le ronflement des courroies sur les roues à toute volée, le grand brouhaha des usines modernes m'étourdit.

Ce n'était plus les pages longtemps caressées d'une Bible qui, lentes, sortaient pour l'honneur de quelque livre que les bibliothèques se disputeraient un jour. Mais un incalculable fouillis de papier noirci à la diable, un amoncellement de feuilles où les caractères s'effilaient en longues taches.

Et tout cela s'envolait par les croisées, immédiatement saisi par le vent, déchiré par mille mains impatientes, et rien ne restait, un instant après, de ce fatras sans cesse renouvelé, de cette cendre de phénix dont la tempête faisait ce qu'elle fait de toutes les poussières. Poussière de pensée, poussière d'âme humaine, tout ce qui reste de nous sous l'écrasement de la pensée contemporaine, œuvre hâtive des écrivains de ce jour, toujours guettés par la gueule avide du monstre, du néant.

O tranquille Plantin, qui collectionnais des manuscrits enluminés, respectueux de l'œuvre gothique, qu'allait plonger dans l'oubli ton œuvre nouvelle, te doutais-tu que tu inventais un outil de torture, et que l'imprimerie ferait plus un jour pour l'avilissement de la pensée que la débauche elle-même et l'invasion des barbares? Car c'est la honte de ce temps d'avoir tiré de tes travaux sublimes, ô glorieux rival de Gutenberg, l'instrument où se disperse l'invention, où s'émiette le génie, où la méditation déchire ses ailes virginales. C'est toi qui fis, plus rapide que la flèche, l'injure qu'on se jette de loin au visage, l'arme des lâches; c'est toi qui...

Le gardien me frappa doucement sur l'épaule. La nuit était venue, et, de la ville déjà éclairée, une lumière diffuse et jaune montait, estompant d'un brouillard d'or clair la silhouette des toits noirs de la vieille maison dont je regagnais silencieusement la porte. Sous l'œil clignotant des réverbères, je regagnai le port, tout plein encore des traces de l'incendie et du cataclysme qui fit, entre Anvers et Paris, un lien nouveau de confraternité, de charité et de reconnaissance.

IV

De toutes les grandes villes de Belgique, Bruges était la seule que je n'avais fait que traverser, et c'était vraiment un grand plaisir que je m'étais réservé, que celui d'y revenir pour en mieux voir les merveilles.

Pour qui aime à plonger dans le passé et à se faire l'illusion d'une vie antérieure dans des siècles dès longtemps révolus, avec le musée Plantin d'Anvers, dont je parlais tout à l'heure, Bruges est certainement le lieu qui fournit à la pensée le plus admirable décor. On dirait que le temps, ce voyageur éternel, l'a choisie pour y faire une étape. Pompéi n'est pas une ville plus parfaitement morte. Mais quels gais souvenirs de la vie y demeurent, d'une vie calme qui, comme un océan sans tempête, s'est retirée par lents reflux visibles encore aux fronts ridés des vieilles femmes coiffées de capelines et qui semblent descendues des tableaux de Memling pour promener, par les rues désertes, leur curieuse mélancolie de spectres attardés. A peine de loin les distingue-t-on des moines, dont les frocs ressemblent à leurs longs manteaux; des moines qui cheminent un livre crasseux sous le bras entre les maisons à pignons de bois, troupeau en désordre de toitures bizarres que, pareils à des bergers pensifs, les hauts clochers gardent de place en place, sonnant encore les derniers glas des cultes défunts.

Et j'allais de merveille en merveille, par cette cité étrange, où tout est musée, les tribunaux et les temples, et jusqu'aux hôpitaux, où les malades meurent dans le voisinage indifférent des chefs-d'œuvre. Ici, c'est une châsse d'or massif incrustée d'admirables pierreries, et dans laquelle est suspendue, joujou superbe, la minuscule couronne d'une petite reine de Hongrie. Là, c'est cette merveilleuse *Adoration des Mages*, qui a sans doute inspiré au peintre Alfred Stevens cette pensée un peu troublante au premier abord que toute bonne peinture doit être vue à la loupe. Partout, partout, l'œuvre d'artistes patients et recueillis, la trace d'un monde qui n'est plus le nôtre et qui vivait agenouillé dans l'ombre immense de la croix. Et quand les beffrois tintaient leurs musiques grêles dans le silence, je croyais entendre le labeur rythmique des outils sous les doigts un instant ranimés de ces ouvriers sublimes, endormis dans leur grand rêve d'idéal et d'immortalité !

Quel contraste dans mon esprit ! J'avais quitté

Bruxelles le matin même, Bruxelles où les faiseurs d'esthétique faisaient grand vacarme à propos de *Salammbô*, où les musiciens de la politique internationale étaient vivement et passionnément commentés.

A Bruges, on ne semblait seulement pas se douter qu'il y eut un grand mouvement artistique à quelques lieues, et qu'il fût question dans d'autres cités de l'éternel et fastidieux équilibre européen. Et cette question sociale que l'Allemagne impose à l'Europe, et qui doit amener l'affranchissement de nouveaux prolétaires destinés, comme tous les autres, à abuser de la liberté ! on ne semblait même pas la soupçonner à Bruges. Une éclaircie presque printannière avait balayé le ciel. Les anémones et les premières tulipes souriaient aux fenêtres entr'ouvertes. Et je me sentais vraiment, dans ce rajeunissement de la nature et des légendes, dans un temps moins impitoyable que le nôtre et dont les consolantes erreurs valaient peut-être mieux que nos vérités.

Ces figures extatiques de Memling et de Pourbus n'étaient pas des portraits des grands de la terre, mais de gens humbles et vivant de leurs mains résignées, l'âme bercée de croyances enfantines et douces. Ce qui fait l'attirance singulière de ces regards si profondément humains, c'est qu'ils contemplent je ne sais quel au-delà mystérieux par derrière nous-mêmes. Et voilà pourquoi ils semblent nous traverser en allant à leur but caché, et nous pénètrent, en passant, d'une chaleur fraternelle. Ce temps-là, comme celui-ci, avait ses déshérités, mais il leur avait laissé l'illusion des revanches immortelles et d'une tardive justice dont il n'y avait pas lieu de hâter l'heure. Qui dira ce qu'il y entrait d'hypocrisie dans cette mansuétude et ce qu'il y entrait de pitié? Qu'importe si la somme des douleurs humaines en était diminuée!

Moi, je voudrais qu'on respectât jusqu'aux mensonges de l'histoire. N'est-elle pas exquise, la légende qu'on raconte encore à Bruges pour y expliquer la présence des plus admirables tableaux de Memling dans une chapelle d'hôpital ? On y voit l'illustre peintre, blessé à la bataille de Nancy, à côté de Charles le Téméraire, et revenant, épuisé, misérable, demander un asile à sa ville natale, où des religieuses le recueillent et le sauvent par leurs soins. Il était naturel qu'il leur payât en purs chefs-d'œuvre sa dette de reconnaissance. Je n'en ai, pour ma part, aucune à l'archéologue anglais sir Veale, lequel est parvenu à démontrer victorieusement que Memling était tout simplement un bourgeois notable de la ville, vendant fort bien sa peinture et ayant laissé une fortune honorable à ses enfants. Pourquoi chasser l'héroïsme des souvenirs, même menteurs, du peuple?

Car, enfin, cette fantaisie même d'un biographe, plus rempli d'imagination que d'érudition, implique la mémoire d'évènements tragiques auxquels la paisible cité fut autrefois mêlée. Elle évoque le spectre des guerres lointaines, des sombres révoltes contre le joug étranger, d'un passé où le sang et le progrès ont coulé en même temps par les brèches grandes ouvertes. Elle ne laisse pas intacte dans mon esprit cette grande et douce impression de sérénité, qui me venait surtout, en entrant à Bruges, du silence des haines mortes et des rancunes apaisées. Où la mousse maintenant croît toute diaprée des fleurs impatientes que Mars ouvrira seulement du bout de son aile mouillée, le pied lourd de l'homme d'armes espagnol a longtemps déchiré la terre. Nous-mêmes, gens de France, avons été là des oppresseurs, et un monument dans lequel le nom Coninck est exalté dans le bronze y dira notre défaite. Partout où l'homme a passé, il a semé ses levains de ruines et laissé des ferments destructeurs. Heureux les peuples chez qui ces traces sinistres d'antan ne rappellent que la liberté reconquise et que la patrie vengée.

V

Un souvenir à l'Hôtel-de-Ville de Louvain en passant. Imaginez une châsse de pure orfèvrerie, un véritable bijou de pierre dentelée et comme ciselée à la façon des pierres précieuses. Ce merveilleux coffret de granit est comme posé à terre. On dirait que des moines géants l'ont oublié là. Si vous cherchez ce que contient ce véritable reliquaire architectural, vous verrez que c'est encore un souvenir de liberté revendiquée et victorieuse ; c'est le symbole qui domine en Belgique où tout parle d'affranchissement. Une autre curiosité de Louvain, et toute moderne, c'est sa maison centrale, où les condamnés à mort de Belgique continuent à vivre dans des conditions qui pourraient sembler au plus grand nombre pires que la mort. Le nom d'Armand Peltzer, qui en fut un des derniers pensionnaires fameux, est encore là-bas dans toutes les bouches. C'est avec une terreur mystérieuse qu'on parle même autour de cette forteresse contemporaine, des cachots solitaires où les assassins expient leurs crimes, sans jamais revoir ni le ciel, ni la lumière, ni un visage humain. Leurs aliments eux-mêmes se dressent devant eux, sans qu'un geôlier les leur apporte, mécaniquement, comme dans une féerie, et leur lit se dérobe sous eux à l'heure réglementaire du lever.

On me montre l'échevin chargé de cet important service. C'est un excellent homme souriant qui marche avec d'énormes paquets sous le bras. On m'apprend que ce sont des pots de confitures que sa femme confectionne pour les prisonniers, et qu'il leur apporte en venant inspecter l'établissement. N'est-ce pas exquis et touchant?

Je ne quitterai pas ce sol hospitalier à nos arts
et à nous-mêmes des Flandres sans lui faire mes
adieux en vers, comme c'est mon misérable et
sublime état de poète lyrique. J'adresse donc ces
vers aux amis que j'ai trouvés là-bas, aimant
vraiment la France, comme j'aime moi-même
leur noble pays :

O Terre de Rubens et de sainte Aldegonde,
Pays doux au proscrit par la patrie hanté,
Terre Belge, pour l'art et pour la liberté,
Tu fis plus que n'a fait tout le reste du monde!

Pays du soleil pâle et de la beauté blonde
Qui semble en avoir bu la laiteuse clarté,
Où la fleur du houblon couronne la santé,
Au front de tes robustes fils, mère féconde,

Fraternelle au vaincu plus encor qu'au vainqueur,
Sans laisser en arrière un lambeau de mon cœur,
Je n'ai jamais franchi que ta seule frontière.

Et ne sentant en moi rien s'y mésallier,
J'ai salué toujours ton ciel hospitalier,
Heureux de t'apporter mon âme tout entière!

Février 1890.

XIX

EN LANGUEDOC

I

On se rappelle la belle tournée provençale que fit, il y a quelques années, la double société des Cigaliers et des Félibres, parmi les fêtes locales, les courses de taureaux où le sang ne coule pas, mais où l'homme montre un réel courage, ressuscitant çà et là les grandioses spectacles du passé, représentant *Œdipe roi*, le chef-d'œuvre du théâtre antique, sur la scène romaine d'Orange, ayant à sa tête Mistral, cette gloire de la France aussi bien que du Midi tout entier.

L'idée d'une promenade pareille dans ce qui fut le Béarn, le Navarret et une partie du Languedoc, là aussi où l'idiome natal est demeuré, était caressée depuis longtemps. C'était donner à ces pèlerinages une envergure nouvelle. Il s'agissait, en effet, de consacrer là, dans ce pays si riche en poètes, ceux qu'on était peut-être près d'oublier. Dans cette seconde excursion à travers les pays du soleil, l'œuvre entreprise a affirmé sa portée réelle : glorifier le sang latin dans ses manifestations intellectuelles et lyriques. Noble et patriotique tâche, en effet, dans un temps où la germanisation nous menace plus encore dans nos goûts littéraires que dans notre territoire. On ne saurait trop louer l'ampleur de pensée avec laquelle ce dernier voyage a été conçu. Ce n'est pas seulement les poètes ayant écrit dans la langue chère aux Félibres qu'on a loués et honorés, mais tous les poètes français, Théophile Gautier en tête. Ici c'est une plaque commémorative dont on a illustré une maison natale. Là c'est une statuette, ou un buste, perpétuant la mémoire de celui qui a pensé et écrit. Tous ces présents des Félibres et Cigaliers en voyage ont largement payé l'hospitalité enthousiaste dont ils ont été partout l'objet. Ce n'a été que fêtes pittoresques, superbes, une véritable kermesse méridionale, sur leur chemin. Partout une marche triomphale sous le ciel radieux et dans un magnifique paysage. Çà et là une page de roman comique et un bel éclat de rire rabelaisien sous les feuillées enguirlandées, devant les pots de septembrale purée. Ayant été d'une partie du voyage, ayant des notes précises sur l'autre, j'ai pensé qu'une courte légende et quelques citations de ce qui s'y est dit étaient faites pour intéresser. C'est donc ce que je vais tenter de faire.

II

C'est à Agen que les fêtes ont commencé par un salut à la mémoire du poète-perruquier Jasmin. J'ai déjà dit mon admiration pour ce vrai poète qui a trouvé dans sa patrie même un jeune historiographe plein de talent, M. Carrère, dont nous commenterons un de ces jours les beaux travaux sur les poètes du peuple. Paraphrasant le distique gravé sur le monument à Jasmin :

> O mo lango, tout me zou dit,
> Plantarey un estelo a toun froune evernuit,

le député de la Drôme, Maurice Faure, le fondateur de la Cigale et un poète distingué, en même temps qu'un orateur plein de verve, s'est écrié : « Elle brille, cette étoile. C'est elle que nous venons saluer ! »

Un autre poète moins connu, François Cortète de Prades, également d'Agen, a ensuite été doté d'un buste, et son histoire a été rappelée, dont j'extrais ces passages intéressants :

« François de Cortète de Prades naquit vers 1586 au château de Prades, qui domine la vallée de la Séoune, un peu au-dessus de la jonction de la route de Puymirol et de Valence-d'Agen.

« Voué de bonne heure au métier des armes, il entra en qualité de page auprès d'Esparbès de Lussan, vicomte d'Aubeterre, plus tard maréchal de France.

« Le 16 janvier 1608, il épousait, à Valence-d'Agen, sa cousine Jeanne de Caumont. De cette union naissaient trois enfants.

« Après avoir assisté aux diverses campagnes militaires de l'époque, nous retrouvons François de Cortète au siège de Salces, en 1639, sous les ordres du petit-fils de Blaise de Montluc, Adrien de Montluc, comte de Carmaing, esprit cultivé, une sorte de Mécène pour les lettrés de l'époque, ainsi que des dédicaces de Régnier et de Goudelin, le poète toulousain, l'attestent.

« Cortète se retirait en Agenais et se consacrait exclusivement aux lettres.

« Il mourut le 3 septembre 1667, à Hautefage, laissant trois comédies en cinq actes et plusieurs compositions de divers genres, le tout inédit.

« Son fils Jean-Jacques se fit l'éditeur et, malheureusement aussi, le correcteur de *Miramoundo,* de *Ramounet,* d'un sonnet et des stances *Las lermos del Grabè.*

« *Sancho Panca al palais del Duc* et quelques poésies légères sont encore inédites. »

Montauban n'ayant pas produit de poètes, cité huguenote, où les idées, sinon les mœurs, ont gardé une certaine raideur calviniste, les Cigaliers et les Félibres, dans leur besoin religieux de déification païenne, se sont rabattus sur un hommage à Ingres, artiste bien vraiment latin en effet, et personnellement imbu des belles traditions classiques.

C'est M. Henry Fouquier qui lui a consacré une étude vraiment remarquable, et dont je détache cette page d'une belle venue au double point de vue de l'éloquence et de la critique. Parlant du grand peintre, il a dit :

« Il avait vingt ans quand s'ouvrit le siècle, — son père ne put l'aider. Jeune étudiant, il vécut pauvre et austère ; il était musicien : il joua du violon dans les théâtres ; le musicien nourrissait le peintre... Fraternelle assistance des Muses qu'il devait un jour peindre toutes ensemble sur le fronton d'un temple grec.

. . . .

« A Rome, Ingres vécut pendant quatorze années dans la contemplation de l'œuvre de Raphaël. Mais Raphaël ne fut pas pour Ingres, comme on l'a dit légèrement, un maître qu'il imita d'une façon un peu trop servile. Quiconque imite n'égale jamais.

« Ingres trouva dans Raphaël une autorité et un exemple éclatants pour assurer ses propres théories et pour le confirmer dans l'idéal qu'il s'était déjà fait et qui lui est commun avec le maître d'Urbino.

« Quand nous regardons de près l'œuvre des artistes véritablement grands, ne voyons-nous pas, d'ailleurs, qu'ils ont tous un modèle commun, qui est la nature? Y a-t-il rien d'aussi « naturaliste », pour me servir — à regret —

d'un mot d'école, que l'œuvre de Phidias? Ne sent-on pas la nature dans les fresques et les toiles de Raphaël, choisie et simplifiée, — ce qui est tout l'art, — mais toujours présente et vivante toujours visible et reconnaissable en ses beautés à travers l'interprétation du peintre?

« Cette interprétation qui fait l'originalité de l'artiste est personnelle chez Raphaël, personnelle chez Ingres. Ils ont même méthode; ils sont frères intellectuels; mais l'artiste français reste singulièrement libre dans ses procédés d'expansion. Il suffit, pour s'en convaincre, d'évoquer le souvenir des toiles exécutées par Ingres pendant son laborieux séjour à Rome.

. . . .

« Malgré ce labeur énorme et tant de chefs-d'œuvre, Ingres ne cessait, à Paris, d'être inconnu que pour être discuté. Ainsi qu'il arrive toujours, lorsque le goût s'est corrompu dans la convention et l'imitation, on le traitait de « barbare » parce qu'il revenait à la nature, sur le pas des maîtres romains et florentins. Ce ne fut qu'en 1824 qu'il triompha, d'un coup, avec le *Vœu de Louis XIII*, cette œuvre magistrale qu'une pensée touchante a fait vôtre. »

Dans son rapide examen de la ville d'Ingres, M. Henri Fouquier est arrivé à l'Exposition de 1855, où le peintre d'apothéoses trouva sa propre apothéose.

« Théophile Gautier, dit-il, — un romantique qui adorait profondément Ingres, — en parlant du *Triomphe de Napoléon*, qu'il qualifie « d'œuvre sublime », — compare la vieillesse du maître à la vieillesse du Titien. Ingres, en effet, avait 64 ans quand il peignait le *Jésus au milieu des docteurs*, cette œuvre si puissamment originale où la grâce et l'onction compliquées s'allient à l'harmonieuse beauté hellénique ; il en avait 72 quand il enlevait l'*Apothéose de Napoléon*, et près de 80 quand il nous donnait *la Source*, ce chef-d'œuvre de volupté chaste. »

A Auch, c'est à Du Barras que les honneurs ont été rendus, et son image a été offerte à sa cité natale. Dans le discours où son œuvre a été retracée, je trouve à citer ce passage.

« L'antiquité, qu'il ne suffit pas de connaître, d'imiter mieux, mais qu'il faut savoir comprendre en ce qu'elle a d'élevé et de souverainement moral était pour les poètes de la cour pourrie des Valois, un instrument de corruption.

« C'est contre cette corruption que réagit Du Barras, et dans cette réaction se trouve le secret de son immense réputation, réputation qui fut consacrée par la noblesse de province et la bourgoisie laborieuse, bien supérieure par la moralité de l'esprit et du caractère à la cour livrée aux lubriques et au Paris de la Ligue affolé de furieuses passions. Et non seulement les *Semaines* du poète gascon, par cette conception seule d'une poésie nationale, chrétienne, sont supérieures à la *Franciade*, mais encore elles montrent que c'est à la légère qu'on nous refuse d'avoir la puissance nécessaire à la poésie épique. Car dans les *Semaines* le sentiment épique se trouve à chaque pas, et on le rencontre même dans la *Judith*. Sur les traces des anciens qu'il suivait en les combattant, par un illogisme souvent heureux, Du Bartas nous fait pressentir Corneille. »

. . . .

Et en regrettant de ne pouvoir citer aussi le beau sonnet en langue gasconne de M. Sextius Michel, président du Félibrige Parisien, je me rabats sur celui en français de M. Maurice Faure lequel est vraiment d'une belle inspiration et d'une musique vibrante.

> Où le Français ne peut atteindre,
> Souvent le Gascon y atteint.
> MONTAIGNE

Revis, ô Du Bartas ! poète magnanime,
Toi qui sus enchâsser saphir et diamant
Dans le scintillement merveilleux de la rime,
Dont tu fus le fidèle et somptueux amant.

Tu la fis rayonner d'une splendeur sublime,
L'embellissant d'un frais et riche vêtement,
Dont tu pris les couleurs au trésor anonyme
Où vit l'esprit du peuple éternel et charmant.

Car tu pensais, ainsi que Montaigne, ton maître,
Que dans la langue d'oïl, vibrante, doit renaître
L'âme des vieux parlers dont nous fûmes bercés.

Et c'est pour les garder immortels dans le temple,
Précurseur glorieux, que tu donnas l'exemple,
Français parlant gascon, Gascon parlant français.

III

Il y avait longtemps que Tarbes devait un monument à Théophile Gautier. Mon maître et ami Arsène Houssaye se rappelle que la *Gazette de Paris*, qu'il dirigeait alors, et où j'avais déjà l'honneur de combattre le bon combat des lettres à ses côtés, avait pris l'initiative d'une souscription dont les fonds ont disparu dans un désastre financier, en même temps que le journal, qui était en plein succès. Depuis, l'érection de ce monument était souvent dans la préoccupation des lettrés, fidèles à cette gloire si française. Mais il faut convenir que la municipalité de Tarbes faisait un accueil peu empressé à leurs avances. Elle vient de prendre d'ailleurs une revanche admirable, en accordant une hospitalité vraiment triomphale aux Félibres et Cigaliers lui venant offrir un buste de Gautier dû au ciseau de la fille du poète, Mme Judith Gautier, qui est un sculpteur habile en même temps qu'un grand écrivain. Bien que portant déjà la barbe qui lui donnait son aspect olympien, Gautier est représenté dans cette image, non pas plein de sérénité, comme nous l'avons connu depuis, mais l'œil plein de révolte, la crinière rejetée en arrière, beau lion romantique se ruant à la curée. C'est simplement pour ne pas laisser incomplet ce long procès-verbal que je cite les vers qui m'avaient été demandés à cette occasion, et que j'ai dû dire au moment où le voile couvrant le buste venait de tomber :

I

Ainsi qu'au firmament un astre solitaire,
Vers les zéniths que l'aigle emplit de son essor,
Plus loin que l'horizon et plus haut que la terre,
La gloire du poète ouvre ses ailes d'or.

Comme celle du jour, sa lumière féconde
Verse, sur des moissons, la splendeur des étés,
Et son rayonnement, qui descend sur le monde,
Met aux fronts des élus de nouvelles clartés.

Que l'orgueil des midis s'éteigne dans l'espace,
Et qu'au fond du ciel bleu comme la fleur du lin
Toute flamme pâlisse et toute étoile passe,
La gloire du poète est l'astre sans déclin !

Devant son vol vermeil, devant son vol sonore,
La nuit et le silence ont fui l'immensité.
La gloire du poète est l'immortelle aurore
Qui sonne les réveils de l'Immortalité.

II

Théophile Gautier, cette gloire est la tienne,
Fils auguste des dieux, parmi nous descendu
Pour réchauffer au feu de ton âme païenne
De l'antique Beauté l'amour longtemps perdu.

Toi dont le front, pareil aux montagnes sacrées
Qu'un beau mythe faisait les colonnes du ciel,
De l'Olympe portais les gloires restaurées,
Dont la lèvre d'Hymette avait sucé le miel !

Doux Atlas, relevant à tes larges épaules
Le monde que la lyre avait sacré divin,
Laurier de l'Hélicon, parmi nos fleurs des Gaules,
Poussant ta noble sève ainsi qu'un rouge vin !

Rabelais par le rire, et par le rêve Homère,
Toi qui, morose ou gai, n'adoras que le beau,
Toi qui, de l'idéal, poursuivant la chimère,
En emportas le mal jusque dans le tombeau.

Ouvrier dédaigneux de toute œuvre fragile,
Qui, dans ces temps hâtifs à l'art sacré pervers,
Ne laissant que tes pas s'empreindre dans l'argile,
Sculptas dans le paros les moindres de tes vers;

Dont le génie avait pour frère le courage,
— Beau souvenir parmi des souvenirs amers, —
Gautier, toi qui restas, bravant ainsi l'orage,
Fidèle au grand proscrit assis le long des mers !

Et qui, plus tard, au bruit déjà vaincu des armes,
T'en vins, malgré l'effort d'amis hospitaliers,
Quittant l'exil fleuri pour la patrie en larmes,
Prendre ta part du deuil sanglant de nos foyers !

Délivrée aujourd'hui, ton âme fraternelle
A quitté le chemin des humaines douleurs ;
La gloire du poète ouvre l'or de son aile
Sur ton front radieux et couronné de fleurs.

Cette pierre où tes traits ont mis leur harmonie
Est signée, ô Gautier, de ton nom triomphant.
De filiales mains qu'anime ton génie
Te font, dans cette image, à jamais revivant.

Enfant d'un ciel antique et d'une race élue,
Et qui de quelque honneur mêlas notre destin,
Comme au pied d'un autel, un peuple te salue,
Gautier, fils du soleil, gloire du sang latin !

Une très belle étude de M. Henry Fouquier avait précédé cet hommage au poète d'*Émaux et Camées.*

Par le chemin montueux, mais admirablement pittoresque, de Bagnères-de-Bigorre en fête ; puis d'Argelès, où des baladins du Lavedan, tout de blanc vêtus avec des bérets étoilés de cocardes, précédés de bergers portant le bissac de peau d'isard sur le dos, ont exécuté des pas et des danses guerrières d'un caractère vraiment saisissant ; enfin de Lourdes, où rayonnaient les magnificences du culte catholique pour la fête de l'Assomption, les voyageurs ont été honorer à Oléron la mémoire d'un poète dont le sculpteur Bigourdan Escoula avait fait une image vraiment superbe, Jean-François-Xavier Navarrot. Cette fois-ci, c'est à l'éloquente allocution de M. Sextius Michel que nous empruntons des détails sur ce barde de terroir. Voici le commencement de son discours :

« Le voyageur qui traversait vers 1830 les riantes vallées dont je viens de parler pouvait apercevoir, non loin de la ville, une de ces auberges aux murs ensoleillés où les rosiers grimpants, aux petites fleurs écarlates, s'entrelacent avec les feuilles de la vigne et les grappes de raisins. Là se réunissaient, aux jours fériés, de gais compagnons venus pour s'y délasser en fêtant Bacchus et l'Amour, comme l'on disait encore à cette époque. Notre voyageur, un instant arrêté pour jouir de la beauté du paysage, entendait alors, s'échappant de ce nid de verdure, des chants tour à tour satiriques ou passionnés, dont les notes ailées se perdaient dans les nuages d'or. Quelle était cette langue harmonieuse et vibrante ? Quel était ce beau pays si semblable à la Grèce ? Ainsi devait chanter Anacréon dans la ville de Théos ; ainsi, dans son grenier, à vingt ans, devait chanter l'immortel amant de Lisette. Quel était le maître poète qui chantait ainsi ?

« C'était Xavier Navarrot, — Navarrot, dont la chanson alerte et court-vêtue, mordante et colorée, emprunte quelquefois à la lyre de Tyrtée de patriotiques accents; c'était Navarrot, le joyeux compère, comme François Villon; Navarrot, le vrai poète du peuple, qui, le verre en main, oublieux de l'heure, insoucieux du lendemain, au soleil comme au clair de lune, chantait dans le vibrant idiome de ses pères.

« Et l'auberge ensoleillée, aux rosiers grimpants, aux grappes pendantes, et qu'il avait inaugurée lui-même par de joyeux refrains, s'appelait l'*Estanguet*, autrement dit l'auberge de la vallée, nom plein de couleur locale, lieu charmant où tout faisait son harmonieux office, l'onde murmurante, l'oiseau gazouillant et le chansonnier enfiévré de poésie.

« L'histoire de Navarrot est toute dans ses chansons; elles embrassent tous les sujets, le vin, l'amour et la politique. Tous les actes de sa vie, il les a chantés. Il chantait pour faire l'aumône, il chantait pour ridiculiser les sots, pour flageller les hypocrites et les renégats. Il chantait surtout pour le besoin de chanter.

« Jean-François-Xavier Navarrot naquit à Oléron le 25 février 1799. Son enfance est peu connue. Après avoir achevé ses études au lycée de Pau, par deux fois il est allé à Paris pour y faire son droit, selon la volonté de son père, puis pour y étudier la médecine, comme sa mère le voulait. Mais un démon familier l'accompagnait partout.

« De retour dans sa ville natale, donnant tout à fait l'essor à son imagination vagabonde, il fit comme la chrysalide qui se débarrasse de sa première enveloppe et s'élance vers l'azur : il devint poète. »

« Et comme Jasmin, il eut l'esprit de demeurer le premier dans son village, loin de la Rome lutétienne, où il est si difficile déjà d'être parmi les seconds.

L'excursion s'est terminée par delà les Pyrénées, où les Félibres et Cigaliers ont bu, avec les Espagnols, à la gloire des races latines. Elle laissera dans tout un pays une empreinte littéraire profonde. C'est bien d'apprendre aux peuples à vénérer leurs poètes. Elle a été faite de fraternité exquise et de régals harmonieux. Car le bon poète Paul Arène était des nôtres, et aussi Élie Fourès, et encore Albert Tournier. Apprendre aux bonnes gens des départements que la France n'appartient pas seulement aux députés qui défendent leurs intérêts, mais aussi aux gloires qui l'ont illustrée, est, encore une fois, une œuvre sage, honnête, juste, à laquelle les Félibres et Cigaliers auront contribué vaillamment.

XX

A LA CROIX RENAUD

I

A Richard Mandé.

C'était lundi, à Bourges, par un de ces matins froids où l'œil d'or du jour semble ne s'ouvrir que paisiblement entre des cils de givre. Nous avions fêté, la veille, le centenaire d'Emile Deschamps, et couronné, au son des musettes et des cornemuses berrichonnes, le doux poète qui a écrit ces vers touchants :

> Bourges, où j'ai connu le sourire et le jour,
> De mes tous premiers ans, ô maternel séjour !
> Je fus, loin de ton sein, jeté par une trombe,
> Enfant déraciné comme un frêle roseau...
> Mais n'importe où le sol doive égarer ma tombe,
> Ma dernière pensée ira vers ton berceau.

Jean Baffier, le grand tailleur d'images, nous avait conviés, nous tous, les pèlerins de ce pieux voyage qui, le casque de Bélisaire aux doigts, avions mendié, pour Deschamps, un peu de gloire, à venir déjeuner, en pleine campagne, dans la maisonnette qu'habitent son père et sa mère, ces deux vieux dont il a fait, en bronze, de si admirables portraits. Toujours précédés des ménétriers, nous nous mettons joyeusement en route, et dans un brouillard léger qui se diamante aux éclaircies du ciel, nous voyons s'estomper de plus en plus, pour disparaître, la silhouette jumelle de la cathédrale, la double flûte où l'haleine des cloches s'éteint. Mais, malgré moi, dans le train qui nous emporte, à travers les rythmes bourdonnants de la bourrée, je garde, dans l'esprit, l'oppression de cette masse gigantesque de pierre qui pèse, sur mon cerveau, de tout le poids des siècles passés. Autour des colonnes de la lourde et admirable énigme ma pensée s'enroule, s'élève et vient s'épanouir, comme figée elle-même aux feuilles d'acanthe des chapiteaux, parmi les figures grimaçantes. Quel étrange génie a fait monter jusqu'au ciel cette forêt de granit aux troncs réguliers et droits comme ceux des sapins, ouvert, dans la gemme des vitraux, ces grands yeux, toujours ensoleillés, des rosaces qui semblent regarder du fond de l'Infini, fait jaillir du roc ces figurines d'un art si curieux, tout le poème de l'humanité biblique, empli pour jamais toute cette enceinte d'un mystère et d'un trouble religieux à qui nul n'échappe ? Qu'est, je vous prie, notre art sans idéal et sans foi auprès de cette sublime barbarie ? Que de vies humaines se sont consumées à cette invraisemblable tâche, que d'obscurs génies se sont épuisés à tous ces chefs-d'œuvre, quel monde que celui où de tels ouvriers, n'ayant de rêve que l'immortalité de leur œuvre, s'appelaient Légion ! Ces merveilles de l'art gothique où le génie dépensé est comme anonyme me font toujours l'effet d'immenses tombeaux où la gloire de générations entières est volontairement descendue, de grands rochers où se sont venues briser les âmes, en en polissant l'inerte matière, comme fait la vague, comme font les lames obstinées sur la pierre. Et cette impression douloureuse, comme les nefs sombres par la lumière oblique des aurores, est traversée d'un étrange rayonnement. De cette ombre, où leurs obscurs efforts sembleraient fuir la renommée, peut-être entrevoyaient-ils, ceux qui travaillaient dans cette nuit, l'aube mystérieuse des futures et immortelles destinées, cette clarté furtive de la vérité éternelle qui meurt au grand jour où se complaît notre misérable vanité. C'était bien cependant pour quelque récompense qu'ils se donnaient tant de peine ! Dieu soit maudit, s'il leur a menti !

— Sancoins ! Sancoins ! c'est la station.

La vielle s'est subitement arrêtée sur un gémissement joyeux, et la cornemuse sur un hoquet. Deux bannières aux couleurs berrichonnes nous ont précédés sur le quai de débarquement. Des rubans pareils flottent aux oreilles des chevaux qu'enveloppe une cinglée et qui nous entraînent, les musiciens endiablés ayant repris, au-dessus de la voiture, le joueur de musette son gémissement joyeux, et le cornemuseux son hoquet là juste où ils les avaient laissés. On prend un pas solennel pour traverser le village. Les bonnes gens sont sur les portes. Quelques dévôts qui pensent qu'en carême on ne doit pas même regarder les gens qui s'amusent, se contentent d'entrouvrir des persiennes hypocrites. Sur le trottoir que borde un grand effroi de canards clapotant dans le ruisseau, on se passe la nouvelle : c'est le gas Baffier! c'est le gas Baffier! Et dans tous les regards on lit la même pensée : Nous allons en voir de belles dans le pays !

C'est que Jean Baffier, le doux géant, a revêtu la limousine nationale, chaussé les hautes bottes de reître, coiffé le chapeau à rubans qui, la veille, en plein Bourges bourgeoisant, l'ont fait prendre pour un Espagnol ! Donnez-vous donc du mal pour restituer les costumes authentiques de votre Patrie ! Il est vrai que je portais moi-même un petit feutre mou anglais qui faisait dire partout sur ma route, dans la cité susdite : Voilà, pour le coup, un vieux Berrichon !

II.

Le paysage, plat un instant, s'accidente. Une courte montée qui fume aux naseaux des chevaux et à leurs croupes rayées par le fouet, nous voici flanqués, à gauche, d'un étang dont l'argent court jusqu'au pied d'une ruine césarienne, un bois y mirant l'image tremblante de ses premiers troncs ; à droite les verdures harmonieusement vallonnées comme une mer qui s'endort sous le ciel calme. Devant nous, interrompant une route droite qui semble monter devant nous comme une flèche, une masse d'un bleu sombre comme Henner en clôt souvent ses horizons. Puis à gauche encore, un effondrement du sol, des pierres se levant comme si la trompette de l'archange eût sonné la résurrection des morts ; des quartiers de granit, ici gris, là azurés, quelques-uns violets, se croisent avec des étincelles aux arêtes récemment dessinées par une brutale cassure. C'est la carrière de la Rencontre, un cirque immense que la route traverse, dont les remarquables produits voyagent jusqu'à Paris maintenant, et que ferme un grand déchirement du terrain descendant en muraille veinée d'ocre et de rouille, avec des racines pendantes en travers qui semblent des serpents.

Deux susurrements de vielles encore et deux soupirs de cornemuse. Nous sommes à la Croix-Renaud.

Je n'ai jamais approché de la demeure d'un artiste sans un peu de l'émotion que j'avais, enfant, en découvrant un nid. C'est que là aussi ont tressailli des ailes, des chansons ont chanté, des souffles se sont tendus vers la liberté et vers

27.

la lumière ! Et, comme les oiseaux, les artistes ne nichent guère que dans un coin d'ombre bien recueillie où se sent la sainte horreur des vacarmes importuns, quelque chose de craintif à l'endroit du monde qui leur est hostile d'instinct, de toute la voracité jalouse de ses propres appétits. A la Croix Renaud, Jean Baffier n'a qu'un voisin, un ancien compagnon dans la taille de pierre, patron aujourd'hui et qui m'a raconté comment le *gas*, sa rude journée finie, passait la nuit à dessiner d'après nature, éclairé par son chapeau ingénieusement transformé en lanterne. Allez donc nier la vocation, après cela! Baffier est le plus puissant exemple que je connaisse de la domination d'un homme par un Dieu inconnu, par une puissance despotique et impérieuse qui ne lui permettait pas d'être autre chose qu'un chercheur de gloire ! Tel, au revers d'un caillou, un brin de laurier, un seul, croît dans une immense forêt de hêtres.

Dans ces êtres qu'à élus l'instinct sublime du Beau, tout est mystérieux, aussi mystérieux, au fond, que le prodigieux enfantement d'un Christ par une Vierge. Le père et la mère Baffier sont devant nous, souriants, visages noblement ridés de travailleurs, l'homme avec un regard paysan plein d'esprit, la femme avec une bonté infinie dans les yeux, toute une légende vivante de labeur et de probité. Mais tous les deux sont de petite taille. Comment ce géant au visage fleuri de Jupiter est-il sorti de cette souche irréprochable ? Comment une flamme s'est-elle allumée dans ce front destiné à rester, penché sur la terre, comme celui du laboureur et des bœufs ? Ce n'est pas un souffle de révolte qui la fit jaillir. Ce fils respectueux est demeuré un adorateur fervent de la terre. Il sent qu'il doit à la terre tout ce qui est divin en lui, comme le blé lui doit son or, comme le vin lui doit sa pourpre. Et, de cette vie campagnarde qui lui a fait des mains d'athlète pour tailler encore dans la pierre, loin de rougir il garde une fierté saine, et s'enorgueillit sagement, et c'est en elle qu'il vient se retremper comme dans une source, entre un juron du père, un baiser de la mère et le doux mugissement des quatre vaches blanches qui le connaissent et tournent vers lui, quand il passe, leur front velu, cependant que Médor son chien noir lui saute aux jarrets.

Ah ! la bonne odeur de galette qui emplit la large chambre où le couvert est mis ! Il y en a de trois sortes : la feuilletée, la *gloère* dont la mère Baffier ne donnerait pas le secret pour un empire, et la tarte aux prunes aux reflets de soutane d'archevêque. Une hécatombe de poulets susurre dans une large marmite de terre dont le couvercle exhale des buées rythmiques comme la bouche d'un fumeur.

— Venez faire un tour, en attendant le déjeuner, à l'atelier, nous dit le gas.

III

Cet atelier, c'est lui-même qui l'a construit, à deux pas de la maison. Il est petit, avec des murs d'un ton rosé et un châssis peint en vert. Sur une selle, au milieu, une forme indécise sous les linges mouillés. Un à un Baffier retire ceux-ci, avec je ne sais quoi de religieux dans le geste. La forme se précise de plus en plus. L'image est celle d'une femme à mi-corps. Sous les transparences de la chrysalide amincie se dessine le papillon comme dans un frémissement d'ailes. Le dernier voile est soulevé et je ne saurais dire l'émotion silencieuse qui est en nous. Le Salon du Champ de Mars possèdera, cette année, un pur chef-d'œuvre. J'en sens l'impression encore vibrante dans mon être. Elle est telle qu'on ne s'y trompe pas. Une simple figure de paysanne tricotant, les cheveux enfermés dans sa coiffe du pays, les yeux baissés sur son ouvrage, le portrait de la petite servante qui, tout à l'heure, à table, s'empressera autour de nous. Qu'il faut peu de chose vraiment pour faire une chose immortelle? Toute une synthèse passionnément recueillie de la vie rustique est enfermée dans ce simple bloc de terre dont le modelé porte encore le frémissement des doigts! J'aurai à décrire bientôt cette œuvre à la fois puissante et exquise et n'en veux dire aujourd'hui que la grâce émue, l'inoubliable impression. Celle-ci ne s'appelle pas Diane, ni Vénus, mais la Jeannette, comme Jehanne « la bonne Lorraine » qui lui ressemblait peut-être avant l'heure mystique des visions. Tout est lyrique à qui porte, en soi, la lyre. Le Beau contient, dans une même et immortelle famille, la Déesse orgueilleuse et l'humble fille des champs. La Jeannette immortelle ! c'est ridicule peut-être, mais c'est comme cela. Les primitifs ont eu de ces inoubliables modèles. Et Baffier, qui est un primitif, dans le sens le plus noblement sincère du mot, ne s'y trompera pas. Sa vraie source d'inspiration est là, dans le pays natal, et, après George Sand, une fois encore le génie aura visité cette terre privilégiée du Berry, y aura germé dans la sève du laurier.

Nous serions demeurés là en contemplation indéfinie si des cris désespérés ne nous eussent appelés de la salle à manger où les poulets, exaspérés par la cuisson, menaçaient de se dissoudre, où les galettes impatientes se recroquevillaient à la chaleur comme pour s'envoler. C'eût été, pardieu ! grand dommage. O nature humaine bassement féroce et bestiale ! Après ces pures extases de l'âme emportée par delà les sphères immortelles, nous eûmes le honteux courage d'avoir un effroyable appétit. On mordait à la grappe en buvant aux verres. Les bons petits vins honnêtes et qui, comme Baffier, ne rougissaient pas de la honte du terroir, mais bien de la pourpre vivante qui coule aux sèves du raisin. A la table voisine ont mangé les ménétriers. Quelle fringale donne la vielle et quelle soif la musette ! C'est du sang et c'est du cœur qu'ils ont mangé et qu'ils ont bu. Ils reprennent de plus belle. Le cornemuseux s'enfle les joues à faire peter son harmonieuse besace. Le vielleux tourne comme un cuisinier d'enfer qui fait rôtir un damné hurlant. Jean Baffier se lève, et, grave, le chapeau à la main, vient inviter sa mère à danser. La bonne vieille hésite un instant, puis se décide, comme si une chanson de jeunesse lui réchauffait le cœur. Elle se lève, et, vis-à-vis du géant, ébauche, avec une cadence parfaite, les pas si mesurés, presque solennels, de la danse berrichonne, laquelle donne, plus qu'aucune autre, l'idée de la danse antique. Lui, souriant avec une exubérance de gestes, elle, recueillie, et semblant glisser sur le sol comme une ombre, ils se rencontrent, ils se saluent, ils se rapprochent, ils s'éloignent, ils tournent rythmiquement autour l'un de l'autre, et, peu à peu, les yeux de la danseuse s'emplissent de la vision du passé, d'un rêve visible où passent toute sa pudeur de jeune fille et toutes ses joies d'épousée, toute la vie misérable et douce que consolait le devoir et que berçait la chanson. L'effet est irrésistible. Le brave Silvain n'y tient plus, lui, le comédien aimé dont la sincérité d'émotion n'est pas banale, et de vraies larmes inondent son visage. Je m'aperçois que je pleure aussi un moment où je veux me moquer de lui.

Honteux nous détournons la tête. Mais derrière nous est le père Baffier accoudé et qui regarde, et qui écoute, et qu'un rêve semblable emporte vers les mêmes chimères de réalités vécues et soudain ressuscitées. C'est des étoiles qui sautillent entre ses longs cils gris et l'arc de ses lèvres serrées se détend dans un ineffable sourire. Dans la musique des cornemuses il entend passer l'âme de Compagnon, le fameux cornemuseux de Nevers, dont le nom est encore célèbre partout où l'on danse le branle et la bourrée, avec qui il a bu tant de bons verres aux assemblées après avoir fait danser et *bigé* les *drôlières* sur toutes les joues... Ah ! ces mémoires de vieux subitement réveillées ! Ces souvenirs refleurissent en été de Saint-Martin sur ces hivers aux cheveux de neige ! Non ! je ne saurais vous dire combien cela était beau et touchant.

IV

La grande route qu'un vent soudain rafraîchi balaye. La carrière est maintenant à droite et les verdures mollement vallonnées à gauche, derrière nous, en larges bandes de pourpre.

Le soleil s'est noyé dans son sang qui se fige

comme dit l'admirable vers de Baudelaire. Devant nous, sur un balcon flottant de nuées légères, roses et bleues, la lune découvre la blancheur de son épaule nue que semblent effleurer des mousselines. Les bois, à l'horizon, sont devenus d'un bleu sombre de lapis, comme une pierrerie d'azur en fusion. Quel regret immense m'emplit de ce coin de terre, inconnu de moi, la veille ; quelle mélancolie soudaine et profonde de ce retour prévu? C'est qu'à moi aussi, pendant que le père et la mère Baffier rêvaient aux sons de la vielle et de la musette, une vision m'était venue : celle d'une vie calme, purement méditative et recueillie, d'une vie à deux avec des amours fidèles et qu'enfermerait le même tombeau, dans ce décor apaisant où l'on doit si bien vivre toute sa vie et dormir toute son éternité ! Etait-ce bien sur les illusions un instant ressuscitées de ces chers vieillards que j'avais pleurés, ou sur le regret réveillé en moi de toutes les joies pures et vraies à jamais perdues? Un peu de la terre est en chacun de nous, que la terre réclame un jour, à qui elle demandera compte peut-être, dans le silence mystérieux du dernier repos, de tous les instants sacrés, de tous les élans augustes, de toutes les piétés envers la matière créatrice qu'écrase, en nous, le travail sacrilège des civilisations. Peut-être que si nous n'avons pas assez aimé les fleurs et les oiseaux, elle refusera à nos tombes les chansons des rossignols et le parfum des roses sauvages. Un amour sans partage, inexorable, éternel dans la solennité riante de ce paysage ! J'en sens la douceur tiède à mon bras.

Hop ! hop ! hop ! nous allons manquer le train ! Fouette, cocher ! On nous attend là-bas derrière les maisons, loin du ciel et des beaux arbres ! Nous avons rêvé, tous les deux, mon pauvre Baffier. Mais toi, du moins, tu reprendras ton rêve !

IMPRESSIONS

ET SOUVENIRS

XXI

DU PIED DE LA MONTAGNE

Je n'ai pas été des élus qui vécurent dans l'auguste familiarité le jour de la mort de Victor Hugo. J'ignorai toujours le seuil de son hospitalière maison, non pas qu'il m'eût été malaisé de m'y faire présenter en passant, mais parce que je ne sais quel respect religieux m'en tenait éloigné. Ce qui n'est ordinairement que timidité chez moi devenait terreur quand il s'agissait de Lui, terreur muette et profonde. Pour ceux qui ont eu la gloire de le connaître, c'est un homme qui meurt. Pour nous, les obscurs, qui vivions dans sa grande ombre, c'est un astre qui s'éteint.

Théodore de Banville, mon maître, Louis Ulbach, mon confrère, peuvent dire ce que fut, dans la vie commune, celui dont le nom était synonyme de génie. Et les moindres traits qu'ils auront recueillis au spectacle de cette admirable existence prennent désormais l'intérêt sacré qui s'attache aux moindres reliques. Je leur envie aujourd'hui ce trésor de souvenirs ; je leur envie la piété douloureuse de leurs larmes. Pourtant elle est bonne à noter aussi l'impression que ce trépas soulève dans la foule inconnue, et combien est public ce deuil que les seuls amis du grand Poète ne sauraient revendiquer. Car, à travers leurs cœurs, c'est au cœur même de la Patrie que monte cette immortelle blessure, car nous sommes tous frappés au front de ce géant.

C'est ce sentiment des humbles qu'il ignorait que je veux exprimer, le sentant en moi vivace et partagé autour de moi, cet effarement de la pensée française et de l'âme universelle, tout ce qui se brise en nous sous les ruines de cette magnifique idole, emplissant encore le temple que son esprit déserte de la grandeur de ses débris.

Tous ceux de ma génération me semblent avoir vécu, comme moi, au revers d'une colline, derrière laquelle s'épanouissait, comme une rose de pourpre, le magnifique déclin d'un soleil couchant. Nous avions grandi dans un rêve de gloire, fait à la fois de mensonge et de réalité. De tels génies avaient illuminé la fin du premier quart de ce siècle qu'il nous semblait qu'un Jour éternel s'était levé des profondeurs d'or de l'horizon. Des encens fumaient de tous les coins du ciel, venant mourir aux pieds de la Patrie invincible. Tout nous était fanfare triomphale dans la clameur de l'humanité agenouillée. Le temps nous avait fait les hôtes d'une constellation au milieu de laquelle Victor Hugo rayonnait comme l'astre-Roi.

Il y avait au fond beaucoup de néant dans cette apothéose. Nos gloires militaires furent fauchées d'un coup et tombèrent sur le sol comme une moisson sanglante. Cette clarté diffuse, intense, mêlée à l'air dont nous nous sentions nous-mêmes noyés, s'évanouit et fit place à de grandes ombres. Le vers virgilien nous retentit à l'oreille :

Majoresque cadunt altis de montibus umbræ.

Les ténèbres s'étendirent d'autant plus loin à nos pieds que la montagne avait été plus haute de nos espoirs et de nos aspirations s'amoncelant jusqu'au ciel comme le désir farouche des Titans. La nuit subite éblouit les yeux comme la lumière subite. Nous nous débatîmes un instant dans une obscurité que nous crûmes éternelle. Puis les formes se mirent à renaître lentement autour de nous; les images se réveillèrent sur l'horizon éclairci. Le soleil n'était pas mort; nous nous sentions encore pénétrés de sa chaleur bienfaisante; un crépuscule d'or nous enveloppait encore, et nous devinions derrière la colline, dont un seul côté était sombre, celui où nous errions comme un troupeau après l'orage, le lent et magnifique déclin d'un astre dont le couchant suffisait à auréoler le front de la France, comme le rayonnement occidental semblant jaillir de la masse noire des rochers.

**

Aujourd'hui cet astre est descendu sous la mer.

Les pourpres sanglantes du soir se sont, comme un linceul, refermées sur sa chute. La pénombre délicieuse où nous vivions, sous ses clartés obliques débordant les crêtes, s'éteint dans l'étouffement profond d'irrémédiables ténèbres. Ce que nous fait cette mort! Le froid montant d'une immense tombe béante où descend le siècle découronné, décapité. Le nom de Victor Hugo nous était comme un bouclier contre les mépris dont la lâcheté humaine est prodigue aux races vaincues. Même humiliés, nous étions sûrs d'être encore enviés, même par nos vainqueurs, pour avoir été tout ensemble les concitoyens et les contemporains d'un pareil génie.

Quelque chose qui nous prend comme un sentiment plus amer de notre néant. C'est bien cela!

Ce que nous démêlons au fond de nos âmes, c'est bien cette inquiétude que la nuit apporte avec elle et qui étreint les hommes assemblés comme les bêtes en troupeau. Une confusion absolue de nos idées désorbitées de leur chemin. Certes celui-là devait mourir, n'étant qu'un homme. Mais nous l'avions si bien entouré, vivant, de toutes les pompes dues à un Dieu, nous à qui il n'était apparu que comme dans l'éclat des tabernacles, qu'il nous semblait que la Mort elle-même dût s'y méprendre et que cela nous paraissait impossible qu'elle l'osât toucher ! La tombe, qui ouvre aux poètes l'immortalité, n'était pour lui qu'une porte inutile. Les lauriers n'avaient pas attendu que son front fût de marbre pour le ceindre et pour le fleurir ! Donc, à quoi bon ces funérailles ? A quoi bon la piété de cet hommage et ce culte devançant les autels que dressera la postérité ?

Nous, les hommes d'aujourd'hui, nous avons grandi, pour ainsi parler, suivant la loi qui développait son propre génie. Nous étions enfants pour apprendre par cœur les *Odes et Ballades*. Les *Chants du crépuscule* et les *Rayons et les ombres* bercèrent de leurs rythmes amoureux et mélancoliques nos tendresses adolescentes. Tous ces chants nous avaient précédés dans la vie mais avaient semblé nous attendre pour entrer dans sa popularité triomphante. Ils étaient sur toutes les lèvres en même temps que sur les nôtres, unissant déjà les âmes dans une admirable communion d'enthousiasme. Nous n'avions pas vingt ans quand les *Contemplations* nous apportèrent ce superbe écho de l'exil qui nous emplit les yeux de larmes, comme un nouveau *super flumina Babylo-*

nis; quand les *Châtiments* allumèrent dans notre sang de juvéniles colères.

Nous avions juste l'âge des virilités conscientes, des admirations réfléchies, des impressions ineffaçables, quand la *Légende des siècles* nous apprit une langue héroïque et que le vers français était à jamais forgé pour les solides splendeurs de l'épopée. Il était désormais permis à nos poètes d'être longuement sublimes, non plus par éclairs comme les maîtres d'autrefois que trahissait, dans leur souffle, un instrument sans réelle sonorité. Ce fut un monde nouveau qui s'ouvrait devant les chercheurs de rythmes et de musiques parlées ; un monde resplendissant d'images glorieuses, bruyant de fanfares victorieuses, vibrant de tendresses innommées ; où chantait la nature tout entière, sources qui gémissent, forêts qui tressaillent, frémissements d'ailes battant l'air chargé de parfums. Oui, ce fut une voix nouvelle qui retentit à nos oreilles, une voix qui clamait les immortels destins de notre Poésie régénérée par la longueur des siècles.

Ainsi chaque heure solennelle de notre vie a été sonnée, chaque étape du chemin où nous nous arrêtons aujourd'hui pour descendre a été marquée par quelque œuvre, indiquant aussi, dans le génie de Victor Hugo, une métamorphose.

Et c'est pourquoi c'est certainement quelque chose de nous-mêmes qui meurt en Lui. C'est le guide qui nous quitte emportant notre foi dans le

but à atteindre ; c'est l'arbre qui s'effondre où,
parasites verdures, nos pensées montaient comme
un lierre, sans jamais approcher des cimes ; c'est
le rayonnement vivant de nos fronts qu'il éteint,
en entrant dans les sénérités mortes de l'éternité.

XXII

UN ANNIVERSAIRE

A Edmond Bazire.

Une grande lumière rouge montant des Tuileries illuminées et, avec cette poussière de pourpre et d'or éparse dans le vent du soir, l'innombrable écho des fanfares et des orchestres joyeux, des bouffées de musique militaire alternant avec les clameurs élargies de la foule. Puis, sous le ciel aux étoiles tremblantes dans le vent d'orage, les microscopiques constellations aux astres polycromes, que combine la chimie des artificiers, s'épanouissant en gerbes rapides, se croisant par-dessus la grande masse des marronniers; l'opaque enchevêtrement des feuillages s'éclairant soudain, par places, aux fausses et brillantes clartés des feux de Bengale; l'incendie hâtif des retraites aux flambeaux serpentant dans un grouillement d'ombre. Et tout ce monde se précipitant vers les spectacles populaires; le flot bruyant des badauds se brisant aux voitures immobilisées et glissant entre elles comme l'eau d'un torrent entre les cailloux; des lazzis et des chansons coupant, comme des coups de fouets, le grondement confus de souffles et de pas, si uniforme qu'on le prendrait pour du silence. Par cette soirée de fêtes philanthropiques et semi-officielles, Paris, qui est le meilleur enfant du monde, s'amusait vraiment beaucoup, et le rire crépitait dans cette fournaise, mêlé à l'haleine douteuse des fritures en plein vent. On m'a dit que, du haut des Champs-Elysées, le point de vue était admirable des échafaudages de verres éclairés s'arrondissant en arceaux comme pour un palais de féerie, des silhouettes soudainement découpées sur l'horizon noir par la lumière électrique, des ombelles enflammées s'élevant, puis se dispersant en étincelles, de tout ce brouhaha lointain d'un peuple grisé par le bruit des danses et le tournoiement des chevaux de bois. Heureux qui suivait alors, un bras aimé appuyé sur le sien, quelque obscure allée des promenades suburbaines, ignorant de cette gaieté formidable et despotique, affranchi de cette joie d'esclaves en lisse que la rude main du travail réveillera de leur inutile rêve ! Mais les sages sont rares ici-bas. Paris tout entier était fou et fou pour le bon motif ; car il n'y en a pas de meilleur que d'encourager l'industrie des petites gens qui vivent de leur état. Paris s'esclaffait, Paris chantait, Paris godaillait et c'était pour le plus grand bien du commerce d'abord, mais aussi et surtout, parce que Paris est rieur, chanteur et godailleur par tempérament.

*
* *

Et cependant il y a un an, jour pour jour, Paris présentait un tout autre aspect. Victor Hugo venait de mourir, et il semblait qu'en s'ouvrant vers l'Infini les ailes de son âme eussent enveloppé la ville tout entière d'une grande ombre. Un deuil planait entre ciel et terre comme un nuage et toute clarté d'en haut s'était éteinte, le souvenir cherchant sa route aux seules et mélancoliques lueurs du grand astre qui se couchait. Paris avait les silences profonds d'un temple désert d'où le Dieu s'est envolé, où les encensoirs fument encore dans la solitude des parvis, où le flux et le reflux des souffles extérieurs passent avec un gémissement de cantique. Ce recueillement était ce que j'ai vu de plus imposant au monde. Il était comme un vent de fraternité dans la douleur dispersant les rancunes comme un feuillage d'automne. En s'éloignant de nous, l'esprit du poëte nous léguait l'apaisement de toutes les haines, un immense pardon. Et c'était comme une prière muette des athées eux-mêmes autour de cette dépouille qu'attendaient les gloires ouvertes du Panthéon.

O l'inoubliable nuit pour ceux surtout qui prirent part à la veillée mortuaire, qui attendirent l'aurore debout auprès de la maison sacrée, y pénétrant chacun à son tour pour y faire cette garde d'honneur qui devait demeurer la fierté de leur mémoire! L'inoubliable nuit pleine de souffles de fleurs et de verdures mouillées! On était à la porte du Bois, sur cette merveilleuse lisière de Passy qui enferme la petite ville comme un îlot ; une légère averse avait abattu la poussière du jour et surexcité la senteur pénétrante des sèves ; les rossignols chantaient l'indifférence joyeuse des oiseaux et des choses à la détresse de tous. Loin de leur en vouloir, Victor Hugo, encore à mi-chemin de l'éternité, devait, du haut de l'azur, sourire à leurs baisers. Quelque angoisse jalouse brûlait aussi peut-être, derrière les rares vitres encore trouées de lumières, l'inguérissable cœur d'un amant jaloux. A celui-là aussi, que le grand poète pardonne !

O l'inoubliable nuit !

Dans sa chambre où les pas s'arrêtaient, où l'on n'entendait plus que le frôlement des genoux à terre, le poète dormait déjà couché sous des palmes. Et c'était de là, de ce sanctuaire où la Mort venait de consacrer un Dieu, qu'était plus sensible encore que du dehors, le sentiment de pieuse et douloureuse adoration qui semblait en rayonner sur Paris tout entier. Là venait de s'arrêter le cœur de la grande ville en même temps que cessait de battre le cœur de Victor Hugo, ce grand cœur où l'Humanité avait tenu ! Oui, de là, comme du sommet d'un promontoire, on sentait, autour de soi, la mer apaisée et comme osant respirer à peine sous cette grande nuit, traversée par le départ d'une telle âme ! C'était comme aux heures où la vague ne hurle plus, échevelée d'argent, tumultueuse et déchaînée, mais sanglote avec la voix mystérieuse des Ariadnes et des Niobés, ou bien sur le corps englouti des Léandres et des Icares. Les grandes abandonnées ou les pitiés suprêmes ont, seules, de tels accents. Les Paradis avares ou le néant sans merci venaient de reprendre leur auguste proie. Et c'était un peu de nous tous qui s'en allait, le plus haut et le meilleur, la fierté de vivre dans cette grande ombre et sous les auspices de ce noble génie... Que le matin fut lent à venir! Ces nuits de printemps sont pleines de mensonges et, le ciel s'éclaircissant soudain par un caprice du vent, plus d'une fois, de nos yeux rouges et fatigués, nous crûmes voir l'aube apparaître mettant comme un frisson de neige aux lignes obscures des toits aux cîmes tremblantes des arbres. Enfin, comme un grand cygne secouant ses plumes aux rives de l'azur, elle éparpilla à l'horizon, comme un duvet, de petites nuées blanches qui se teignirent ensuite d'un sang pâle, comme si la première flèche du soleil avait blessé le cygne céleste. Et il nous sembla, à nous, que c'était l'âme de Victor Hugo, cette âme qui avait saigné toutes nos douleurs et que l'Idéal avait criblée de ses traits, qui entrait, radieuse, dans l'Infini!

Il ne faut pas demander aux peuples, non plus

qu'aux hommes, de douleurs éternelles ! Notre sort est fait de souffrances et de joies qui ne se doivent pas mutuellement envahir, à moins de nous rendre aussi parfaitement insensibles au plaisir et à la tristesse. Le courage de vivre n'est, au fond, fait que d'oubli. Et pourtant, j'en voulais, à cette grande joie de dimanche, me souvenant du grand deuil dont elle ramenait l'anniversaire des fleurs au front et des chansons sur les lèvres. Certes, Victor Hugo ne nous demande pas de larmes. Il est de ceux dont on peut croire qu'une vie humaine a épuisé les destins psychiques puisqu'elle finit par une apothéose. Et cependant devant cette gaieté imbécile des foules, j'ai malgré moi, pensé que nous prenions notre parti bien vite de ce siècle décapité, de cette gloire nationale disparue, de ce géant tombé qui portait au front l'honneur de la France et de cet âge. Je n'ai pas maudit l'ingratitude des masses, mais je les ai plaintes de se contenter de si peu et de si mal sentir le regret d'un Idéal dont le poète a emporté avec lui le secret Aussi quelque amertume m'est venue de ce spectacle lointain d'un Paris si différent de celui que j'avais vu, dans cette nuit inoubliable où le rossignol chantait, à plein gosier, sur la lisière de Passy tandis que nous attendions l'aube dans la maison où Victor Hugo dormait, déjà couché sous des palmes !

XXIII

PATRIA

> O Patrie ! ô Patrie ! ineffable mystère !
> Mot sublime et terrible ! Inconcevable amour !
> Musset.

Ce n'est pas aujourd'hui la verve gauloise qui monte à mon cerveau comme un pétillement de cidre ; c'est le sang latin, rouge et chaud comme celui des vignes, qui pleure dans mes veines et me monte au visage sous le soufflet des barbares. Que ceux pour qui rire est un métier gardent leur gaîté impassible ! La mienne reviendra à son heure comme l'oiseau libre qui chante après l'orage. Il est certaines forces d'âme dont je ne veux pas et des courages que je répudie. Je réclame ma part des tristesses communes. Non pas que je sois des affolés qui voient déjà la Tartarie à nos portes et le pal qui frappe où l'on sait, détrônant, à la frontière, la baïonnette qui frappe au cœur. Ce n'est pas au moment où des héros meurent pour leur pays que celui-ci doit désespérer. Mais l'immense douleur de la défaite est dans ma poitrine, et tout ce que je porte en moi de fraternel s'y émeut pour ceux qui combattent encore autour du drapeau déchiré. Car une part de notre âme est là-bas, à nous donc l'inutile virilité s'épuise en souhaits et en espérances. Pourquoi les mers sont-elles si larges que tous les courages subitement réveillés ne puissent, d'un bond, les franchir ! Nous laisserions les jeunes hommes, la fleur vivace de nos armées, dressés au seuil sacré de la Patrie, prêts à la défense des tombes et des berceaux ; et nous, soldat d'une heure, nous irions au secours de ceux que le nombre écrase, de ces naufragés sublimes qui succombent sous les colères d'un océan humain ! Car c'est un peu de notre chair qui crie devant ce flux montant dont les vagues sont comme des plis de linceul qu'il leur faudra déchirer avec les ongles et les dents !

Car j'en appelle aux hommes de ma génération. Cruel pour tous ceux qui portent un cœur français, ce spectacle a, pour nous, les stupeurs d'un mauvais rêve. N'avons-nous pas vécu jusqu'à vingt ans dans un grand mensonge de gloire ? Vingt ans ! Vous rappelez-vous, camarades, l'écho du canon de Magenta escaladant les cimes de la colline Sainte-Geneviève ! Je vois encore notre général, à l'École, venant nous annoncer, d'une voix qui tremblait, la dernière victoire. Ce fut un grand cri dans la large cour, un grand cri de : Vive la France ! Et nous pleurions de joie, et nous nous embrassions. Une illumination fut improvisée, le soir, dont les petites flammes brûlaient dans nos godets transformés en lampions. Et, de toutes les rues avoisinantes où crépitaient les pétards, un immense hurrah montait, se mêlant au nôtre. Car le peuple avait sa part de cette folie et se sentait enfiévré des mêmes orgueils. Ah ! qui nous eût dit alors que la France pouvait être vaincue ! Elle nous apparaissait comme un tranquille génie dont l'épée faisait ployer toute balance, comme l'implacable vengeresse de tous les peuples opprimés. Ses repos volontaires étaient ceux du Lion dont l'œil calme est plein d'étoiles comme l'œil profond et inaccessible des cieux. Nous nous apprêtions à vivre dans l'ombre de sa gloire comme sous un manteau de pourpre, comme sous un bois de lauriers. Ceux d'entre nous — et c'était le plus grand nombre — comptaient garder l'épée au côté, rêvaient le bien-être protecteur de la vie de garnison, supputant les avancements à l'ancienneté et les douceurs sereines de la retraite, où l'on monte encore à cheval et où l'on cultive les roses. Beaucoup de ceux-là sont tombés sous les mitrailles allemandes, tombés lieutenants, ayant encore au front les dernières larmes de leurs mères et leur premier amour au cœur. Nous buvons encore, une fois l'an, à leur mémoire, et ceux qui ont des tombes dorment sous de hautes herbes.

Oui, nous autres, nous avons connu cette surprise épouvantable et nous avons passé par cet horrible réveil !

Les yeux d'or du Lion se sont éteints comme ceux des constellations quand les nuées ferment sur eux leurs lourdes paupières d'ombre. La Patrie est inquiète et debout, haletante et ensanglantée,

La tête et les deux seins tendus vers l'avenir,

vers l'avenir plein de ténèbres, vers l'horizon rayé de cuivre et de pourpre fumeuse comme celui des couchants où d'invisibles guerriers sonnent des fanfares d'adieu au jour mourant, où des vapeurs de sang montent, pesantes de la terre !

*
* *

Ah ! que ceux qui se disent les citoyens du monde habitent un triste pays ! Les êtres misérables que nous serions sans cet impérissable amour de la Mère-Patrie par quoi nous sommes encore quelquefois arrachés aux glus abêtissantes de l'égoïsme et qui fait saigner en nous, délicieusement et cruellement à la fois, toutes les fibres qui nous attachent au sol natal, mêlées aux racines de ses forêts, enroulées aux ossements des aïeux ! C'est au cœur même qu'il nous faudrait couper les mille cordons qui nous tiennent à son ventre, Et ce qui resterait de notre cœur ensuite serait à peine bon à nourrir des chiens. Exclusivisme sacré des races inexorablement ennemies, tu as été, depuis l'origine des siècles, la sauvegarde de toutes les noblesses de l'âme, le secret des héroïsmes, le réveil des courages, le salut des arts dont le génie répugne aux promiscuités de goûts! Si stupide que paraisse l'orgueil d'être né ici où là, il semble nécessaire à notre dignité. Qui l'abjure se diminue soi-même. Et d'ailleurs qui l'abjure ment! Car celui dont le cœur ne bondit pas dès que la terre s'ébranle sous les pas de l'étranger, dès qu'une clameur de menaces lui est apportée par un écho qui ne parle pas sa langue, celui-là n'a jamais senti dans sa main la loyauté tranquille d'une main amie. C'est pour tous une façon de mystère devant lequel on s'éloigne. Rêve après cela, qui voudra, l'universelle lâcheté, mère des confortables à venir, s'épanouissant, sur les nations, comme une fleur de honte, et toute l'humanité aux lèvres confondues dans la bave d'un immense baiser!

Où donc est, je vous prie, l'honneur de l'humanité, chez nous, depuis ces quinze années de revers, de désillusion et d'épreuves, sinon dans le courage obstiné de nos soldats, dans l'héroïsme toujours renaissant de ces chers vaincus d'hier qui seront les vainqueurs de demain? Où de grands sentiments ont-ils mûri? Où se recueillit le vol des nobles pensées ? Est-ce autour des Bourses infâmes où hurlent les intérêts et se retournent les poches ? Est-ce dans les Parlements où la clameur bavarde des avocats, si prompts à envoyer des régiments à la tuerie, ne sonne rien que le rappel des élections à venir, gens dont le cœur est si bien descendu où l'on s'assied que, pourvu qu'ils gardent leur siège, ils se tiennent pour contents, le cuir de leur fauteuil fût-il taillé dans un lambeau de la France ? Non ! non ! non ! Et je vous défie d'aller chercher ailleurs que sous le drapeau, les sublimes oublis de soi-même sans lesquels il n'est ni patriote, ni citoyen, ni homme digne de ce nom ! Il faut donc les pleurer deux fois sans les plaindre une seule, ceux qui ne se réveilleront plus, leurs yeux s'étant fermés sur la vision sublime du sacrifice. Je ne puis penser à eux sans envie secrète et sans que, dans mon esprit, chantent à nouveau ces vers d'autrefois :

> Gloire aux vaincus des grands combats,
> Aux morts tombés sans funérailles,
> Sous le vent lointain des mitrailles,
> Dans les champs ennemis — là-bas !
>
> Sans faire un seul pas en arrière,
> Comme des astres s'éteignant,
> On les vit plonger, en saignant,
> Dans une brume meurtrière.

La trombe de fer emporta
Leur âme à ses fureurs mêlée ;
Et, sous la nue encor voilée,
Le nom de la France monta,

Plus haut que la dernière haleine
Du soldat tombé dans le rang,
Plus haut que la vapeur de sang
Qui flottait sur l'immense plaine,

Vers Celui qui ne sachant pas
Ce que sont défaite ou victoire,
Couronne de la même gloire
Tous les morts du même trépas !

XXIV

EN HIVER

I

CIEL NOCTURNE

A Arsène Houssaye.

Sur le chemin sec, aux ornières solides, où le pied se butte, les pas crépitent comme une fusillade. Les souffles aériens s'engouffrent avec un bruit de canon, de canon lointain longtemps répété par l'écho dans les avenues. La gelée met des luisants d'acier à tout ce que l'eau a touché. Partout, dans le soir qui tombe, des images de guerre se dressent, de la guerre que la terre médite contre le ciel inclément, la terre révoltée sous le fouet des bises, et le soufflet des autans. L'immense embuscade se recueille dans l'ombre. Les grands arbres ne sont plus, comme au temps automnal, des rois somptueux vêtus de pourpre. Dépouilles échevelées, secouant dans l'air, avec un fracas d'armures, leurs branches noires, on dirait des héros prêts à la suprême mêlée. Autour d'eux, les taillis sont comme agenouillés pour une embûche. La nuit approche. Les brises incertaines d'abord, puis la brume qui s'épaissit, semblent les prémices d'une bataille.

Regardez le ciel! regardez le ciel! Cette mitraille qui monte pour un nuage l'atteint comme une cible gigantesque. Une première déchirure, puis une seconde, puis d'autres, en nombre infini, se dessinent sur son voile; on dirait un rideau criblé par les balles. Tous ces petits trous luisent dans un rayonnement. Car, ce qui est derrière cette toile d'un bleu sombre, que nous nommons firmament, ce sont les infinis d'or où resplendit la gloire des dieux, l'embrasement de lumière où nous attendent les âmes délivrées avant les nôtres. Les étoiles sont comme d'imperceptibles fenêtres qui s'ouvrent sur cette splendeur.

Feu! feu! combattants obscurs qui naissez de notre fange! Ne laissez pas le combat languir. Tirez sans relâche : labourez cette loque céleste qui nous cache le gouffre des immortelles clartés! Que les constellations se pressent sous vos coups, comme des blessures qui se rejoignent! Mettez à nu le cœur éblouissant des mondes. Feu! feu!

II

SUR L'EAU.

— Ohé! l'ami! êtes-vous fou? Si je n'avais amarré, hier soir, votre bateau au dernier ponton attaché solidement à la berge, il serait à Rouen maintenant ou en pièces, parmi les paquets de joncs qui font une chevelure aux culées des ponts.

Ainsi me parla hier, avec un affectueux air de reproche, mon compagnon de rivière, mon professeur de pêche à la ligne, le sauveur de mon embarcation abandonnée ; je le remerciai de ce qu'il avait fait et descendis, avec lui, vers la Seine dont le mobile rivage recule, tout chargé d'épaves, et qui roule de lourds glaçons pareils à des nuages solidifiés. Les arbres des îlots ne sont plus que des parafes noirs sur la page uniformément grise du ciel. L'aile morne des corbeaux étonnés bat, seule, l'air fouetté de neige sous lequel se démène la sonore et tumultueuse immensité des eaux.

Et, par un de ces bonds à travers le temps, qui font de la pensée une éternelle voyageuse, je me pris à songer au calme et riant paysage qui était là, il y a quelques mois seulement ! Je revis, comme je vous vois, un ciel rayé d'azur dont les bandes se doublaient dans la rivière, flottante et secouée par d'invisibles souffles ; les grands arbres aux verdeurs sombres émergeant des terres gazonnées ; le peuple mélancolique des roseaux descendant vers le courant à peine sensible ; les skifs aux pattes d'araignée égratignant à peine la surface de l'eau, le balancement rythmique du rameur sur les yoles, l'aile des voiles blanches se penchant sous le vent. J'approchai de l'île pleine de chansons et d'éclats de rire, où les belles filles aux cheveux déliés se pendaient aux balançoires, bras nus et la robe nouée sous le jarret où l'âme frivole des beignets s'envolait des poêles crépitantes, où les amoureux inclinés l'un sur l'autre, traçaient dans l'herbe haute des sillons croisés en tous sens, où les chiens affolés jappaient aux talons de leurs maîtres grisés de vin d'Argenteuil. Ce tableau des joyeusetés dominicales dont, entre Paris et Saint-Germain, la Seine est le décor, où je tins longtemps ma place glorieuse comme canotier et élève d'Alphonse Karr, se déroule ironiquement sous mes yeux, à la musique monotone du fleuve débordé, furieux, roulant vers la mer des monceaux de banquises, de sables rouillés, des débris informes, tout ce qui fut la gaieté des chemins, le bien-être des haltes sous l'ombrage à l'heure déjà lointaine des soleils pâlis!

Et, comme tout est retour, dans l'âme humaine, vers le monde des impressions où le sentiment et l'épreuve de la vie mettent leur douloureuse profondeur, le spectacle que j'avais sous les yeux et celui qu'évoquait mon souvenir se confondirent bientôt et, les images disparaissant comme des fantômes, les pensées s'élevèrent comme des fleurs immatérielles, subtiles, qu'un soleil intérieur ouvre et flétrit en peu d'instants. Les printanières fêtes dans l'île et le long des rives devinrent les amours légères de ma jeunesse. Les belles filles aux bras nus prirent le nom de mes maîtresses, et je revis, à leur bouche, le riant appel des baisers oubliés, dans leurs yeux le reproche des trop rapides adieux.

Je respirai, comme autrefois, mais dans un air plus pénétrant, le parfum de leur chevelure et de leurs beaux corps abandonnés. Mais où donc êtes-vous, les bien-aimées d'une heure, les cœurs fidèles dont l'éternité dure un printemps, les grignoteuses de cœurs dont les dents capricieuses ne se rosent pas longtemps aux mêmes cerises et au même sang, vous qui m'avez naguère dispersé de moi-même comme une pivoine qu'effeuille un coup de vent, comme un fruit vert que déchiquète le bec glouton des pinsons?

Qui me rendra l'enivrement banal, mais délicieux, de vos fragiles tendresses, la foi stupide, mais douce, à vos mensonges, les mille riens où je cherchais des infinis? Vous emplissiez ma vie de chuchotement et de reflets du ciel, comme la rivière tranquille dont chaque flot dit sa chanson et mire un coin d'azur, et qui passe, empruntant à la double gaieté des rives de tremblants paysages aux verdures frémissantes.

Mais l'hiver est venu.

C'est un flot lourd, épais, limoneux, chargé de frimas qui se précipite et se hâte vers le gouffre immense de la mer, balayant tout sur son passage, brisant tout sur son chemin. C'est ainsi qu'un amour cruel, profond et invincible, un jour, traversa mon âme, en chassant toutes les riantes images du passé, me traînant, parmi les épaves, vers l'insondable abîme.

Cet amour-là ne reflétait pas les mensonges radieux du ciel et ne fredonnait pas les chansons joyeuses de la rive. Comme un fleuve débordé, il passait, sourd, plein de ses propres clameurs, et ce qu'il emportait, dans sa course alourdie par les ruines, c'est tout ce que mon cœur contenait de sang, tout ce que mon âme enfermait de rêve, tout ce qui me restait d'idéal non profané et de jeunesse révoltée. Il passait furieux, chargé des lambeaux de mon être, les meurtrissant les uns aux autres pour voir s'ils pouvaient saigner encore ! Et moi, hébété, sans défense, sans haine du bourreau, je regardais d'un œil sans flamme mes débris vivants se heurter et s'engloutir.

O torture inoubliée ! ô martyre aux tenailles encore ouvertes ! la mémoire m'est revenue devant le fleuve hivernal plein de colère. En voyant ses eaux furieuses rouler dans la vallée dévastée, j'eus peur de la beauté de la femme qui détruit tout sur son passage, et, me rappelant ce qu'est l'amour, j'eus peur d'aimer !

— Ohé ! l'ami ! vous allez tomber dans l'eau vous-même !

Et mon compagnon de rivière, ayant encore une fois pitié de l'incorrigible rêveur que je suis, m'attira d'une main vigoureuse à l'avant de mon bateau.

III

LA LAMPE.

Pour moi qui suis un laborieux des premières heures du jour, qui réveille les coqs endormis de mes premières rimes jetées dans l'air matinal, qui attends la lumière avec l'impatience de Lazare au fond de son sépulcre entendant sonner les pas du Christ libérateur, l'Été, avec ses aurores hâtives, est le temps glorieux et doux.

Et cependant, les aubes tardives venues, c'est sans amertume que j'allume ta mèche maussade et désaccoutumée d'éclairer, ô lampe! ma compagne d'hiver, qui me mesures la clarté dans un cercle lunaire où semble se concentrer toute la blancheur du papier que je dois couvrir de pattes de mouche.

Bien que tu ne sois pas en or massif et ne ressembles en rien à celle que cisela jadis Callimaque, pour le temple de Minerve, et dont Pausanias affirma qu'elle mettait un an à épuiser son huile, je te garde la tendresse imbécile que nous avons volontiers pour les instruments de nos tortures coutumières. Je suis sûr qu'il n'est pas de prisonnier qui ne regrette, un instant, quelque coin de son cachot, où l'attachait le fil mystérieux d'une pensée douce, plus solide qu'une chaîne, puisqu'il survit à la chaîne enlevée. Il est certaines heures de maladie que nous nous rappelons avec plaisir, celles qu'enveloppait le sourire d'une visite inattendue, celles où la fièvre des rêves descendait dans le cerveau vide et l'emplissait de dérisoires clartés. Ah! comme l'habitude est bien notre éternelle maîtresse, la seule qui ait raison de nos révoltes inutiles! Voulez-vous parier que, sans Xantippe, Socrate eût été le plus malheureux des mortels, et peut-être le plus obscur? D'abord, il n'eût pas eu à exercer cette belle vertu de patience qui fit encore le plus clair et le plus honnête de sa renommée. Une femme plus aimable l'eût certainement distrait de ses élèves et peut-être n'eût-il pas bu l'immortalité dans cette coupe de ciguë, laquelle, s'il en faut croire le savant helléniste Louis Ménars, lui fut décernée pour avoir corrompu les mœurs des jeunes célibataires de son temps. Oui, c'est une fatalité douce, parmi tant de redoutables, de notre humaine condition, que cette indulgence reconnaissante à tout ce qui nous fait souffrir. Que de fois je t'ai envoyée au diable, ô ma lampe! quand tu charbonnais ou filais, cessant de m'éclairer ou m'empoisonnant sans raison! Tu n'y es pas allée. Tu as bien fait. Car sans toi, que deviendrais-je aujourd'hui ?

J'éprouve même le besoin de te louer pour excuser ma clémence.

Il est certain que la pensée se recueille davantage sous le jour artificiel et parcimonieux que la lampe nous verse.

Les amoureux fervents et les savants austères

dont Baudelaire a consacré, à propos des chats, la parenté de goûts, se retrouveront encore là unis sous une impression commune. Il est certain que le prodigieux éclat de la nature réveillée par la fanfare des beaux jours escaladant l'horizon, comme des cavaliers impétueux et vêtus d'armures, l'horizon resplendissant de l'or des cuirasses et du cuivre des trompettes, nous distrait de nous-mêmes, nous arrache à nos recueillements, chasse les visions amoureuses et épouvante nos méditations.

Car les amours profondes et les hautes curiosités ont besoin de plus de mystère pour s'épanouir au plus tendre et au plus profond de notre être. Pour évoquer le cher fantôme de l'absent, pour poursuivre le rude problème, il faut l'ombre silencieuse que traverse une immobile clarté.

S'il s'agit de la réalité, et non plus seulement du rêve, tous ceux qui ont de la femme l'amour respectueux et discret qui lui est dû savent qu'elle s'abandonne plus volontiers dans le mystère des demi-clartés. Mais, pour une fois que nous causons ensemble, ô lampe! mon austère amie, je n'insisterai pas sur ce sujet d'entretien périlleux.

Avez-vous remarqué que tous les peuples anciens ont fait de la lampe un symbole d'immortalité ? Ne brûle-t-elle pas encore, jour et nuit devant nos tabernacles catholiques, sur les autels des saints dont nul ne connaît plus aujourd'hui la légende ? Elle a longtemps veillé dans les tombeaux, sans être entretenue par les piétés filiales. Et cependant, à aller au fond des choses, on ne pouvait choisir plus mal l'emblème de la vie persistante en dépit du mensonge de la mort. La lampe ne s'éteignait-elle pas comme la vie avait paru s'éteindre ? Certes, la lumière était prête, à se rallumer sur ses lèvres de bronze abreuvée d'une huile nouvelle. Mais ce n'est pas l'incontestable immortalité de la lumière qu'il s'agissait d'affirmer. Celle-là, le soleil suffit à la prouver. Nous ne pouvons rien concevoir, dans le monde vivant, sans elle. Ainsi nous ne pouvons rien comprendre, dans le monde psychologique, sans cette âme universelle toujours prête à se manifester çà et là, comme se rallume une flamme sur un foyer abandonné ou nouveau. Si nous sommes vraiment pareils aux lampes des sépulcres, hélas ! nous mourons tout entiers, quand s'éteint en nous la flamme intérieure, puisque aucune main pieuse ou savante n'a encore pu la ranimer.

IV

RÊVE DE NOËL

La lampe tranquille, dont je viens de parler, n'enveloppant plus la course de ma main sur le papier que d'une clarté pâlissante, je cessai d'écrire, je me renversai dans mon fauteuil, et il me sembla que, dans mon cerveau aussi, les images, moins nettes, tremblaient sous une vague clarté d'aube. Dans mes doigts, que la plume avait lassés, se roula, puis s'alluma une cigarette ; à travers la flamme amortie par les brouillards bleus de l'abat-jour, je regardai machinalement la fumée que j'exhalais monter en spirales, s'élargir en nappes frangées d'azur, se perdre dans l'ombre massive des rideaux.

J'avais passé la soirée précédente dans une famille amie, chez un confrère dont Dieu a largement béni la postérité, et mes oreilles étaient pleines de voix d'enfants claires et bavardes comme un réveil d'oiseaux dans une haie. Les petits se contaient, avec des rires, ce qu'ils espéraient trouver dans le soulier de Noël ; chacun avait choisi déjà son coin dans la cheminée, et les parents s'amusaient aussi de ces projets qui, mieux que les nôtres, sont réalisés par la seule tendresse vraie dont les bras nous sont tendus au seuil menteur de la vie.

Et cette musique du souvenir berçant ma pensée déjà somnolente, je m'endormis à peu près, de ce sommeil à demi réveillé où l'on ne perd pas le sentiment des choses, mais qui les transforme suivant de mystérieux caprices. Je franchis, d'un bond en arrière, un abîme d'années, et je me retrouvai enfant moi-même, à cette date, palpitant des mêmes espérances, dans la vieille maison de là-bas, au bord de la petite rivière dont les eaux mêlent maintenant les cimes reflétées des peupliers grandis. Par une illusion singulière, je sentis à mes pieds la fraîcheur du carreau, tant je crus bien courir encore, à peine sauté du lit frileux, vers l'âtre où m'attendait la surprise tant attendue ! Un flot de tendresse posthume me monta au cœur pour les absents que je n'embrasserai plus, et, pendant que la lumière tremblotait étrangement et comme striée dans mes yeux demeurés ouverts, les petites voix de la veille chantaient toujours : Noël ! Noël !

Décidément, je rêvais.

Tout en sentant fort bien que mes jambes croisées demeuraient immobiles, il me sembla que je m'étais levé pour me diriger vers ma cheminée comme autrefois. Le tapis, sans doute, empêchait seul mes pas de sonner à mes propres oreilles, et c'était tant mieux ; car le moindre bruit eût secoué la torpeur délicieuse où plongeait mon esprit. Sans que mes reins en sentissent la moindre fatigue, je me baissai, les bras en avant, comme pour saisir. Un rayon de jour naissant abattait dans l'âtre sa lumière argentée, et un cri de surprise sortit, silencieusement d'ailleurs, de mon gosier. Le soulier était à sa place, le soulier que je n'avais certainement pas mis là, un soulier qui n'était pas le mien, un tout petit soulier de satin blanc comme en ont les mariées ! Je vous dis que je n'en avais jamais vu de plus petit et de plus mignon. Il était tout neuf, immaculé comme un lis. Le pied adorable, pour qui il avait été fait, avait dû s'y glisser a peine un instant, le temps de l'essayer, assez pourtant pour y laisser ce que les femmes mêlent de troublant au parfum des fleurs qu'elles ont portées.

J'hésitai — craintif que je suis du merveilleux, comme un païen sincère, — j'hésitai longtemps à y insinuer deux doigts, tout ce que j'y pus entrer. Le soulier était vide, et il me sembla qu'il me souriait tristement et avec l'entre-bâillement miroitant de la soie. Mon rêve devenait voisin de la folie. Et quand je portai, avec une piété d'amant, l'exquise chaussure à mes lèvres, il me parut qu'elle me rendait mon baiser, un baiser très doux et très mélancolique, un baiser dont le bruit imperceptible murmurait encore : Noël ! Noël !

Allons ! allons ! J'avais eu grand tort de m'assoupir ainsi dans la lumière défaillante de ma lampe. Voilà maintenant que le petit soulier causait avec moi.

Oh ! le délicieux et plaintif froufrou d'où sortaient de vraies paroles ! C'était subtil et distinct, sonore et délicat comme la chanson d'un ruisseau entre les pierres, dans quelque coin frais du paysage, par le silence d'une après-midi d'été. Et savez-vous ce qu'il disait de sa bouche moirée ? Oh ! je m'en souviens maintenant comme si je l'entendais encore !

Il me disait : « Je ne suis pas un bienfaiteur, mais un mendiant. Je ne t'apporte rien, et je venais te demander quelque chose. Je suis le petit soulier de celle qui t'était fiancée, de loin, par ces fatalités d'âme que rompt souvent l'implacable destinée. Y as-tu seulement pensé dans ta vie déjà longue d'amours cruelles, déchiré que tu es par le fouet des tendresses sans merci où le meilleur de toi s'est épuisé, sur les chemins saignants où l'inexorable désir t'a traîné, en jetant les calices vides et en foulant les roses fanées ? Y as-tu seulement pensé une fois, que tu avais peut-être, là bas, une fiancée qui t'attendait dans sa robe blanche ? L'image sainte des épousailles chastes où meurent les virginités n'a-t-elle jamais paru devant toi, cerveau peuplé de fantômes rouges et brûlants ? Vêtue de toutes les candeurs, sous son voile tissé de neige, ne l'as-tu pas reconnue ?

« Durant de longues années, c'est pour toi seul qu'elle a tordu chaque matin, et noué au-dessus de sa tête, sa chevelure lourde et parfumée ; qu'elle a fermé autour de son bras l'or d'un unique bracelet où vos noms devaient s'enlacer ; qu'elle a essayé sans relâche les plis harmonieux de sa toilette idéale.

« Lasse enfin, elle l'a à jamais dépouillée, et j'en suis le débris le plus cher. L'autre, pareil à moi, elle l'a serré au plus secret des choses qu'elle aime et qu'elle redoute à la fois de revoir. Je suis l'écho des espérances brisées qui vient murmurer à ton oreille et à la sienne : Noël! Noël! »

Le petit soulier n'avait pas fini son discours que je cherchais autour de moi, quelque présent pour l'y enfouir et le consoler, en pensant à celle qui attendait sans doute son retour, comme elle m'avait attendu. Pas une fleur dans mon jardin ! L'hiver les avait toutes flétries ! Pas un bijou à ma portée qu'une autre main de femme n'ait profané ! Plongeant alors ma main dans ma poitrine, j'en voulus arracher mon cœur et donner, au moins, à son dernier battement ce poétique et délicieux cercueil de soie blanche, l'embaumer à jamais dans cette tombe exquise ! Il ne me resta aux doigts qu'un peu de cendres, de cendres chaudes, si chaudes que je poussai un cri de douleur.

Ce cri me réveilla. En même temps je jetai vivement ma cigarette.

Car c'était ma cigarette qui, arrivée au bout,

en se consumant lentement, me brûlait au ras des ongles.

Et les voix lointaines d'enfants ne chantaient plus : Noël ! Noël !

V

DÉDICACE

Je n'ai pas voulu finir l'année, mon cher maître, sans écrire quelques pages pour les poètes. Je vous offre celles-ci qui parlent des choses que vous avez toujours chantées : *La Femme et les divins tourments de l'Amour.*

TABLE

LES VIVANTS

I. — Puvis de Chavannes 9
II. — Henner 32
III. — Marcellin Desboutin. 38
IV. — Agar. 45

LES MORTS

— Ad Memoriam. 53
I. — Feyen-Perrin 55
II. — Théodore de Banville 76
III. — Maurice Sand 84
IV. — Ernest Havet 92
V. — Aimé Millet. 101
VI. — Eugène Fromentin 111
VII. — Pierre Dupont. 131
VIII. — Émile Deschamps 150
IX. — Eugène Delaplanche. 170
X. — Charles Furne. 176
XI. — Tin Tun Ling 186
XII. — Ruggieri. 196
XIII. — Sarah la dompteuse. 203
XIV. — Jasmin 217
XV. — Toumy 233

LES PÈLERINAGES

XVI. — A Nohant 245
XVII. — A Trianon. 271
XIII. — Dans les Flandres 279

XIX. — En Languedoc. 298
XX. — La Croix Renaud. 313

IMPRESSIONS ET SOUVENIRS

XXI. — Au pied de la Montagne 329
XXII. — Un anniversaire 336
XXIII — Patria 342
XXIV. — En hiver 349

Imprimerie de l'Ouest, A. Nezan, Mayenne.

www.ingramcontent.com/pod-product-compliance
Lightning Source LLC
Chambersburg PA
CBHW070903170426
43202CB00012B/2177